實相經宗通

——第三輯

——平實導師　述

ISBN:978-986-6431-79-1

本經古來並未分品，是故此書亦無目次。

佛法是具體可證的，三乘菩提也都是可以親證的義學，並非不可證的思想、玄學或哲學。而三乘菩提的實證，都要依第八識如來藏的實存及常住不壞性，才能成立；否則二乘無學聖者所證的無餘涅槃即不免成爲斷滅空，而大乘菩薩所證的佛菩提道即成爲不可實證之戲論。如來藏心常住於一切有情五蘊之中，光明顯耀而不曾有絲毫遮隱；但因無明遮障的緣故，所以無法證得；只要親隨眞善知識建立正知正見，並且習得參禪功夫以及努力修集福德以後，親證如來藏而發起實相般若勝妙智慧，是指日可待的事。古來中國禪宗祖師的勝妙智慧，全都藉由參禪證得第八識如來藏而發起；佛世迴心大乘的阿羅漢們能成爲實義菩薩，也都是緣於實證如來藏才能發起實相般若勝妙智慧。如今這種勝妙智慧的實證法門，已經重現於台灣寶地，有大心的學佛人，當思自身是否願意空來人間一世而學無所成？或應奮起求證而成爲實義菩薩，頓超二乘無學及大乘凡夫之位？然後行所當爲，亦行於所不當爲，則不唐生一世也。

——平實導師

如聖教所言，成佛之道以親證阿賴耶識心體（如來藏）爲因，《華嚴經》亦說**證得阿賴耶識者獲得本覺智**，則可證實：證得阿賴耶識者方是大乘宗門之開悟者，方是大乘佛菩提之眞見道者。經中、論中又說：證得阿賴耶識而轉依**識上所顯真實性、如如性**，能安忍而不退失者即是**證真如**，即是大乘賢聖，在二乘法解脫道中至少爲初果聖人。由此聖教，當知親證阿賴耶識而確認不疑時即是開悟眞見道也；除此以外，別無大乘宗門之眞見道。若別以他法作爲大乘見道者，或堅執**離念靈知**亦是實相心者（堅持意識覺知心離念時亦可作爲明心見道者），則成爲實相般若之見道內涵有多種，則成爲實相有多種，則違**實相絕待**之聖教也！故知宗門之悟唯有一種：親證第八識如來藏而轉依如來藏所顯眞如性，除此別無悟處。此理正眞，放諸往世、後世亦皆準，無人能否定之，則堅持離念靈知意識心是眞心者，其言誠屬妄語也。

——平實導師

自序

大乘法之般若實證即是親證法界之實相，由於親證法界實相而了知萬法之本源，所見一切法不離**中道**而不墮二邊，如是現觀之智慧即名實相般若。一切已證實相法界而住於中道者，悉皆有此實相智慧，亦皆能親見實相法界之本來眞實與如如境界，即名**證眞如**者，是故一切證眞如者亦皆是親證實相而有實相般若之賢聖。如是賢聖亦皆同觀一切有情各各都有之眞實心性如金剛，永不可壞，名之爲親證**金剛般若**之賢聖。又親證實相者，必定得見涅槃之本際，洞見不迴心阿羅漢所入無餘涅槃中之本際，亦見定性聲聞聖者阿羅漢不知不見如是**涅槃本際**之事實。如是四理，一切有心修證大乘佛菩提道者皆應知悉；如是正理亦是亙古亙今永遠不變之理，故名如是覺悟者爲無上正等正覺。

關於眞實心之體性猶如金剛而永不可壞之正理，於拙著《金剛經宗通》中所說已多，於此即不贅述。**實相**者，謂宇宙萬有之本源，山河大地、無窮時空之所從來；亦謂一切有情身心之所從來，即是禪宗祖師所說父母未生前之自己本來面目，或謂本地風光、莫邪劍、眞如、佛性——成佛之性……等無量名所指涉之眞實體；以要言之，舉凡親見宇宙萬有之本源而能反復驗證眞實者，即名親證實相。

眞如者，謂此眞實心出生萬法而佐助萬法運作之時，能使所生之蘊處界內法及山河大地、宇宙星辰等外法運爲不絕，永無止盡，如是顯示自身之眞實性，而其自身之體性復如金剛永不可壞，合此二者故名爲眞；此眞實心於無始劫來如是生滅萬法之時，卻是如如不動，從來不於萬法起念而生厭惡或貪愛，乃至於未來無盡時空之中亦復如是絕無絲毫愛厭，永遠如如不動，故名爲如。合此**眞**與**如**等二法，故名**眞如**。

中道者，謂此實相心如來藏恆處中道，不墮二邊。世間人每執識陰六識覺知心自己爲常，不知前世覺知心是生滅法，唯能一世而住，捨壽入胎後即告永滅，不至今世；此世之識陰覺知心則是依此世五色根爲緣而生，非從前世往生而來此世，故有隔陰之迷，不憶前世。故說此世覺知心並非常住不變之本來面目，不論有念或離念之覺知心，捨壽入胎後永滅，不至後世，故此覺知心生滅有爲無常無我；而世間人不知，執此覺知心爲常，即墮常見外道所執之常，不離常邊。有一分外道經由觀行發現覺知心自己有如是過失，不能來往三世亙久永存，於是轉生一切有情死後斷滅之邪見，因此撥無因果，成就邪見，名爲斷見外道。然而親證此眞實心第八識如來藏者，現見一切有情之實際理地本是此心，不墮於覺知心與五陰境界中故離常見，亦因已見此心而知五陰永滅之後並非斷滅空故離斷見，亦見此實相心從來不住於六塵境界中，是故永遠不墮常斷二邊，亦復永遠不墮善惡、美醜、生滅、來去、一異、俱不俱、生死……等二邊。一切賢聖如是親證之後，轉依於如是實相法界境界，永遠不墮二邊而亦不離二邊，常住於三界之中自度度他，是名親證中道之賢聖。

涅槃者，無生無死、不生不滅之謂。阿羅漢以斷除我見、斷盡我所執及我執，捨壽之後永遠不受後有，永無後世五陰故不再流轉於三界生死之中，名爲入無餘涅槃。然而親證實相之賢聖菩薩，親見阿羅漢捨壽後不再受生，滅盡後有永無未來世之蘊處界時，如是無餘涅槃實即第八識如來藏獨存之境界。於其第八識獨存之際，無五蘊、十八界，迥無六塵及能知者，絕對寂靜亦絕對無我，故名無我，亦名涅槃寂靜，即是證得無生。而此絕對寂靜之涅槃中仍係如來藏獨存之境界，外於第八識如來藏即無涅槃之實證與存在；親證實相之菩薩於發願世世受生人間而世世陪同有緣眾生流轉生死之中，親見阿羅漢捨壽後所入之無餘涅槃境界，於阿羅漢未捨壽前即已存在，親見其捨壽後第八識獨存之無生無死、不生不滅而絕對寂靜之境界，無待捨壽滅盡蘊處界之後方見，故名實證無餘涅槃本際，名爲本來自性清淨涅槃。能如是現觀者，能知萬法背後之實相境界，方名親證實相之賢聖，必有實相般若。

而此眞如心、涅槃心、中道心、金剛心，實即第八識如來藏也，是萬法生滅之實相，故名實相心。此實相心於因地名爲阿賴耶識，通名如來藏、異熟識，即是求證實相智慧、求證中道智慧之佛弟子所應殷勤求證者。凡證此心而能轉依成功者，皆入菩薩五十二果位中之第七住位，已入三賢位之菩薩數中，其實相般若已非阿羅漢之所能知。若外於此眞實心如來藏而求佛法，皆無眞如可證，亦皆不見中道、涅槃，即無實相般若可言，名爲無知無證般若之凡夫。舉凡否定此第八識眞如心如來藏者，即無眞正佛法可知可證；故說否定第八識心而竟勤心求證佛法者，即屬心外求法者，是名佛門外道。當代、後代一切禪宗大師與學人，於此皆應留心；以此緣故，平實特請《實相般若波羅蜜經》爲大眾宣演；於宣演實相義理之時，益之以宗通之法，欲令眞求佛菩提道之眞實修行佛子得有入處，眞實生起實相般若，是故宣講《實相經宗通》。而今宣演圓滿整理成文，總有八輯，欲益今世、後世眞學佛法之有緣人；若世世代代皆有佛子因此實證者，非唯大乘佛法得以久住，亦令二乘正法得因諸菩薩之親證實相，亦得復興同能住世，即能廣利人天。茲以此書整理成文欲予出版流通天下，即述上理提醒學人，即以爲序。

佛子　**平實**　謹序

公元二〇一三年驚蟄　誌於竹桂山居

第三輯：

實相般若波羅蜜經

（上承第二輯）

再來看補充資料，這個實相的道理，現在要舉一段宗門裡的眞正典故，來讓大家遠離相似像法，才能親證本經所說的實相。《景德傳燈錄》卷五：

【西域堀多三藏者，天竺人也。東遊韶陽，見六祖，於言下契悟。後遊五臺，至定襄縣，歷村，見一僧結庵而坐，三藏問曰：「汝孤坐奚爲？」曰：「觀靜。」三藏曰：「觀者何人？靜者何物？」其僧作禮問曰：「此理何如？」三藏曰：「汝何不自觀自靜？」彼僧茫然，莫知其對。三藏曰：「汝出誰門耶？」曰：「神秀大師。」三藏曰：「我西域異道最下根者，不墮此見。兀然空坐，於道何益？」其僧卻問三藏：「所師何人？」三藏曰：「我師六祖。汝何不速往曹谿，決其眞要？」其僧即捨庵，往參六祖，具陳前事；六祖垂誨，與三藏符合，其僧信入。三藏後不知所終。】

這一段是《景德傳燈錄》眞實的記載。是說西域有一位堀多三藏法師，他來見六祖之前是通經律論的，所以才被稱爲三藏。可是，他到底有沒有眞的精通了《般若經》呢？這就要打個問號了。如果眞的精通，他就不必來見六祖求悟了，可見還只是文字上的通經。他是天竺人。天竺，以前從中原華夏來說，就叫它西域，因爲中國人都說：「**我們是天下正中央的平原，所以叫作中原。**」天竺那邊也被稱爲西域，因爲都要往西走到新疆，然後翻山越嶺才能進入天竺，人們都以爲天竺是在西邊，所以也叫作西域，但其實不是。有一天，他向東方遊歷來到韶陽，見了六祖；在六祖的指導下，終於契合般若而證悟了。因爲天竺已無眞正佛法了，他從西域遠來求法，也眞的不容易，六祖便幫他開悟。一般而言，如果從西域來，他會說：「**我是從天竺來的。**」會覺得很有傲氣，可是他並沒有這樣，他是慕法而來，求見六祖，因此終於得法。

得法以後，他去遊五臺山。有一天，來到定襄縣，遊歷到一個村莊，看見有一個出家人結庵而坐。結庵，有兩個意思，一種是因爲證悟了，所以在山上準備開山，找到一個好山水，就在那邊搭個茅庵。那眞是結草爲庵，去砍蘆葦等等來搭成茅棚，就在那邊住著。住在那邊幹什麼呢？放長線釣大魚。哪一天如果有個護法大德經過這裡，這個大護法遇見而請問正法，那麼當他答覆以後，被那個大護法賞識，然後就會來幫他開山。結庵而住，目的在此。以前惟覺法師不就是這樣東施效顰嗎？聽說他在萬里那邊山裡沒沒無聞住個草庵，後來遇到了歸國學人陳履安，碰巧給他遇見了；陳履安慧眼未開，不懂眞正的佛法，就對惟覺法師推崇到不得了。聽說後來陳履安當上國防部長時，就特地爲他開了一條路到那裡去；開了路以後，前往參訪的人變多了，於是建寺，就是現在的靈泉寺，可惜那泉不靈。

這就是第一種的住山，是悟後或自以爲悟而準備接引學人。另外一種就是避居塵囂，努力修行想要契悟。這位僧人就屬於後面這一種，在那邊結庵打坐，每天努力用功。每天打坐，其實也不輕鬆。你別看他什麼事情都不作，無所事事；且不說單盤、雙盤，讓你散盤坐八個鐘頭好了，你坐坐看吧！我們禪三時我是每天至少盤腿坐八個鐘頭，至少也要單盤；打三的學員們則是沒有限制，但是我就是這樣盤坐小參。因爲老實講，對我來說，散盤比單盤更辛苦。可是，這樣盤坐八個鐘頭一天，早上四個鐘頭，下午四個鐘頭，晚上也許再盤一會兒；因爲也許普說完了，白天沒輪到小參的人，還要再來小參。可是，有的人根本不知道其中滋味，看見人家住山結草爲庵只是每天打坐，就說：「他一天到晚坐那邊，什麼事情都不作，那麼輕鬆，我就要供養他喔！」你不要管他悟或者沒有悟，看他每天在那邊盤腿八個鐘頭，就足夠你供養他了。不信的話，你自己盤八個鐘頭看看！其實只要三個鐘頭就好了，不必八個鐘頭，你試試看，也不容易啦！

那麼，這個僧人當然是這樣在努力修行，堀多三藏經過時剛好看見了，就問他：「你單身一個人在這裡坐，是爲了什麼事情？」這個僧人答覆說：「我就只是看靜。」也就是說要看著自己的心，不要煩惱一大堆，那就不能靜了。那僧人說他要觀靜。在那個年代，如果說到這個，那當然就是北禪而不是南禪了。堀多三藏明知故問，就問他說：「能觀的是誰？所觀的靜又是什麼？」就這麼問，就是要點醒他。這個僧人一聽，心想：「從來沒有人這樣問過我，而我居然完全聽不懂。」所以知道這個堀多三藏大有來歷，趕快站起身來，就向堀多三藏禮拜。禮拜起來就問：「師父！您這樣說，到底是什麼道理？」堀多三藏說：「你爲什麼不要自己觀自己的靜呢？自己本來是能觀的，而自己本來就是寂靜的，不是觀了以後才靜的。」這個僧人聽不懂，茫然不知所措，當然就無法答話。這時候堀多三藏就明知故問：「你是從誰的門下出來修行的呢？」這通常都要先問師承。世間法也是一樣，比如說武林，在行走江湖時遇到了，覺得這個人武功不錯，於是：「敢問師承？」就得要問問看他是出自哪個門派？因爲有時候看不懂他的拳路，那就要問一下；或者他的拳路太俐落了，當然就得要問一下。

同樣的，堀多三藏也得問他：「汝出誰門耶？」是問他屬於哪個門下，出來在這邊修行的呢？這僧人答覆說：「我是從神秀大師那裡出來的。」堀多三藏就開示說：「在我們西域，且不說是佛門中人，就算是外道裡面修行最差的人，也不會落入這種見解裡面。」你看，這堀多三藏罵得眞嚴重，簡直不把神秀大師看在眼裡。這是神秀大師教的，結果堀多三藏竟然罵說：「我們西域就算是外道中根器最差的人，都不會落到這種見解裡面。」因爲這不過是定境罷了。這神秀大師要是聽了，恐怕是要火冒三丈了。堀多三藏接著就開示說：「你像木頭一樣在這裡空坐，」因爲他百事不思坐在那邊，永遠不會生起智慧；「兀然空坐」，像木頭一樣空空的坐在那邊，「對於你的道業有什麼幫助？」這個僧人一聽，知道這位師父一定有來頭，絕對不可能是空口嚼舌，否則怎麼敢這樣講呢？因此，他就敢問堀多三藏說：「請問師父！您以誰爲師呢？」請問說：「您的師父是誰？」

就像現代也是一樣，在十五、六年前，十八、九年前，如果人家問說：「你師父是誰啊？」如果你說：「我師父是聖嚴和尚。」人家會說：「哎呀！名師啊！」二十幾年前在長安西路一家佛教文物店裡，我就曾經被人這樣問過、讚歎過。那時候如果說：「我師父是星雲大師。」「哎呀！您眞是名師門下。」可是現在會不會？不會了，人家只會說：「喔！」就這樣子沒了，沒下文了。（大眾笑…）表示說他知道了，然後就沒下文了，這情況也改變很大。

所以，那僧人也一樣要問人家，到底對方是什麼人。如果對方是公認的證悟者，他就撿到寶了，所以就問：「所師何人？」堀多三藏答覆說：「我師父就是曹谿六祖大師，你爲什麼不趕快前往曹谿，去那邊決擇眞正的法要？」這個僧人也聰明，馬上就捨了那個茅庵，前往曹谿，參禮六祖。然後，六祖當然要問他：「你從哪裡來啊？所爲何事啊？」一定要問他。他就把遇到堀多三藏的事情向六祖報告，然後六祖就垂下教誨，所說的跟堀多三藏是一樣的。所以，這個僧人就相信了，進入六祖門下。堀多三藏後來也不曉得哪裡去了，可能是想要回天竺復興佛教吧！不過，當然一定是沒有成功。

老實說，六祖問他：「**你從哪裡來啊？**」那僧人就該悟了，可是還沒有悟，於是六祖又問他：「**所求何事？**」這僧人還要向六祖報告，說因為如何、如何，所以來見您老人家；其實六祖如果眞的有心為他，那時就要一棍打下去了；不過終究沒有打，因為也許認為他的根性如果不夠，打了可就怕死了，就會走人了。不過後來那僧人還是信入，也算是不錯。

我舉出這個典故來，在說什麼道理？有兩個道理：第一個、不要受持錯了，也不要修習錯了。看看當代的兩岸佛教界，現在都還普遍在那邊打坐看靜；禪七，每年要辦幾回；每一次打坐都開示：「**要捨掉一切的妄念，不要打妄想，也不可以昏沉睡著了，要清清楚楚明明白白。**」可是等開示完了，這主七大和尚跟大家在一起，就在同一個法堂上也在打坐。可是打七的人們坐到後來時，大家開始覺得很納悶，都張開眼睛到處看：「**是誰在打呼？**」才一看到，都不敢講話了。原來是大和尚在打呼，原來他坐到睡著了。你看，人家西域外道最下根者尚且不墮離念靈知的邪見，可是現在哪個山頭不是落在這個看靜、求離念的境界裡呢？都還是要求離念，要求警覺明白。

所以錯誤的受持、錯誤的修習，結果不成就大妄語業就已經是萬幸了；假使有人成就大妄語業，可也是很平常的事。並且，當我們的書印出去，說離念靈知不是眞的開悟……等，他們師父都沒有出來打抱不平爲自己辯白，那些被印證的徒弟們倒是一個一個上網不斷地罵：「**這個蕭平實，邪魔外道，是如來藏外道，是阿賴耶識外道。**」講了一大堆。但是，後來被證實他們的師父錯了，那眞的是情何以堪？以前不斷地支持擁護：「**我師父絕對沒有問題，他是清白的，他是眞悟者。**」結果今天被證實是悟錯了，眞的情何以堪；那些被大師印證開悟的人，正是受傷最大的人。但是害他們造下這些大妄語和毀謗賢聖、抵制正法大惡業的大師，卻裝著沒事的樣子，還在那邊拿著扇子繼續搧風。你看，冤枉不冤枉啊！大師們不出面毀謗正法與賢聖，那些被他們印證的迷人卻癡迷地出來毀謗而造了惡業，但那些大師們竟然還不趕快叫那些徒弟們懺悔滅罪；不但不這樣作，還繼續縱容徒眾們造惡業。天下就是有這麼多愚癡的人，永遠不愁沒有這種愚癡人，每一代都會有，因此說，並不是山頭大、名氣大的大師一定就是證悟者。

我舉出這個公案來說的第二個道理，是說：「**禮失，求諸野。**」儒門不也這麼講嗎？當鐘鼎廟堂沒有眞正的禮儀之法了，不妨向野老求之。所以，眞正有智慧的人，在廟堂沒有禮儀的時候，他就願意去聽一聽野老謳歌；因爲在那些鄉野中的老人唱歌的時候，往往就唱出一些廟堂應有的禮儀之法，所以才說：「**禮失，求諸野。**」「**禮失**」，在現在是代表什麼？代表各大寺院沒有正法了。「**求諸野**」，哪裡是野？正覺講堂就是野。我們早期弘法時，一心一意要把正法送回寺院裡面去。可怪的是，他們一個個都不想要，我也拿他們沒輒啊！以前我老是把那些牛頭往下按到嫩草堆裡去，他們就是不張開口，我也沒辦法！既然沒辦法，我就不管他們了。接著，我就正式成立同修會，開始正式出世弘法了。既然你們不要，就別怪我吝嗇了。原來是一直要送給他們的，可是沒辦法，眞的送不出去，因爲他們的福德不夠，只用心在名聞、利養、眷屬上面。假使他們福德夠，早就得了去，至少也能明心。我送上門去，還要被扣帽子。因爲他們都想：「**哪來的一個野人？竟然敢自稱說他的證量比我高。**」因爲他們想：「**你竟然敢說要來教我學法，意味著你的證量比我高；然而你這個人名不見經傳，算得了什麼？**」所以，我還要被扣上大帽子，反諷一番。因此，眞的沒辦法，我只好另闢蹊徑：你們寺院這條大路不向正法走，我這正法就從小路走也可以。當這條小路，我們人多了，也走久了，慢慢就踏寬而成為大道，而我們正覺這個「野」便慢慢成為廟堂了。

這就是說，堀多三藏那個年代的天竺已經是如此，那時天竺已經沒有了義佛法，所以堀多三藏只好東來中原，求於六祖。可是地理會變，人家說：「**三十年風水輪流轉**。」這個佛法的中國已經移到台灣來了，現在台灣才是佛法的中國，大陸只是政治上的中國，所以我們正覺在台北已經是佛法的中國。這意思就是說，學法最怕的是看表相，有智慧的人要從實質去加以探究。如果眞的有世間智慧，從本質上去探究說：這個法是對、是錯？有沒有符合邏輯？是否前後自相矛盾？首先要符合世間法的邏輯，然後再來看看它在佛法上的道理通不通；再來還要從聖教量來全面檢驗一番，看看有沒有違背聖教；最後當然要檢查這善知識同一本書中的說法，或者十年前與十年後的書中說法，有沒有前後自相矛盾？這才是最重要的。如果能夠這樣去一一檢查，依法不依人，那麼他終究有機會得悟。現代如此，古時亦復如此。咱們就來看看道明將軍，他是怎麼悟的，《景德傳燈錄》卷四：

【袁州蒙山道明禪師者，鄱陽人。陳宣帝之裔孫也，國亡，落於民間；以其王孫，嘗受署，因有將軍之號。少於永昌寺出家，慕道頗切，往依五祖法會，極意研尋。初無解悟，及聞五祖密付衣法與盧行者，即率同意數十人，躡跡追逐至大庾嶺；師最先見，餘輩未及；盧行者見師奔至，即擲衣鉢於磐石曰：「此衣表信，可力爭耶？任君將去。」師遂舉之，如山不動，踟躕悚慄；乃曰：「我來求法，非爲衣也！願行者開示於我。」祖曰：「不思善、不思惡，正恁麼時，阿哪箇是明上坐本來面目？」師當下大悟，遍體汗流，泣禮數拜，問曰：「上來密語密意外，還更別有意旨否？」祖曰：「我今與汝說者，即非密也。汝若返照自己面目，密卻在汝邊。」師曰：「某甲雖在黃梅隨眾，實未省自己面目。今蒙指授入處，如人飲水、冷暖自知。今行者即是某甲師也！」祖曰：「汝若如是，則是吾與汝同師黃梅，善自護持。」】

這個公案大家應該都耳熟能詳了，因爲不論去到哪裡，凡是講禪的道場，幾乎都曾講過這個典故。但是，有誰講對了呢？只能搖頭，因爲全都講解錯了。現在我們就一句一句來看看內容。袁州蒙山的道明禪師，他是鄱陽人。好像說他的曾祖父是陳宣帝，後來國家滅亡了，他是陳宣帝的直系子孫，那麼國家亡了，他只好流亡，就安分守己當一個普通人。後來，朝廷知道了，曾經把他的名字署於朝廷的公文書之中，封他爲將軍。也就是掛名的將軍，但他沒有實權。他少年的時候就在永昌寺出家，對於正法之道非常的殷切勤求，所以聽到五祖大師是證悟者，就去五祖座下出家，就是在東山門下出家。當然他是爲法而出家，所以用盡了一切心思去研究探尋。現代人說的研究，這兩個字的意思已經都變質了。現代的研究，變成是在文字上努力去思惟整理；但古時候這個研與究的意思並不一樣，研就是不斷地把它弄得很詳細；究是探討它的內涵到底是什麼，要探討到最究竟的地步。所以「**極意研尋**」就表示他非常努力、非常細心地探討佛法的大意。

但是因緣不具足，所以「**初無解悟**」。這個「初」不是說剛開始，而是說打從一開始一直到現在；也就是說，從一開始一直到現在，都還沒有理解或者證悟。對於古文要明確知道其中的意思，如果是一般大師解釋時，大概會這樣解說：「**剛開始時沒有理解、沒有開悟**。」其實不是。這「初」字的意思，是說從一開始就這樣；一直到現在爲止，也還是如此不能明白。他在五祖座下學禪，一直到後來聽聞五祖已經暗中把 佛陀流傳下來的佛缽與祖師傳下來的法衣，以及正法密意，全都祕密傳給了盧行者。那時候，五祖爲了維護惠能大師，所以三更半夜把衣缽交給惠能以後，還親自搖船送他離開。

送了一段好長的路，讓大家都不知道盧行者已經他走了，然後五祖天亮前回到寺裡面就倒頭大睡。搖了一夜的船當然很累，倒頭大睡以後也不去過堂。後來徒眾們就來請安：「和尚是不是病了？怎麼都沒來過堂？」五祖想：**「我睡覺要緊，管你們問什麼。你們既然來問病不病，我就推說病了。」**正是順水推舟。然後，就這樣稱病三天。到了三天以後，大家說：**「和尚明明身強體壯，沒什麼病啊！爲什麼卻說病了呢？」**所以，大家都懷疑起來了，五祖只好承認說：**「其實我沒病，可是佛衣與正法已南行矣。」**這時候，大家才知道說：**「原來是特地多三天給盧行者趕路。」**因爲盧行者個子小、腿短，所以五祖都考慮好了，多三天給他趕路，才不會隨即就被大家追上了。好啦！這一下子，闔寺大亂，大家都去追趕盧行者。這衣缽竟然給一個外人得了去，那還得了！沒想到佛缽祖衣竟然給外人盧行者拿了去，而且還是個在家人，這可不得了！大家私下討論一番，決定要去追回來。大家都很衝動、很莽撞，結果就趕快去追。

這個道明禪師當時還不叫道明禪師，因為那時候他還沒有悟，也還沒有開山。他就去追，他的腳程最快。惠能在山中遠遠看到快要被追上了，眼看見他追上來了，心裡面就想：「反正我腿短也跑不過，我這身體瘦小也沒辦法應付；你身強力壯，我遲早會被你追上，那乾脆一點啦！看你敢不敢拿。」就把衣缽放在一個大石頭上。磐石，是說它很堅固而不動搖的，一定是很大的石頭，就放在那上面，很容易看得見。盧行者心裡面想：「這個祖衣是代表實證的信物，你還沒有得法、還沒有實證，你能夠用你的武力來強行爭奪回去嗎？如果你作得到，我就任由你拿回去。」於是放在磐石上以後，他就躲了起來。

這道明將軍追上來一看，佛缽祖衣在那裡，人倒是不見了。他心裡面當然想要拿，可是才剛剛伸手一拿，心裡的念頭動了：「我拿了，就代表我得法了，但我將來要怎麼跟人家說法？」所以，這個時候當然就拿不起來了。可別像某一些大師說：「這時候佛陀的神力多麼偉大，以神通使那個佛缽祖衣變得很重，使他拿不起來。」其實不是啦！不論是誰都一樣，就算說你追上來，你拿不拿得動？因為你一拿到手的時候，接著就會想到下面的事情了：「我拿到手了，那我接下來要幹什麼？要爲人說法，要印證別人。但我怎麼傳法給別人？糟糕了！我拿了以後能作什麼？」真的不能作什麼；當然這一下子，自己施加千鈞之力就把自己壓住了，這是一定的。譬如說，今天我蕭平實宣布說：「我明天退位了。」我隨便找一個還沒有開眼的人上來說：「我把這個法主之位交給你。」他敢不敢要？當然不敢啦！他一定想：「我上座以後要講什麼？」因爲聽眾之中有非常多的人是開悟者，他能夠講什麼法義來服人、來利益大眾？這是首先要考慮的，切身利害是不能不考慮的。

道明將軍這個時候正是如此，所以「舉之，如山不動，踟躕悚慄」，這時候心中害怕、恐懼起來：「我如果拿了祖衣、拿了佛缽，接下來我該怎麼辦呢？」心中當然是恐懼啊！你既然拿了，就要能夠爲人說法，就要能夠幫人家證悟。所以，這個時候突然就想通了，就開口說：「我追上來是爲了求法，不是爲祖師留下來的衣服，不是爲佛陀的缽盂。」終於想通了，算他聰明。如果他是拿了再走了幾步才想到這一點，這個人就不堪度了。他剛剛碰到衣缽時就想到這一點，所以他才有因緣得悟，這時候就懂得開口。算他聰明：「五祖和尚不傳給我，這個盧行者現在既沒有名氣，又是孤獨一人，而且後面還有追兵，這不是求法的好機會嗎？」眞是求法的好機會，因爲四下無人，盧行者要奉送時最容易了。因爲如果是一堆人，盧行者怎麼能公開送法給你？那時盧行者一定不可能送法給他。所以，這個時候算他聰明，就高聲說：「我來求法，不是爲佛缽祖衣。」不過他終究是碰了衣服。

這時候六祖看見了，也聽見了，就從草叢裡面站出來，指導他：「沒有在想善法的，也沒有在思惟惡法的，正這個樣子的時候，阿哪個是你道明上座的本來面目？」其實說句不客氣的，這句話在公開講經時，其實六祖已經是變造過的了，他當初告訴道明的時候絕對不是這一句話。不過因爲是公開講法（這是《六祖壇經》裡面記載的，是講《壇經》的時候講的），公開講的時候當然就不能講得太白，所以就要改造一下。然而六祖這句話，我說他不懷好意，有一點隱藏密意的故意。所以，一般大師讀了都會講解說：「我們覺知心不想善事，也不想惡事的時候，這時候本來面目是誰呢？」當然一定會落在覺知心的離念靈知裡面，這就是六祖耍的手段。道明將軍這個時候悟了，才知道說原來以前自以爲悟的內涵，根本就不是眞悟的內涵。也可能他私下有跟人講過他自己悟了：「五祖和尚吝法，不肯爲我印證。」也許他講過這個話。這時候發覺以前自以爲悟，根本是個大妄語，因此嚇出一身冷汗：「遍體汗流」。這時候，才知道自己現在眞的悟了。

既然眞的悟了，大妄語業就滅除了。所以我說那些大山頭和尚都笨，只要趕快求悟，大妄語業不就滅了嗎？因爲悟後就名實相符了。老是在那邊遮遮掩掩，只會越描越黑啦！所以道明將軍聰明，既然他追上了，趁著四下無人，只有盧行者時；他又願意放過衣缽信物，盧行者覺得：「這個人還算不錯，沒有搶我的衣缽信物。」所以就願意幫助他。如果當時是二個、三個人同時在場，可就不是這樣了，所以合該道明得法。他得了法以後，嚇出一身冷汗，因爲這時知道以前眞的是大妄語。所以，這時候感念盧行者，就哭著禮拜盧行者，拜了好幾拜。可是因爲剛剛悟，還不是很懂，就請問說：「剛剛您講的那個密語密意以外，還有沒有什麼別的意旨沒有？」他當時還不懂得要從自己所證的這個如來藏眞心裡面去觀察，因爲是被盧行者明講的，所以眞的還不懂。他想一定還有什麼東西，所以接著再問。六祖就說：「我如今如果再爲你一一明講了出來，那就不是密法了。」爲什麼要這樣講呢？因爲雖然是四下無人，只有兩個人在，也是不該把細微處一一明講；因爲鬼神一堆在旁邊，所以這也不行的。如果你全都明講了，鬼神們聽了，在鬼神道中就四處傳開了，那麼鬼神道中就無法弘揚了義正法了。因爲有的菩薩在鬼神道裡面弘法，咱們可別妨礙了他們，所以也不能明講。

因此，六祖就說：「你如果能夠回頭來觀照自己那個本來面目，密意就在你那邊。」這個時候，他才懂得返觀，看看自己眞如心的體性如何，才終於懂得說：「原來以前五祖和尚講的是什麼。」才終於懂了，所以這時候發覺自己有智慧了。因爲跟隨五祖大師十幾年，根本就不懂眞如是什麼，還自以爲懂，現在才知道說：「終於是眞的懂了。」所以就說：「我道明雖然都在黃梅東山隨眾追隨五祖大師，其實根本就不知道自己的本來面目。如今承蒙您指授我一個入處，讓我終於進了佛門，這恩德很難說明，眞的是如人飲水，冷暖自知。如今盧行者您就是我道明的師父了！」六祖就客氣了，因爲他還沒有寺院，也還沒有開始弘法，五祖和尚又健在，他不方便收徒，所以就說：「你如果是這樣的話，那就是跟我一樣，都以黃梅五祖爲我們的師父。如今別過，你就善自護持吧！」因爲他得要趕快走人，若不趕快走人，後面再有人追上來，麻煩就更大了。所以分手以後，道明將軍往回走，後面的人追上來的時候，遇見了，道明將軍說：「**我沒找到他，不曉得從哪一條路去了。**」就這樣，六祖就再也沒有追兵了。

盧行者惠能就這樣幫了道明將軍，道明回到黃梅山住了一段時間，後來就向五祖告辭，請了長假去蒙山開山。因爲六祖早就看中一個地方不錯，所以就給他八個字「**逢袁可止，遇蒙即居**」，所以道明禪師就去蒙山開山。開山以後有了名氣，凡是徒弟悟了，就命令徒弟要去朝禮六祖大師：「**他是你的師公，去向師公禮拜感恩。**」而且他終其一生都是這樣派遣弟子前往朝禮。可見道明禪師心性眞的不錯，合該得法。他不會說：「**六祖大師縱然幫我開悟了，畢竟只是我的師弟。**」他不會這樣子，所以凡是有徒弟開悟了，都遣去曹谿禮見六祖，表示說：我這個徒弟，也爲您度了一些人開悟了。

那麼話說回頭，到底「**不思善、不思惡**」是個什麼物事？其實六祖這裡已經講得很明白了：並不是說我們這個覺知心以前會想善事或會想惡事，現在把祂壓下來不想善事也不想惡事，這樣就叫作開悟。不是這個意思，應該是說：不思善底、不思惡底，正恁麼時，阿哪個是你的本來面目？可是，他就故意這樣著弄。現在因爲我們也講多了，反正也不怕人家怎麼去猜，因爲不管再怎麼猜，猜來猜去，都落在五陰裡面；到現在還沒有一個是不落在五陰裡面的，可是往往都自以爲悟。所以有些人把我的書讀了幾本以後，他也當起大師來，也在開班授徒；可是如果遇到我們悟了很多年的同修們提問時，可就一問三不知，你說怎麼辦？所以，這個事情眞的不容易。

從六祖大師跟道明將軍這個公案裡面，到底他們講的是個什麼東西？大家且回來看看《實相經》的經文裡面，如來講的是不是一樣：「**爾時如來復說咒曰：唵——！**」我看是一樣啊！如來眞是高招，用一字禪就解決了，豈不輕鬆！你看，盧行者講得一大堆；爲什麼他要講一大堆？因爲盧行者當時如果給道明來個一字禪「**唵——！**」看道明將軍怎麼辦？那要弄到何年何月？後面一群追兵馬上就要來到了，哪能慢慢來呢。所以，無門慧開大師舉了這個公案，就評論說盧行者「**是事出急家**」，因爲沒想到道明將軍腳程這麼快就追上來了。突然間被追上了，很意外，也沒得辦法，無路可逃，跑又跑不過人家，能怎麼辦呢？所以盧行者「**是事出急家**」，不得不爾。眞是不能不這樣作，他必須要幫道明趕快開悟，然後叫他趕快回去，引導眾人往別的路去錯追，只好這樣。

無門禪師就說，盧行者由於事情太急而必須幫道明很快證悟，所以這時其實是把荔枝殼剝了，又把裡面的種子也去掉了，道明將軍只要張口吞下就行了，可謂是明講了。可是這個公案，《六祖壇經》被人印行了多少本、流通多久了，也被很多大師拿來講解了，有誰能再像六祖這樣子呢？千餘年前六祖把剝了殼、去了核的荔枝，放在《六祖壇經》裡邊四處送，如今又有誰能開口把它直接吞了？到現在竟然沒有一個人能吞得，所以都落在離念靈知識陰境界裡面。這一些人如果聰明，就趕快來找找盧行者這個剝了皮、去了核的荔枝肉，看是在哪裡？趕快去找！找著了，就如同無門禪師說的：「只要爾嚥一嚥。」無門慧開講的就是這樣，說盧行者把荔枝剝了皮、去了核，「只要爾嚥一嚥」，只要你張開嘴巴把它吞一吞就好了。

其實，現在那些大師們，只要拿到手把它吞下去就結了，哪還有那麼多事情？也眞是搞不懂大師們。很單純的事，可是他們就搞不懂，還一天到晚往那邊找：荔枝肉在哪裡啊？在哪裡啊？所以說，這些大師眞是無可救藥！不過，他們如果夠聰明，趕快回歸如來藏妙法，懺悔以前暗地裡謗法、謗正覺的罪業，至少來世還有機會；因爲也許五年、十年、十五年後死了，投胎再來，正覺還是存在而可以被他們遇見的。有些愚癡人老是癡心妄想在等著：「這些人公開懺悔說他們悟錯了，正覺大概再沒幾年也要走上這一步了吧！」他們有些人愚癡妄想，還在等我們將來會像現代禪李老師那樣公開懺悔呢！我說他們是愚癡妄想，因爲正覺同修會永遠不會有這一天；就算是天上下了紅雨，太陽打西邊出來，也還是沒有這個可能啦！因爲法界的實相是永遠不可能改變的。但是，如果大師們懂得懺悔，來世還是會有機緣證悟的。假使懂得懺悔，改謗法爲護法，這一世被謗法惡業所障，當然已經悟不了，然而來世依舊是有機緣的。那就看他們要不要改變，自己思量看看。因爲他們已經都七十好幾了，眼看著快要八十幾了，臘月三十都快到了，將要開始算這一生的總帳了，該怎麼辦？總要預先籌謀一下吧！如果要說：「船到橋頭自然直。」那可不一定呵！因爲水直直地流，他們卻打定主意，偏要把船來到橋頭繼續橫著開，到了橋洞還能穿過去嗎？過不了的，那時候可就來不及了。言歸正傳，這經文說：「爾時如來復說咒曰：唵——！」這到底是說個什麼東西？密意又在何處？

也許大眾聽到這裡還是沒個會處，咱們且再來看看比較老婆的黃龍禪師吧。有一位黃龍晦機禪師，他有一個徒弟很有名，就是木柵指南宮的呂洞賓，就是被他所度的。因爲那時候呂洞賓修成可以使肉身不死的內丹以後，又練成誅仙劍而心生慢心；後來遇到黃龍禪師而被度，實際上已經成爲菩薩了，但仍留在道教中藉機會接引有緣人入佛門。他那時被度，留下一首膾炙人口的偈：**棄卻瓢囊摵碎琴，如今不戀汞中金；自從一見黃龍後，始覺從前錯用心。**這是題外話，接著回來看另一位黃龍禪師怎麼開示大眾吧。《黃龍慧南禪師語錄》：

【上堂，集眾。良久云：「嘉魚在深處，幽鳥立多時。」擊禪床，下座。】

你想不想當這樣的禪師？（有人說：想。）我也很想啊！因爲白天普請的時候，大家田裡忙活，禪師過去看一看說：「**你要好好鋤草啊！**」吩咐幾句話，他回方丈室去了。然後中午過了堂，大眾竹園裡培土的培土、鋤草的鋤草，他又去吩咐一下：「**這幾棵，土別覆蓋太厚啊！**」又走了。晚上該他上堂了，上堂來才講幾句話，撫尺一拍，又下座走了。眞寫意！這樣度眾的日子是最寫意的。可是，我從來不過這種寫意的生活，寧可大風大浪去闖蕩，寧可辛苦寫書、造論，寧可辦禪三盤腿、熬夜，幫大家開悟；這樣我的福德增長很快速，道業增長也才會跟著快速。過那種安逸的日子，道業增長不快，福德修集很慢；其實成佛最大的困難不是道業，是福德修集很慢。

也許他們會外有人在想：「蕭老師被昭慧法師去法院給告了，現在大概心裡面七上八下、忐忑不安。」他們可就錯了，自古以來皇帝老子想要砍我的頭，我都不怕他們了，何況這種小小的案子。我早就準備說，如果有機會判個半年，我就進去裡面修定，那是我的福氣；否則我可沒有機會，因爲一定沒有這個時間。所以，我早就跟幾位同修講過：「我絕對不會跟她認錯，因爲我完全沒有錯。如果司法機關由於政治因素而被她們買通了，眞的判了我的刑，我就進裡面去修定。」我們有同修跟我說：「老師！不可能到那個地步啦！」我說：「既然不可能的話，那就一則以喜、一則以憂。」憂的是說，本來想，若是被枉判了，大概有機會可以進入獄中修定，但是大家的道業就被耽誤了。喜的是什麼呢？是法院公正判決，認定她是亂告一場，那我還可以繼續爲正法努力。反正不論怎麼樣都好，所以也沒什麼好緊張的。因爲古時連皇帝老子我都敢跟他抗聲而談，何況是這種小案子。

所以諸位都別緊張，因爲我既不緊張，你們緊張什麼？皇帝都不急，太監老是急，沒必要。這些都只是一場夢事而已，只是人生大夢中的一場小夢。你從如夢觀來看往世那麼多的大事都經歷過了，這樣一世又一世下來，回頭再來看這一世，一樣是在夢境中，並沒有差別。既然是夢中的事，要砍頭就讓他砍，所以古時皇帝老子威脅要砍我的頭，我就準備讓他來砍，我還是不會改變說法。以前皇帝老子最會耍心計，旁邊總是有一堆人建議他：「**陛下可以怎麼樣、怎麼樣，一定要叫他改口。**」但是，我絕對不可能改口。他如果受不了，下不了台，沒關係，要把我怎麼樣，都隨他啊！如果是要黥面、發配邊疆也沒關係，反正留得青山在，不怕沒柴燒；他要把我搞去哪裡都沒關係，我照樣度人，法繼續傳下去，他皇帝老子禁不了我的；他也無可奈何，因爲他也不敢把我殺了。禪師就是要這樣當，當安逸的禪師，培集不了什麼福德。

言歸正傳，黃龍慧南之前有個晦機禪師也因住持於黃龍山而被稱爲黃龍禪師；咱們不妨先來談一談這位禪師，客串一下。有一天黃龍晦機說法時，呂洞賓混在大眾中想要聽一些佛法，被黃龍發現，就說他是盜法者；呂大仙當時不服氣，祭起誅仙劍要斬黃龍晦機，當然是斬不到，可是黃龍沒有半點畏懼，當眾罵呂洞賓是守屍鬼；當呂洞賓斬不到他，直下懺悔並且拜他爲師以後，黃龍禪師還是願意度他成爲證悟的弟子，要他護持正法，所以供奉呂洞賓的寺廟裡都會用佛經來爲信眾說法。聽說有人寫了文章爲呂洞賓辯解，說呂洞賓在黃龍禪師座下開悟的偈是後人編造的，那首偈這麼說：「棄卻瓢囊摵碎琴，如今不戀汞中金；自從一見黃龍後，始覺從前錯用心。」有人說那是佛教的信徒編造的，想要貶低呂洞賓，就舉出另一首詩來，說那首詩才是呂洞賓寫的；然而他這麼一來，就在那首詩裡面顯示呂洞賓的智慧從來不曾觸及實相般若，反而是把呂洞賓的地位貶低了。

這是題外話，詳細情形且不說它。這黃龍慧南到了晚間該上堂說法了，所以維那打了雲板集眾。眾人都到了法堂以後，他老人家一句話都不講，坐在那邊老半天；那可不只是四目相對，好多人在等著他開口，他竟不開口，只是良久。良久之後，才終於開口了，就只有兩句話：「嘉魚在深處，幽鳥立多時。」還蠻文雅的。那些寫詩的儒家學者就跟著說：「你看人家禪宗祖師說偈，這意境多麼高啊！」所以大家就學，學久了以後，中國詩的意境就跟著提升了，大多是從禪師的語句之中學來的。黃龍禪師講什麼呢？首先說了「嘉魚」，就是非常好的魚；說好魚在很深的地方。然後說，在那幽靜的地方，有一隻鳥在樹上已經站立很久了。這有什麼好意境？不過就是敘述一些現成底事情而已。然而不懂其中妙旨的人，就會覺得很玄，很玄就是很有意境。結果黃龍開示完了，把禪床一拍（禪床就是他坐的那個椅子）；這麼一拍就下座了。這樣，一個晚上就賺回來了。你看，禪師眞好當呵！

可是這裡面有偏有正，有黃金也有黃銅，到底「偏」在何處，「正」在何處？黃金在何處？哪個部分又是黃銅？這眞的是撲朔迷離，不容易分辨清楚。所以說，慧眼不容易得，稍不留神，落到偏中去，只見到了一堆黃銅，就說：「這個應該是黃金吧！因爲顏色看起來差不多。只要打磨一下，也是很亮的呀！同樣是黃色的呀！嗯！應該就是黃金了。」可是專家一看：「錯了！這是銅，不是金。」這個時候怎麼辦？以前印出去那麼多的書，宣稱開悟，又教導人家說坐到離念時就是開悟了，大妄語業具足成就了，該怎麼辦？現在被人家證明是銅，以前自己都說這個是金，如今變不成黃金，可就下不了台了。

縱使下不了台，可是爲了維持一個道場，就得繼續設法撐下去；因爲他們那些山頭或大道場，不說各地的精舍，光說本山，每一個月電費最少要四十幾萬、五十幾萬元；小一點的山頭，每個月也得要二十幾萬元——光是電費。冬天沒用那麼多電，也是要繳那麼多，因爲他們的用電契約容量的基本度數就是那麼多。大家想一想，一個月如果要花四十幾萬電費，其他的雜費還不算在內，我就乾脆關門算了。所以，你說他們被人證實悟錯了以後，又該怎麼辦？所以在這本山裡面就會有專人每天打電話催：「某某精舍！你這個月額定的多少錢還沒繳到本山來欸！」所以，分設在各地的精舍住持當然要到處拉人，要不斷地打電話：「喂！張三師兄！你好久沒來了。」「李四師姊！妳也好久沒來了，明天來禮佛吧。」爲什麼要這樣每天打電話拉人來精舍？出家出到這樣，也是蠻可悲的。那麼他們又何以至此呢？都是因爲法上的錯誤。以前都沒有人知道各大山頭的錯悟，迷信他們搞出來的大名聲，以爲一定是證悟的賢聖，所以由著他們努力去發展，以致於眾生全都被籠罩了；當他們這樣努力發展幾十年以後，成就這一番大事業了，結果竟然發覺所說的法都不對了，可是又要繼續維持大山頭的日常開銷，那又該怎麼辦呢？那眞的很苦欸！可是苦的原因不在蕭平實指出來，而在於他們自己的警覺性不夠，也太在意自己的大名聲，誤認爲大家都不會相信正覺同修會說的道理。他們如果在當初早早改弦易轍，不就結了嗎？那時候蕭平實一直想要送法給他們，爲什麼不懂得要接？如今維持大山頭可眞不容易，那就是他們的苦處。

後來有人也希望我去某個大山頭出家，他們的眼光算是比較早看出趨勢了。可是我開出三個條件，他們全都作不到，沒有一個作得到，那我就繼續維持在家身。且不說三個，光是其中的一個條件，就已經作不到了。我第一個條件很簡單：如果我不出家，佛教就會滅亡，那我就出家。這個條件，我想如今還是不可能出現；因爲我那時候雖然出書不多，可也有一、二本書了；只要有那一、二本書，正法就會繼續延續下去，佛教就不可能滅亡，我就不出家了。何況還有兩個條件，他們根本作不到。所以說，佛菩提道中的眞正妙法，你要是能夠在家而出家，那你就是證得眞正的法了。在家而出家是要怎麼出？每天可以奉養堂上二老，繼續當個孝子，都沒問題。那些法師們也許說：「我們剃頭、著了染衣，你叫我們如何在家出家？」我說：「你們住在如來家，不一樣是在家嗎？不也是在家嗎？」對啊！寺院不是如來家嗎？難道寺院不是他的家？當然也是他的家，那也是在家出家。如果心中總是在五陰中打轉，那其實是出家而在家，還說什麼出家呢？總歸一句話，隨便你怎麼解釋都可以，這就是大乘法的妙處。

黃龍慧南禪師上堂集眾以後，良久；接著只說兩句話，就只是這麼一個過程，然後擊了禪床，下座。這裡面有偏有正，有親有疏。佛法絕對分親疏，這是一定的。若不能分清楚親與疏，那就表示他還沒有慧眼，當不得大善知識。所以，有慧眼的人會說：「**在這個處所中，哪個地方是親，哪個地方是疏。如何是偏，如何是正。**」都講得出來。可是，如果有人來問我，我就說：「**你講得好啊！**」因爲你是剛入門的人。既是講得好，爲什麼卻只是剛入門？當然啊！講得好是剛入門；因爲如果是已在家裡住久了，阿哪個不親？到那時，還有疏可說嗎？又有阿哪個不正？那時還有偏可說嗎？所以家裡住久了，一切都正，一切都親；到這個地步，可以爲人說禪也！公案就由著你講了。然而想要這樣子，可眞不容易欸！可是你要如此想：**我應該也有機會啊！這一世假使作不到，我來世應該也可以啊！**不必一定說：**我這一世作不到，然後就灰心喪志。**你又不是只活一世，對不對？因爲佛菩提道希望無窮，你有未來的無量世生命，還怕將來不能成佛嗎？所以人家買樂透說：「一券在手，希望無窮。」你也可以這樣說：「一法在手，希望無窮。」你有未來的無量世，在這一世明心了，縱使還不能弘法，也沒有關係。因爲未來還有無量世，總有一世會開始弘法。然而問題是，回歸老生常談：道業不是最難的，最難的還是福德的修集。假使你一世又一世這樣子走，終於走到我這個地步時，你再去返觀，一定同意說：確實是如此。

這一段《實相經》的經文宗說，我到這裡已經講完了。也許有人覺得說：「你講了等於沒講，我聽來聽去還是一樣啊！」但我告訴你，眞的不一樣呵！因爲有許多明心底同修們聽完了，這慧眼可就更深細了，絕對不一樣。你也許想說：「我哪一天可以眞的契入吧！」我跟你報告：「一定可以契入，但是重要的是你該有的福德得好好修集，該除的性障得好好去除，然後該學的正知見得要繼續熏習；當這些條件圓滿了，一個偶然的因緣磕著了、撞到了、踼著了，你就開悟了，慧眼就出生了。」

經文：【爾時世尊復以一切如來能調伏難調衆生釋迦牟尼相，爲諸菩薩說一切法平等實相般若波羅蜜法門，所謂：「貪無戲論性，瞋無戲論性，癡無戲論性；何以故？一切法無戲論性故。一切法無戲論性，即般若波羅蜜無戲論性。」

講記：這個時候　世尊又以一切如來能調伏難調眾生的能仁寂靜相，來為諸菩薩說一切法平等實相的智慧到彼岸的法門，這個法門就是所說的：「一切貪欲之中沒有戲論性，在一切瞋恚之中沒有戲論性，在愚癡的過程心行中也沒有戲論性；為什麼呢？因為一切法本來沒有戲論性的緣故。而這個一切法的沒有戲論性，就是般若波羅蜜的沒有戲論性。」依文解義一遍，今天先講到這裡。

《實相般若波羅蜜經》第六段，也就是二十九頁第三段，我們上週已經依文解義完畢了。當然諸位不是要來聽我依文解義，否則古來大德註解那麼多，讀一讀也就行了，何必每週辛苦來聽我講經呢。現在，我們來瞭解一下，這經文是怎麼說的。但是，我讀了這一段經文，倒是對於大約二十年前讀的某一段經文，覺得很類似，雖然文字不一樣。那好像是《不退轉法輪經》或是哪一部經，忘記經名了，因為已經將近二十年前讀的。那時候讀的那段經文講的，大意是說「貪即是菩提，瞋即是菩提，癡即是菩提」，是哪一部經？我已經忘了，眞不記得了；但是經文中的說法，跟這一段經文的說法相同；雖然文字不一樣，意思是一樣的，法是沒有不同的。

我們回到這一段經文來，前一段經文是 如來爲眾生說了咒，是長呼的「唵——！」這麼講完以後，看來眾生還是沒有辦法調伏的，所以仍然落在眾生相裡面，因此 如來就只好示現一個法相，就是「**一切如來能調伏難調眾生釋迦牟尼相**」。這到底是什麼意思？其實不單 如來這樣示現，祖師們也常常這樣示現——一切如來能夠調伏難調眾生的寂靜能仁相。其實你不用想得太玄，當學人跋涉千里來到大禪師面前問道，才準備要開口，這禪師就指著門外大喝：「**出去！**」第一天上來參問時如此，第二天還是如此，第三天也還是如此。你看禪師那麼粗魯，其實他示現的就是「**一切如來能調伏難調眾生釋迦牟尼相**」。那就先要來探究看看，到底「**釋迦牟尼相**」是什麼？「**釋迦牟尼**」講的就是能仁與寂靜。能仁，稱爲釋迦；能仁的意思，是能夠行於仁慈之道。這是從字義的表面顯示出來的，就是能夠行於仁慈之道，才叫作釋迦。牟尼，講的是寂靜之相。到底哪一個人是能行於仁慈而又一直都保持在絕對寂靜的狀況下？絕對寂靜，就是離六塵，迴無一塵。請問：有念靈知、離念靈知能不能迴無一塵呢？不行。諸位都很清楚。因爲我講過以後，也許有人不相信，回去試著打坐看看：**「平常我離不開六塵，不然我就打坐，也許能讓我離開了六塵。」**試試看，結果總是離不開。即使修得二禪入了等至位，還是有定境中的法塵；只是離開五塵而已，還是離不了六塵的；既然離不了六塵，那就不是絕對寂靜，非牟尼相。

我們前幾次也講過，如來藏對有情眞的不分善惡、一寵到底；祂根本不管你怎麼樣，祂就是寵你，那祂對你是不是眞的能仁？即使有人造了十惡不赦的大惡業，如來藏對他還是繼續寵，所以祂眞的是能仁。可是祂在寵愛行善眾生、造惡眾生的時候，從來沒有語言相，從來不落於六塵中，眞的叫作純清絕點，所以祂才是「釋迦牟尼相」——能仁寂靜相。假使有人眞的有智慧——不是世間的聰明伶俐，當他看見了這個**「釋迦牟尼相」**的時候，就一定成爲**「能調眾生」**，成爲能夠調柔的眾生，因爲他已經入於菩薩數中；所以，一切如來能夠調伏難調眾生的能仁寂靜之相，就是如來藏相。這樣依理解說以後諸位就懂了，不然就得要依賴想像了，想像出什麼是**「一切如來能調伏難調眾生釋迦牟尼相」，就無法眞的理解。

也許有的人善畫，就畫一幅佛像出來，看起來是多麼的仁慈，看起來又多麼寂靜，在世間法中我們就讚歎他眞的善畫，能夠描寫出能仁寂靜之相。可是，等他把這一幅畫拿到禪師面前，禪師才看一眼，一棒就打下去：「你倒說說看，你畫的這一幅畫中的佛是能仁寂靜？或者非能仁寂靜？」當然要問啊！既然你畫出來，自稱已經畫出能仁寂靜相來。如果所畫出來的是眞正的能仁寂靜，那又要問他：「那麼釋迦牟尼佛來人間應化是要幹嘛？只要有你畫的這一張就夠了，不必他老人家辛苦來人間應化。」「這又好像不是能仁寂靜之相了。」「既然不像，那你就一把火燒了它吧！」這樣，該不該悟了？該了嘛！這只有家裡人才會聽懂，因爲我已經眉毛拖地了。也許你說：「哪有？你的眉毛才這麼短。」我說：「早就拖到地面去了，你還是看不見，那我有什麼辦法？」這就是「一切如來能調伏難調眾生釋迦牟尼相」，總而言之，就是如來藏相。

世尊示現了這樣的「釋迦牟尼相」以後，當然聽眾們是沒有回應的，所以不得不「爲諸菩薩說一切法平等實相般若波羅蜜法門」。這不是爲聲聞說，是爲菩薩們說的；因爲如果當事者不是發起了菩薩性，是不許爲他演說這個微妙法門的，所以這時候正是爲諸菩薩們說的。這個法門是「**一切法平等實相般若到彼岸**」，也就是實相智慧到彼岸的法門。一切的解脫都由智慧而到，不是由禪定而到；即使四禪八定具足了，他想要入滅盡定，也是由智慧而進入；乃至得無生智也是由智慧而得，捨報能入無餘涅槃也是因爲智慧，不是由禪定而得。在解脫道中尚且如此，在佛菩提道中更是如此。

所以三乘菩提的智慧當然不會相同，在解脫道裡面，不說一切法平等，也不說實相的智慧，因爲解脫道裡面所修的觀行對象都是不平等的。譬如說阿羅漢的所見，一切有情蘊處界全部都是緣起性空、無常故無我、無常故苦、無我即苦，當然不是眞我的無我。這種觀行，表面上看來是平等的，可是其實不平等；因爲所觀的既然是蘊處界，那就有種種不同了：張三長得美，李四長得醜；王五有氣質，趙六很粗魯，各不相同，所以不平等。因爲所觀行的對象是蘊處界，當然就有種種的不同。那麼，如果不看人類，就來看其他的有情，這一對照：人是人，狗是狗。兩道是不相入的。狗再怎麼修行也無法變成人，人再怎麼惡劣也當不了狗，全都要等下輩子去。解脫道中所觀行的對象都是這一世的蘊處界，蘊處界永遠都會有不平等的現象，當然聲聞解脫智的所證就不是平等相。

而且阿羅漢所見：這某甲阿羅漢餘習未盡，所以聽聞菩薩奏樂時，他不覺就跳舞起來了。是什麼人呢？大迦葉。俱解脫阿羅漢聞樂起舞，你不要覺得奇怪。你說：「**他們聲聞人出家了，還在那邊跳舞，那還像個樣子嗎？**」像啊！像樣子啦！無妨還是阿羅漢，因爲奏樂者是菩薩而不是一般人。可是，難陀比丘上了座要說法以前，他絕對不先看你們男眾，一定要先端詳女眾；爲什麼呢？結習未盡。你看，同樣是阿羅漢，同樣都有解脫智，可是兩個人表現不同，那你說到底平等不平等？看起來就不平等了。然後，阿羅漢所見：色陰是色陰，識陰是識陰，受想行陰各是受想行陰，也都互不相同。這些法是有先後次第的、不平等的，在他們的解脫智來看，只有一樣是平等：全部都是緣起性空。就只有這樣啊！可是當 佛陀開示說：「**一切法平等。**」他們想：「**怎麼會平等？**」想不通。後來聽到 佛陀解說，聽久了，終於懂了。懂了，可是還無法實證；一定要迴小向大，發起深厚的菩薩性以後，佛陀才會幫他們親證。所以「**一切法平等**」，這是菩薩之所證，非聲聞、非外道之所證；乃至諸天天主來求法，如果沒有發起深厚的菩薩種性，佛陀也不幫他的；雖然他是天主，照樣不幫他開悟，因爲這是菩薩才能得的法。

爲什麼菩薩得了這個法，看一切法時都是平等呢？因爲一切法從一法生，而這一法生了一切法以後卻又跟一切法和合似一，所以一切法就跟著祂而平等了。有人來問老趙州：「萬法歸一，一歸何處？」這個叫作討打，皮肉癢，該打。可這老趙州生來不愛打人，若是一般禪師早就一棒打過去了。老趙州只是輕描淡寫地說：「**老僧在青州，作得一領布衫，重七斤。**」答非所問哦？不是！他已經答了。但這叫作偏中正，難會啦！那麼如果要依文解義，那就胡扯說：「**一生二，二生三，三就生多，所以一啊、多啊、無，你要是弄懂了，你就懂禪。**」懂得什麼「禪」呢？纏縛的「纏」，才不是眞正的宗門禪。禪師不跟你來這一套鋸解秤砣的說法，他直截了當就指示了本來面目，哪裡還會跟你在那邊論什麼一生二、二生三、三生多？又講什麼「多、一、無」？沒有那回事啦！禪師若是跟你說個一，早落言詮，可就自責了。禪師雖然跟你講了話，但他沒有落在那句話裡面，句句都有言外之音。所以禪師說法總是讓人家丈二金剛摸不著頭腦，可是家裡人相見卻又親切分明。

要是有人不信，明天來問我：「萬法歸一，一歸何處？」我說：「萬法歸你。」不懂，後天再來問，我就說：「一歸我。」不信，再來問，我說：「一歸你。」不信，再來問，我說：「萬法歸你。」我總是不落言詮，雖然我確實講了許多話。佛法得要是這樣會，不然 釋迦如來一世扮了多少神頭鬼臉又是爲了什麼？三界至尊還要扮許多的神頭鬼臉，都是爲了菩薩們的道業。這個「一歸何處」就叫作剩語（剩下的剩，言語的語）。剩語的意思懂嗎？就是多餘的話，根本就不該來問這話。所以「一切法平等」是菩薩之所見，因爲菩薩看見了一切法莫非如來藏，都從如來藏出生，而一切法本來就屬於如來藏的無量功能體性中的一部分。蘊處界在人間來來去去，也是如來藏中的一部分，依蘊處界而有的諸法都是如此，無有一法而非如此。這樣看來，一切法與如來藏根本都沒有分別，根本就是一家子人，切割不了的，所以一切法全都平等。

菩薩從來不說我五陰比我的如來藏大，菩薩也從來不說我的如來藏比我的五陰大，因爲平等平等。也許有人想：「哪裡平等？你蕭老師講錯了吧！如來藏是常住不生滅的主人，五陰是來來去去，每一世出生時來了，去了就死了；下一世又來一個全新的五陰，又來如來藏這裡住一住，然後死了又走了，哪裡能夠與如來藏平等？」誰說不平等？如果沒有生滅的五陰，如來藏又能幹嘛？什麼也幹不了。如果有了生滅的五陰，如來藏可就神通廣大了。這兩個眞的是難兄難弟，一向就是秤不離砣、焦不離孟，誰都不能沒有對方。如果哪一天說「我可以不要你如來藏」，就是想要捨離如來藏而永遠斷滅了五陰自己，只剩下如來藏單獨存在成為無餘涅槃，那就恭喜你了，你自殺完成了，因為你已經決定要自殺永滅了才不要如來藏。不過這個「自殺」，在座的小菩薩們不要聽錯了，把我說的當作眞的自殺；我講的自殺是說永遠不再出生於三界中，叫作永遠滅盡的自殺，不是拿了利刀去抹脖子。

那麼一切法平等是指什麼？指的是實相法界。實相法界就是如來藏的法界，如來藏的法界是函蓋了蘊處界的，所以實相法界中無所不包，無一法而非實相法界。親證了如來藏，可以現前看見實相法界的無所不包，你就有了實相般若。這個般若當然要叫作了知實相的般若，也就是了知實相的智慧。有了這個實相的智慧，看見了一切法平等，那你就到彼岸了：還沒離開人間就已經在無生死底彼岸了，在生死中就已經脫離生死了，卻又像世間人一樣地老死以後重新受生再來人間，這才是菩薩之所證。

所以，一切法平等實相的智慧到彼岸的法門，自古以來就不容易修了，何況末法時代的今天。因爲自古以來禪師難得幾位眉毛很長，也難得幾位願意爲眾生入泥入水，弄得渾身溼答答地沾滿了泥水。眞的很少啦！除非因緣需要，否則難得有禪師願意像我這樣作。我們正覺同修會現在的作爲，眞是家大業大。因爲這個家業不是那些大法師們挑得起來的，他們沒這個肩膀。我們這個家爲什麼大？因爲妙法太多了，所以家大。家的大小並不是看房子大小，業的大小也不是看所度的眾生多不多。所以，我們講的家大業大跟人家講的不一樣。我們要作的，是要把外道法驅離佛門，是要讓佛門回歸於純正的三乘菩提，別再被外道法滲透而染污了，就是要把相似像法等假佛法逐出佛門。這個淨業規模很大，是因爲它太勝、太妙、極善，所以這個淨業很不好造作，因此說是業大。雖然不好作，而我們要去作它；你若願意去作，就不要怪自己業重；所以作得很累，也要累得很高興。這裡倒是可以藉一句證嚴法師的話來講：**「歡喜作，甘願受。**（台語）」但層次可就完全不一樣呵！簡直是天差地別。

所以，若能夠親證一切法平等實相，一定就會有實相般若；有實相般若就能夠到達無生無死底彼岸，不必像定性阿羅漢要等死了以後才能去無生死底彼岸，而是活著就在彼岸了。也許有人想說：「你這樣講，不跟那些現見外道一樣了嗎？」這可不一樣。那五種現見外道，一個是欲界五欲中的離念靈知，說正在受樂的時候清楚明白的受樂，正是假藏傳佛教密宗四大派：「我受樂，我很清楚我在受樂；我受苦，我也很清楚我在受苦；同樣都是空無形色，就是證空性。這樣就是涅槃，當然必須時時刻刻清楚明白地活在樂空雙運受樂的每一個當下。」聽過沒有？聽過。活在當下，請問活在當下時是誰在活？又是活在什麼境界？是識陰在活，也是識陰或意識的境界，不離六塵，那就是第一種的現見外道。可是咱們當下解脫，是我蘊處界住在如來藏中，而如來藏不住六塵、不生不死，這才叫作當下的涅槃；因為現見阿羅漢死了入涅槃，也還是這個實相心獨住的不生不死境界；但阿羅漢們看不見，菩薩卻親眼看見了，這才是正確的現見涅槃。外道講的現見涅槃都是錯誤的現見涅槃。

好了，第二種外道說：「我證入初禪，我在初禪中，時時有身樂覺受，離於五欲，已離欲界生，這樣就是涅槃。」但這還是意識境界，還是不離六塵。即使他入了初禪等至位，五塵中也都還有三塵。乃至說已經修到第四禪好了，捨清淨、念清淨，迴無一念，連覺知心動一下的狀況都沒有，所以息脈全都中斷了；可是他這個境界仍然是意識的境界，並未超越識陰範圍之外，正是外道五種現見涅槃中的第五種。但是我們證得如來藏，既不入定也不出定，永遠寂滅、永無來去、從無喧囂，因爲始終都不在六塵境界中，這才是眞正的寂靜，這是如來藏所住的境界。而如來藏是出生意識的心，怎麼會跟外道的五種現見涅槃的意識境界一樣？完全不同嘛！

不論是佛法或世間法，如果要拿來相提並論，應該是同一個種類相比，不能把不同的種類拿來相比。譬如說，人家一艘大船，它非常大，船中又有一條比較小的船，叫作子母船；開到大海中，若有特殊任務時，放了那艘子船出去辦事。但是，另外有一個人開著一條小船，小船上放著一艘玩具船，當他看到人家子母船時就說：「你跟我一樣，我跟你一樣。」到底一樣、不一樣？有一天，他太囂張而被人家拉進大船裡面時，才會知道完全不一樣，所以說他是沒智慧的愚癡人。意識是從如來藏出生的，怎麼可以拿意識的境界來跟能生祂的如來藏境界相提並論呢？他硬要拿那種不同類的相提並論，人家就要罵他說：「你這個人不倫不類。」不倫不類，譬如說選美，選美當然是女生才可以參加，他一個大男生去化妝了以後，也跟人家參加選美，人家是不是要罵他不倫不類？後來發覺：「原來你是個大男生。」他的后冠還要被人家取消掉，可能還得吃上官司，因爲他不倫不類。所以，菩薩所證這一種現前親見如來藏住在涅槃彼岸的法，跟五現見外道意識自以爲住在涅槃境界的法，是完全不同的。我們弘法早期，也有人罵我們是自性見，又說我們是講外道涅槃。但是，我們辨正了以後說：「外道涅槃是第六意識的生滅境界，我們講的現前親見的涅槃是第八識如來藏本來就不生不死。」他們終於閉嘴了，因爲他們不懂。所以，要隨便評論別人還眞的難，不懂就不能隨便去評論人，否則一定會出問題。

如何是一切法平等實相的智慧到彼岸法門？這個法門，這裡就開始講了：「貪無戲論性，瞋無戲論性，癡無戲論性；何以故？一切法無戲論性故。」這到底什麼意思？假使還沒有明得本心如來藏，不知道如來藏常住於離六塵的境界中，也不知道蘊處界是從如來藏中出生，更無法現前觀察如來藏確實出生了蘊處界，這時就讀不懂了。一旦落在離念靈知裡面，請問他要怎麼解釋「貪無戲論性」？除非強詞奪理，否則無法解釋。一千多年來，最強詞奪理的就是喇嘛教，他們繼承了天竺的坦特羅密教，坦特羅密教則是從外道性力派中把雙身法樂空雙運移植進來套上佛法名相的外道法，這樣子一脈相傳下來都是嚴重地曲解經文。

假藏傳佛教四大派的密續與喇嘛們講的是說，當密宗信徒師兄姊合修樂空雙運時——男女雙方達到第四喜全身受樂時，觀察樂受與覺知心都是空無形色就是證得空性；那時專心領受而一念不生，一切外境都不攀緣而繼續運動身體保持樂受，就說這樣安住時是「貪無戲論性」，說那時就是證得佛教的無分別定，還講得冠冕堂皇：「你們顯教裡沒有這個，所以你們的悟境都太差了。」還不知道自己落入欲界沈淪之法中，人家根本不把他們看在眼裡。因爲眞悟的菩薩們聽了不會爲他們噴飯，只會覺得可悲。但是若想要爲他們說明眞正的道理時卻又非常困難，因爲他們對佛法的意涵完全不懂，所以他們完全落在意識、落在識陰境界裡面。不但如此，他們還落在身識境界裡面，怎麼能夠說是沒有戲論呢？當然是「貪有戲論性」。

可是等到哪一天，如果達賴喇嘛來找我抗議時，我卻跟他說：「其實正當你達賴在修雙身法的時候，也是貪無戲論性。」他說：「那你不是承認我的大樂光明法門正確了嗎？」我說：「我還是不承認你的法對，依舊認爲你錯了。因爲當你達賴正在修雙身法，努力住在第四喜境界中的時候，你達賴自己是『貪有戲論性』；可是你達賴的如來藏自住境界中，依舊是『貪無戲論性』。因爲你達賴是從祂而來，你的貪也從祂而來，而你的如來藏從來無戲論，可是祂卻寵著你達賴繼續貪淫，這才是我說的『貪無戲論性』。」但是我們寫了那麼多書，他們讀不下去；因爲他們如果讀得下去，達賴喇嘛就不再是喇嘛了，他就會趕快還俗去了，再也不當密宗的什麼法王了。其實他本來就是個俗人，不用還俗，衣服脫了、頭髮留起來就是了；因爲他主張性交中證空性，卻不是佛法中說的空性如來藏，所以他本來就不是佛教中僧人，但是何嘗有人能知？

所以，當你證得「一切法平等實相般若波羅蜜法門」的時候，你到市場去，看見有一個風評不太好的老闆老是偷斤減兩。人家買了物品以後，趁著人家不注意，又換個比較少的給人家。你看了說：「哎呀！這個人真貪喑！」

這樣貪的人一定是一天到晚落在戲論裡面，因爲他一定每天到晚都在想著說：「**我用什麼手法比較能夠偷斤減兩？**」可是從另一方面去看他，你卻又看到他的實相：當他蘊處界在那邊起貪，用這種小伎倆從人家手裡騙得更多的錢財，完全是在戲論，與實相的寂靜境界完全無關；可是他的背後是他的如來藏，完全無貪。當他的蘊處界不斷在貪財的時候，用盡所有伎倆欺騙眾生，但是他的貪和他的蘊處界全都從他的如來藏中來，而他的如來藏從來不曾起過一念的貪。這就是你看到的「**貪無戲論性**」。

那麼，菩薩看見這個情形說：**悟了以後要修行，那麼到底是要修如來藏還是修自己？**結果確定還是要修正自己，所以悟後還是要改變自己。修行是改變自己，修行不是去改變別人。所以，那一些大師們都叫徒弟修行啊、修行，可是自己不修行，因爲他們不懂這個道理。如果是真正的大師，他不會告訴徒弟說你要修行；不論徒弟怎麼樣，他都支援，他不斷地寵徒弟，那才是真正的大師，那位大師的名字叫作如來藏。（眾笑⋯）所以，徒弟怎麼樣，祂都不管的。徒弟如果想修行，那就自己好好修行；不想修行，那如來藏大師也不管，也可以忙著幫助徒弟享樂下墮。大師如果要管徒弟修行不修行，那個如來藏大師可就煩惱死了，不是嗎？所以，最聰明的大師要當如來藏。

這樣算起來，我還眞的笨，不當如來藏，來當蕭平實，眞倒楣！一天到晚管東管西，糾正有私心和菩薩性不夠的人；又想要救護眾生遠離眾生相，就得辨正法義，於是又一天到晚得罪人。可是，如果我不這樣作，我的如來藏裡面收集的福德可就少了，沒有辦法增加更多。所以，當傻瓜還是我蕭平實來當，如來藏就不當了，讓祂聰明快活地過日子。可是祂每天過日子，祂又沒有在過日子，既不聰明也不快活，過日子，還是要由我蕭平實來過。

過日子的我永遠有戲論性，可是如來藏沒有戲論性。所以，你看那些販夫走卒，有良心的追逐什一之利，沒有良心的人就一本萬利，只是大貪與小貪的差別；可是不管大貪與小貪，全都是戲論。正當戲論的時候，他們的如來藏大師是從來沒有戲論的，卻又一直支援他們的五蘊在搞戲論，這就是「貪無戲論性」。所以，《華嚴經》那個婆須蜜多，那個高級的應召女郎（其實不是應召，而是人家要去找她），因爲她莊園很大，人很漂亮，不求法的人貪色而要去找她，求法的人也因爲慕法而要去找她。

她怎麼度人？她看到所有男生去找她，就只是跟男生看一看，有的男生就這樣悟了；如果還悟不了，她就對男生笑一笑；如果還悟不了，她就跟對方講講話；如果這樣還悟不了，她就跟對方拉拉手；假使拉拉手還悟不了，就跟對方親一親；如果親一親還不悟，她就和對方抱一抱；如果對方抱過了還不能悟，乾脆留下晚上上床去了，最後還是會開悟。可是男人在她那裡開悟了，是悟什麼呢？當然不是密宗講的樂空雙運悟得覺知心空、樂觸空，那不是空性；她幫男人開悟之標的是第八識如來藏；當男人在她那裡悟得如來藏時就看見如來藏的眞如法性了，這才是眞的開悟。但是悟得眞如時，是因爲親眼看見如來藏心的眞實性與如如性，空無形色卻又能生五蘊，所以又名空性，這就是證眞如。證眞如以後，再來看如來藏時，發覺如來藏從來無貪，也從來不落入戲論法中，就懂得「貪無戲論性」了。

婆須蜜多教人家實證的就是這個如來藏，正因爲如來藏遍一切時、遍一切處、遍一切界，而且遍一切識，何時、何處、何界、何識的所在沒有如來藏？當然相視、相笑乃至相交時都有如來藏在背後運作著，當然在一切時地、一切境界中都有如來藏暗中運作著，她就這樣以不同的方式而藉眾生的欲貪來度人。所以我說，像她這樣度人，找上門去的男生們都不要嫌貴，一夜千金也值得；因爲男人若是很笨，必須要一個晚上與她纏綿才能悟得如來藏，眞是很笨嘛！所以要一夜千金。如果夠聰明的人，進得門來，奉上一兩銀子，看見她笑了，知道她不是爲了一兩銀子而笑的，就可以跟她 say goodbye 了；他根本不必一夜千金，花那麼多錢幹什麼？

但是，達賴喇嘛如果哪一天來了，他如果敢說：「**我是學婆須蜜多的。**」我就粗魯地說：「**你放屁！婆須蜜多的名號是你可以講的嗎？你連其他的初悟菩薩名號都沒資格講。**」因爲人家是早就實證了「**貪無戲論性**」，也能教導別人親證「**貪無戲論性**」；他達賴喇嘛什麼都不行，還在教導人家追求淫欲大貪，說要性交來了知、來證悟空性，但他所謂的空性並不是空性，只是識陰與受陰的我所而已，全部落在淫貪的戲論性中，根本沒資格說他學的、教的就是婆須蜜多的法。他如果把這一世從台灣搜刮去的錢—因爲他從全世界搜刮到的錢最多的地方就是台灣—全部拿去供養婆須蜜多，還有一點道理可說；否則他是根本沒有機會可以悟的，這就是他的因緣，他是從來都不懂「**貪無戲論性**」的凡夫。

可是這個「**貪無戲論性**」，大師們一向都怎麼解釋？都說：「**你起貪的時**

候要清清楚楚明明白白，知道自己正在貪；然後不要亂起語言文字，儘量減少貪。」其實還是有貪，都落在五陰等戲論法中，其實也還是戲論啊！怎麼能叫作無戲論？所以學佛最重要的，就是出發點。出發點有兩個：一個是站在意識心或識陰爲出發點，一個是站在第八識如來藏爲出發點，這樣來學。站在如來藏爲出發點來學佛的人，雖然一世之間還無法親證，那也無妨，至少路不會走偏，在世出世間法的果證上面也不會有大妄語業；這一世就算悟不了，來世還保得住人身繼續修行。但如果是站在六識論的立場作出發點，那可危險了，因爲不單單會謗法，同時也會謗賢聖；這是因爲妙法跟他所知的意思不同，而賢聖之所說也與他完全不同。當他在世間法中打混時，自稱開悟佛法了，結果與賢聖所說的完全不一樣，他就必須要說：「那些賢聖們都非賢聖，都是凡夫。」否則就沒有人信他了。當然賢聖們聽了可以說：「我本來就不是賢聖，生也未曾生，死也未曾死，何況是人？連人都不是了，還稱什麼賢聖？所以對方要怎麼罵，都隨對方去罵。」對啊！從如來藏所住的眞如境界來講，其中都無一法，根本就沒有賢聖可說。

可是當對方誹謗了賢聖，誹謗了正法，後果堪憂。他一定會誹謗正法，因為當人家拿起經典來請問：「師父啊！你看這部經講的『法離見聞覺知』，另外一部經又講『一切諸法無作無受、無覺無觀，無覺觀者名為心性』。師父！我們悟的心都有覺觀，我們這個心是眞的自性佛嗎？」想一想：「不行呵！我如果承認我悟錯了，徒弟們不都走光了？那麼信徒當然也會跟著走光光。」於是他就狡辯說：「哎呀！那都是僞經啦！大乘經典都是後人創造的，不是佛口親說的。」好啦！這麼一句話就結了，這一世就成為他輪轉生死中的另一個分水嶺了。

所以，學法很重要的是出發點，可是有多少人懂得先弄清楚出發點呢？幾乎沒有這種人。懂得這個出發點以後，接著還要作選擇：「我到底是要學什麼菩提？」上焉者學佛菩提，中焉者學緣覺菩提，下焉者學聲聞菩提。下下焉者學清涼菩提、環保菩提、醫療菩提，這叫作下下焉者；可是，下下焉者所學的其實都不是菩提，只是在學習表相佛法，是在修集資糧，還在十信位裡面，因為那樣的修法與實證三乘菩提完全無關。

所以，學佛時的立足點要先界定好，界定好了以後再來作選擇，選擇就好像先去學校註冊。當學生考上某一學校的分數以後要先到學校註冊，註冊時總要選科系——要選擇未來四年所要修學的科別。同樣的道理說：「我要學佛法，但我修學佛法時應該要以什麼爲立足點呢？是要以八識論爲立足點，或者要以六識論爲立足點來修學？」這是大前提，如果選擇了六識論來修學，就好像在某些私設的沒有向政府立案的學校上課，畢業以後的學分是不被政府與教育界承認的，所以應該先確定所學的是否被正法的經論所承認？六識論者說的一切法都不是實證的，都是戲論，都是不被正法經論所承認的，聰明人當然不會選擇六識論作基礎來學佛。弄清楚六識論與八識論的正訛而作了選擇以後，才可以進而確定自己要修學三乘菩提中的哪一乘？這些道理，大家都要很聰明地先想一想。

如果以六識論爲基礎來學佛竟然可以成功，那麼世間的心理醫師大約都已經成佛了，因爲他們都懂六識。如果改以八識論爲立足點來學佛，可以實證世間人所不懂的第七識、第八識，將會懂得更多而且更勝妙的佛法，是不是比較勝妙？因爲：「人家所知的只有六個識，我所證的卻有八個識，那我贏過他啊！」這是最簡單的判斷與抉擇的方法，還不必用到腦袋想，只要用膝蓋想一想就懂了。所以說，眞要學佛時，要學八識論的法？或者要學六識論的法？這就很清楚了嘛！「我可以多學到兩個識，而且是可以實證而不是想像的法，那我爲什麼不學？」這一來，懂得這道理了，學佛就會覺得簡單多了。這一確定下來：「我要學八識論的佛法，我要用八識論來學佛，這才是正法中的所有經論所承認的實證，不會像六識論者學了一世都還是戲論。」這時如果心量小一點：「我只要證阿羅漢就好。」那就以八識論的前提修學聲聞菩提。「我要稍微好一點，要修學高一點的法，我要學因緣觀。」那你就以八識論來學緣覺法，也可以啊！就修十因緣與十二因緣的觀行啊！如果心量大，不怕死，願意當傻瓜：「沒關係！我就以八識論來學佛菩提，要證眞如；我也不怕生死，要在痛苦的生死中利樂有情直到成佛。」這些都是很簡單的道理，只要依理思惟就可以瞭解；可是有很多人眞是笨到連身上癢了都不懂得要動手去抓，你還要去體會他說的是身上哪裡在癢，然後捉他的手去抓癢。可是你捉他的手去抓時，不一定能抓得正確，很可能都搔不到癢處；所以說那個人夠笨，無有更笨者。這樣子說明了，諸位清楚了呵？

我知道你們都是最有智慧的人，這是一個對自我的肯定，確定自己選對方向與方法了，然後可以安心地把菩薩道走下去，因爲最高的佛法就是八識論的正法；不論是三乘菩提中的哪一乘，全都是依八識論的前提才能實證的。那六識論的法，世間法中的心理醫師就能知道了，我們又何必去學那個粗淺的世間法？「**若是只學六識論的世間法，那我學佛幹什麼？我去學心理學不就行了嗎？**」那麼這樣，你的出發點對了，這一世的學佛之道就一定會有成績；因爲你絕對會走向正確的菩提道，不會偏差。爲什麼能夠有所實證而不偏差？因爲，一定要有一個常住法來出生諸法，你才能夠實證菩提，否則終究離不開世間法而且是有生滅性的六識範圍，就會落在識陰中，一世學佛無成。

接下來你就是要去求證說：「**我到底生從何來，死往何處？**」菩薩就是這樣子，小時候就爲這個問題在那邊苦思不解：「**我到底是從哪裡來的？我將來死了要到哪裡去？**」這就是未離胎昧的菩薩們小時候最大的困擾。菩薩們小時候問媽媽這個問題，媽媽既沒有學佛，就回答說：「**你就是我生的，你從我來。**」「**媽媽！那我什麼時候進了妳的肚子？**」哇！這一下，媽媽答不得了。這時候答不得，怎麼辦？腦袋一敲：「**你這個孩子，亂問問題。**」（大眾笑…）一定有人被敲過的，我不相信問這問題的孩子沒有被敲過腦袋。等到後來，終於聽到一個消息說正覺可以解答這個問題，就來修學了。有趣的是，後來等到悟了以後，竟然還來問我，確實有人還來問我說：「**老師！我已經開悟了，但我上一世從哪裡來？我死了要到哪裡去？**」我說：「**你上一世從如來藏來，死了還是要回到你的如來藏去。**」「**喔！是這樣呵！**」這時才眞的了生脫死了，他也眞的是「古錐」！

這就是說，你想要證得眞正的「**貪無戲論性**」，眞的很困難、很不容易；唯有一法能證得「**貪無戲論性**」，就是證如來藏而現觀祂的眞如性。等你證得如來藏的時候，你去觀察，第八識實相心確實是如此，這就是法界中的實相。你證得第八識而觀察八識心王和合運作時的這個「**貪無戲論性**」，知道一切貪以及能貪所貪的一切緣都從如來藏來，也都依附於如來藏實相心而存在；然而如來藏本身從來無戲論，我們能貪的覺知心轉依了實相法界如來藏心以後，我們的五蘊繼續有法貪都沒關係；有法貪所以將來能夠成佛，這時有法貪的覺知心意識的這種貪，也是「**無戲論性**」的貪；因爲你依止於如來藏來修這個法，而如來藏從來離貪、從來沒有戲論性。這樣可以使人實證的法門，就是「**一切法平等實相般若波羅蜜法門**」。

接著說「瞋無戲論性」。瞋，確實也是和貪一樣的無戲論。瞋是世間人最常見的事情，因為瞋遠比貪更難斷。有的人可以無貪，他什麼都可以奉獻；可是，有一天受施的人因為修學了義法後，故意突然冒出一句話說：「您眞的是大捨，可是我老覺得看你不順眼。」他會反問說：「你為什麼看我不順眼？」受施者就故意說：「為什麼你就特別有錢，我就特別窮？」喔！這一下，他老兄可就發脾氣了：「我有錢也是罪喲？你這個人，莫名其妙！」生起瞋心了，一轉身就走了，從此以後不再布施給他了。對不對？其實人家是故意問問題，只是想要引起他對實相法界產生好奇而開始探究，以這個妙法來反哺。他在世間法上可以無貪，願意把所有都捐出去，捐到最後什麼都沒有了，每一個月領到薪水，留下生活必須的部分，剩下的還是繼續捐；可是經不起人家一句話，心中起瞋了，這是常常可以看見的事。那麼，從三界中也是一樣，要先斷了欲界愛以後才能到達色界境界，可是色界天人還有瞋。色界天人無欲，但是仍然有瞋，所以瞋是比貪難斷。

不然來說色界天人好了，來看看如何是「瞋無戲論性」。色界天人身量廣大，那邊空氣稀薄得不得了。色界天人都只有一層薄皮，毛細孔內外相通，空氣在毛孔間出出入入，所以有樂觸；這就是色界天人，所以他們仍然有觸。這個色界天人互相之間有所往來的時候，仍然無法避免有瞋。既然如此，你就可以判斷：一個二禪人、三禪人、四禪人還有沒有瞋？還有！得要有能力離開色界天境界而證得無色界境界時，才是已經伏瞋的人；所以色界天人都還有瞋，只是粗細厚薄的差別而已。可是當他們正在起瞋的時候，他們各自的如來藏一樣沒有瞋；所以當菩薩有實相智慧的時候，現前觀察自己入了禪定中依於色界天身而住，以禪悅爲食，是以禪悅來長養色界天身而受諸快樂；可是這仍然是從如來藏中生出來的境界，並不是意識覺知心自己能出生這種樂受境界或捨受境界。

色界天人的天身都不是被父母所生的，只有欲界天人和人類才有被父母所生的事。色界天人是由於禪悅——由禪定的實證而發起了色界天身，然後以禪悅來長養色界天身；是因爲每天繼續有在修定，以定中所得的定力而有定境的領受，以及離開等至位的定境而在等持位中領受禪定的禪悅，作爲色界天身之食。有這禪悅爲食，所以色界天身得以長養，得以存在和運作。但是那色界天身，仍然是從他們的如來藏中生出來的，色界天人的意識都無法變造出自己的色界天身。菩薩這樣現見了，不管有沒有出生到色界天去，他都已知道色界天人不離瞋，因爲色界天人仍然有色身存在，爲了色身生存的緣故就不可能離瞋，只是不會爲了淫欲或五欲的事而起瞋；可是瞋仍然是與色界蘊處界相應，不歸如來藏相應。

菩薩這樣現見，一切天人、天主或者人類，乃至一切旁生有情、鬼道眾生、地獄有情都一樣，當這些眾生心中生起瞋心的時候，他們的如來藏仍然是無瞋的。而他們起瞋的時候，瞋心所依的蘊處界仍然是與如來藏非一非異和合似一，繼續不斷地互相配合在運作。這樣來看，起瞋的蘊處界歸於如來藏的時候，而如來藏從來無戲論，這時蘊處界所起的瞋也就跟著成爲無戲論的如來藏中的一部分；而如來藏無戲論，所以蘊處界相應的瞋也就跟著無戲論，無妨正在瞋等戲論之中而從如來藏來看時，卻是無戲論的，這就是「瞋無戲論性」。

當你這樣來看的時候，請問：瞋是不是菩提？是啊！你從如來藏的角度來看的時候，不但瞋是菩提，連貪也都是菩提。所以我才會說，達賴喇嘛如果來了，我就告訴他：「你與女信眾性交時的大樂光明也是菩提。」可是，他如果以爲說我承認他的法正確，那他就錯了。我還是說他不對，因爲從不同的層面來看是不一樣的，文字卻無妨可以是一樣的。也就是說，我看他淫污女信眾時的貪，是從實相法界如來藏的眞如性來看的；而他看雙身法中的樂空雙運、大樂光明的一念不生境界時，則是從貪觸及貪著的意識心來看的，所以他所看見的雙身法是貪有戲論性的境界，婆須蜜多的雙身法卻是「貪無戲論性」的實相境界，眞是不可同日而語啊！

有的人讀了經典弄不懂，就來問大禪師：「請問和尚，如何是『瞋無戲論性』？」禪師聽了，破口大罵：「你這傢伙，你以爲我不懂嗎？給我滾出去！」一頓怒斥。那個人被禪師破口大罵以後，一夜不得安寧，左思右想，反復轉側；他不死心，明天又上來問：「師父！我昨天只是這樣問，我又不是惡意，您爲什麼罵我？」師父就說：「既然你不是惡意來找碴，你就重問一遍吧！」好啦！他還眞的老實，因爲要依教奉行，所以他就問：「如何是瞋無戲論性？」禪師就跟他說：「哎唷！你今天眞的好乖唷！」他說：「師父！我是問瞋無戲論性，您爲什麼今天稱讚我好乖？」沒想到師父拿起棒來就打了。就這樣子，這就是「瞋無戲論性」，他還是不懂。可是對禪師來說，這就是「瞋無戲論性」，以外就沒有什麼法可以是「瞋無戲論性」了，十方法界無數佛國中全都是這樣子。

所以說，你要是眞會得禪師的作略，隨手拈來無非是禪，時時刻刻任何時地都有爲人處，任何時地的任何境界都是實相法界眞正佛法。要是悟得不眞，想要跟禪師爭辯：「師父！您罵我的時候，眞的就是戲論，爲什麼還說沒戲論？我第二天上來問，師父您又褒獎我，那褒獎也是戲論。後來，您又打我，那打我更是戲論，根本就不寂靜了，哪裡會是瞋無戲論性？」師父就說：「那麼不然，你再問一遍，我跟你講吧！」好啦！他就重問：「如何是瞋無戲論性？」師父就拉著他的手：「來！來！來！我告訴你呵！我告訴你呵！」可是，被師父拉著走了老半天，師父都還是在講：「我告訴你，我告訴你……」最後，他忍不住：「師父！您怎麼到現在還不講？」師父就將他一把推開，故意顯得有些瞋意而告訴他說：「三十年後，自然有多嘴阿師告訴你。」這就是「瞋無戲論性」，因爲舉凡一切瞋之中都有無瞋的，無瞋的卻常常會出生有瞋的。有瞋的到底是不是自己？到底是不是？有瞋的不是自己？到底是不是啊？是喔！你想要腳踏兩條船？（大眾笑…）喔！你眞厲害欸！眞正得了我的心髓去了。

如果你說有瞋的不是你，可眞是錯了！因爲有瞋的到底是從哪裡來的？你總不能夠說：「我有瞋的心是從色身來。」色身能出生你嗎？色身能夠讓你有瞋嗎？不可能！那你說：「有瞋的是從六塵中來，因爲我就是聽到人家罵我時的聲塵，所以我起瞋。」但那個聲塵是從哪裡來的？那個聲塵能夠出生你這個有瞋的心嗎？不行嘛！這個就是《楞嚴經》講的七還辨見，其實是八還辨見、九還辨見。意思就是說，能見的自性不可還，你沒有辦法還給那些助緣，只能還給自心如來藏而歸屬於自心如來藏。結果你這個有瞋的從哪裡來？還是從自己的如來藏來。既然從你的眞我如來藏生出來的，那你這個有瞋的不是你自己，又是阿誰？

可是，如果哪一天有個人來了，自稱他是阿羅漢，我問他說：「你眞的是阿羅漢？」「是啊！」好，就先考考他懂不懂《阿含經》中講的解脫道再說。若是證明他眞的是阿羅漢了，那時候他來抗議說：「你說有瞋的就是眞實的我。我不認同。」我說：「你爲什麼不認同啊？」他也許說：「這有瞋的是因爲覺知心、意識而起的啊！是意識覺知心起瞋，然而意識是虛妄的生滅法，那怎麼會是眞實我？」那我就請他把瞋心去還還看，他可以還給誰？全都還不了啊！最後只能還給如來藏。而如來藏本來就是他自己的，有瞋的自我既是從如來藏來的，那還不是他自己嗎？他一聽：「有道理！我怎麼沒想到這個道理？」等他想到這個眞實的道理時，他早就是菩薩了，還當阿羅漢？所以瞋與無瞋和合似一，瞋與無瞋不一也不異，從來就不曾切割的。如果你硬要把它切割了，那你就是聲聞人，你學的當然是聲聞法，走的就是聲聞道；那麼對不起！我就要跟你分道揚鑣了；你就另外去建立你的鏢旗，我還是用我佛菩提道的鏢旗。我們這裡叫作正覺佛法鏢局，不是聲聞法鏢局。所以，「瞋無戲論性」其實不難懂，只要「貪無戲論性」眞的懂了，這自然就會懂。

所以，「癡無戲論性」的道理，其實就是別的經中講的「癡是菩提」的意思。癡是最難斷的，欲界愛斷了是離貪，發起了禪定，但也還有瞋、還有癡。這第四禪的境界過了，也證得慧解脫而超越了三界，才算沒有癡。可是，如果沒有證得慧解脫，到了無色界的境界時，也還是有癡。那麼如果想要離瞋，也就是遠離瞋的現行，那最少要證得「心解脫」。也就是說，心解脫裡面的頂級果位，就是最高級的第七品三果人，才能斷盡瞋；因爲「心解脫」

總共有七品，第一品最低，是上流處處般涅槃，那只斷除欲界瞋，還沒有辦法斷除色界瞋，還得要生到天上去，次第往上受生，什麼時候才能離開色界天而斷色界瞋？那還早著哩！如果是第七品，也就是頂級的三果人所得「心解脫」，就可以斷盡瞋。不過這個斷瞋只斷現行，習氣種子還是會繼續存在。

可是，我們回頭來看這個斷的次第性：離欲界才能到色界，所以貪是最粗淺的煩惱、最粗重的煩惱，這已證明密宗的所有人都還不離欲界境界。再來是瞋，瞋斷了才能離開色界境界。離色界境界以後，就是四空定的境界了；但是住在四空定之中，能不能發起智慧？答案是不行。因爲四空定之中完全偏於定境，偏於四空天的定境時就偏止而無觀，因此智慧就不可能生起。得四空定以後一入定，往往三天、五天、十天才出定；即使他沒有去預定要入定十天，他還是有可能一入定就半個月才出定；因爲這個人偏寂，喜歡寂靜的境界，但他不曉得這仍然是意識境界，不離識陰的範圍。所以有的人無法出三界，就是因爲這個癡斷不了，落在五陰境界中。

你們可別看到有的外道功夫很厲害，四禪、四空定都有，崇拜他們，誤以爲是證得聖果的人。可是，四禪、四空定的具足實證者，有比你明心以後的智慧好嗎？一點都沒有，因爲他完全無智慧。你明心了，也許下一世、也許下下世不等，就有智慧可以入無餘涅槃了；可是，他生到非非想天去，八萬大劫後還會下來人間當畜生，那你思惟一下，看你想要證得什麼？可是，他這一世在人間，可以眩惑愚癡眾生。眾生要是對他很不服氣，他哪一天也許使性子：「我就來演個『楚門世界』的戲碼，由電視台每天二十四小時播放我在定中的模樣，看我能入定幾天，我就入定而住，看還有誰能像我這樣子。」等他入定以後，他平靜無波的心電圖、腦波圖就顯示在那邊，這電視攝影機二十四小時永不休止地播放，沒想到他一入定三個月，呼吸心跳都沒有了；等他出定以後，大家都這樣說：「哇！這個人不得了欸！這一定是個大聖人了。」可是他捨報以後，要去非想非非想天八萬大劫，然後下來人間是當畜生，那有什麼好呢？然而世間愚癡人不懂，羨慕到不得了：「這一定是大師，這就是我這一世要跟定的師父了。」然後，他這麼一表演完了，名聞利養統統都有了，一大堆的法眷屬也都來了。但是，他爲什麼還是出不了三界生死苦？因爲愚癡，就是不曉得意識虛妄，所以他遠不如一個沒有禪定、沒有神異定境的聲聞初果人，更別提菩薩了。

關於癡，其實有很多種，等級差很多。一般人當然是癡，可是有人得了八解脫以後，即使他已成爲阿羅漢，他也可以死後就出離三界生死，但是他仍然有癡——對於解脫之道仍然有癡，先不談佛菩提道。所以，有一天人家來請：「**聖僧！明天請光臨茅舍，照耀我家，受弟子微供。**」好，默然接受了。第二天受供完了，弟子拿個小板凳坐在他前面：「**請師父開示！**」「**哎呀！我不會說法。舍利弗啊！趕快來啊！您來幫我說法。**」他是個阿羅漢，他已證得八解脫，可是他竟然無法爲人解說聲聞法，這表示他還有癡。所以，這樣的一個阿羅漢，我還把他定位作「**身證**」。因爲你還沒有辦法定位他爲慧解脫，你也沒有辦法定位他爲俱解脫，那只好把他定位作「**身證**」，他還是個身證。

那「**身證**」是怎麼回事呢？也許有人通達了聲聞道，就會分別高低，他就知道這位阿羅漢還只是個「**身證**」的聖者，因爲他還沒有無生智，只有盡智，因此無法爲人說法，表示他的慧解脫、俱解脫還沒有完成。慧解脫已經完成的阿羅漢一定十智具足，一定有無生智。好啦！諸位當然知道我講的是誰？當然是周利槃特伽。但我記得他後來也是有無生智的，表示他後來有繼續修不放逸法，成爲俱解脫者了。但是，這個典故是在他還沒有無生智的時候，剛成爲「身證」的阿羅漢時；那時他既不能歸爲慧解脫，要把他歸爲什麼？當然更不能歸爲俱解脫，因爲俱解脫是定障消除了，慧障也消除了；可是他當時有沒有呢？還沒有，他就是慧障還沒有完全消除，所以我還把當時的他判作「身證」。那時的他是不是還有癡呢？還有嘛！你看，光是解脫道，就這麼難修了，佛菩提道當然更難修。可是，二乘人說這個是有癡，假使當時有菩薩在，就會安慰他：「沒關係啦！周利菩薩，你雖然還有癡，癡也是無戲論性。」他一聽，一定會很高興「癡無戲論性」，當然就要敬仰菩薩了。也許菩薩覺得有緣，會救度他成實證的菩薩也不一定。

這就是說，其實癡的差別非常多，不是只有固定的某一個範圍的無明才叫作癡。癡，其實只有層次的淺深廣狹差別而已，沒有人是不癡的。乃至妙覺菩薩都還有癡，因爲他還沒有成佛，怎能夠完全無癡。不過，還在因地第七住位的菩薩，卻已經敢拍胸脯說「癡無戲論性」。他才剛悟了，還沒有成佛，離成佛還遠著呢，就敢拍胸脯對大眾演說「癡無戲論性」。因爲會起愚癡心的，老是被愚癡所籠罩的，就是覺知心；這個覺知心藉著根與塵爲緣而從如來藏心中出生，而祂其實是與助緣—幫祂出生的根與塵—同時都是被如來藏所生，同時也都屬於如來藏中的一部分；而祂在愚癡的當下，還是由如來藏支援，才能使祂繼續有愚癡，所以愚癡也是如來藏中的一部分。

換句話說，眾生輪轉生死是源於如來藏、依於如來藏，眾生得解脫也源於如來藏、依於如來藏，眾生有智慧也源於如來藏、依於如來藏，乃至眾生成菩薩、成佛，也由如來藏而依於如來藏。你說：「**這好奇怪欸！如來藏怎麼會這樣？**」還眞的是這樣，因為眾生之所以會輪轉生死，正是如來藏為他收集了很多往世所造的生死輪迴種子；後有種子一大堆都是往世的自己造的，如來藏全都收存著，當然死了以後一定要再去受生，所以是因為如來藏而有生死。二乘聖人出離生死也是因為如來藏，假使沒有如來藏，二乘聖人就不用出離生死了，因為他把自己滅盡了變成斷滅空，也就不會再有後世的生死了；但是斷滅空的空無，那怎麼能夠叫作涅槃？涅槃可不能說是斷滅，因為涅槃無境界的境界，是不生不滅、不生不死的。如果是外道修四禪八定，四禪八定仍然還是如來藏，若不是如來藏所變現的定境法塵相分，他還能證入那個定境中嗎？那才眞的奇怪哩！乃至菩薩、諸佛都因如來藏而成為菩薩與諸佛，因爲如來藏中含藏著一切有漏與無漏的法種，所以輪轉三界或出離生死，全都要由如來藏作所依。

可是，有的人讀經時斷章取義，讀不懂還要自以爲懂，當他看到經典中說：眾生輪轉生死是因爲如來藏、是因爲阿賴耶識。他心裡就想：「那我得要把阿賴耶識一槌搗碎，然後我就沒有生死了。」有沒有大師這麼說呀？有啊！以前香港死去的月溪法師就這麼講的，可是他並不曉得自己的矛盾在什麼地方。我就提出來質問大力弘揚月溪邪見的法師、居士們說：「月溪法師有沒有找到如來藏心阿賴耶識？你們修學他說的佛法以後有沒有找到阿賴耶識？若還沒有找到祂，你們如何把祂一槌搗碎？何處搗去？」我們正覺講堂北邊的那位鄰居很有名氣，聞名四海，他在書中也說：「阿賴耶識是生滅識，要把祂丟棄。」我當然也要問：「請問大師父，您找到阿賴耶識了沒有？」他終究不敢答話。他還是不敢答話，因爲他若要把阿賴耶識丟棄，一定要先找出來才能把祂丟棄嘛！比如說，我家裡有那一堆垃圾，我很不喜歡，我想要把它丟掉，那我一定要先找到那些垃圾；我若是不知道垃圾在家中的哪裡，我怎麼能丟棄那些垃圾？可是那些人號稱開悟而最有智慧的大師們，竟然都沒有這一點小小的智慧，都不知道說：「我這一句話講出去，人家會不會笑掉大牙？」他們都沒有想到這一點，所以顯示了他們的愚癡。可見癡還真的是形形色色，百般萬狀，什麼樣的癡都有。

也許有人說：「你蕭老師大概沒什麼癡了。」我說：「我是個大白癡，因為若要論到世間法，我是比誰都不如，到處都被人家當作大傻瓜，因為總是不懂要為自己謀取利益。」但是，我這個傻瓜卻還有一點福報，所以我真的相信一句台灣的俗話說：「天公疼憨人。」傻人有傻福，正因為我願意當傻瓜，才能夠與什麼都不懂的如來藏實相心相應，才能懂得「癡無戲論性」；否則，就算你找到了如來藏，也不會接受的，一定會想：「我找到這個東西，癡癡呆呆的，而且也笨笨的。」就不會接受祂，因為喜歡的是好伶俐、好聰明底自己；不管是正當的賺錢，或者使詐賺錢都行，都是很伶俐的自己。所以，最喜歡的還是自己，於是斷不了我見，這就是眾生；對於背後眞正的自己一定不喜歡，因為覺得祂癡癡呆呆的，不懂得計較自己底利益。可是他不曉得這個癡癡呆呆的實相心，只要他找到而且肯承擔起來以後，自己對實相法界的智慧就開始生出來了。那個癡呆的如來藏卻能讓聰明的五蘊自己變得很有智慧，那麼到底智慧之體應該是誰呢？答案還是這個癡呆的第八識心。所以，你喜不喜歡被人家罵大白癡？（大眾笑…）眞是兩難之答，而我以前在世間法時就常常被人背後說是白癡，因爲不懂得要計較利益。

所以說，想要斷盡癡，眞是非常非常的困難。如果你沒有到達佛地，你就不能自稱說「我的癡已經斷盡」，因爲還有許多無始無明等愚癡還未斷盡。但是菩薩才剛悟，卻可以拍胸脯保證說「**癡無戲論性**」，因爲一切癡的根源、癡的助緣以及癡的根本因，都從「**無戲論性**」的如來藏中來。而這一切與癡有關的法，也都在這個「**無戲論性**」的如來藏之中在現行、在生滅。既然都屬於「**無戲論性**」的如來藏，那麼這癡不就是「**無戲論性**」的嗎？所以，假使哪一天有人來問我說：「**如何是菩提？**」我就告訴他：「**愚癡。**」行不行？行啊！可是呢，你不要單聽我「愚癡」這兩個字，否則又上當了。

這樣看來，貪也沒有戲論性，瞋也沒有戲論性，癡也沒有戲論性；可是爲什麼這樣子？總有一個相通的點吧！因爲講的既是貪瞋癡三個不同的法，竟然統統沒有戲論性，那一定是有個相通的共同點，就是如來藏「**一切法無戲論性故**」。

「**何以故？一切法無戲論性故。**」說到「**一切法**」，那就無所不包了。唯獨有一樣不包，就是實相心如來藏，因為一切法從如來藏生，當然不能夠把如來藏包含在一切法裡面。一切法為什麼無戲論性？在阿含中明明說：一切法虛妄，一切法緣起性空。應該全都是戲論法啊！所以初轉法輪的阿含期所講五陰的一一陰，十二處、十八界的一一處、一一界，全都是緣起性空。乃至又講世界悉檀，從地獄一直講到色界、無色界的有情及境界，全部都是緣起性空，顯然三界中這一切法都是戲論法。一切法既然不是第一義的眞實諦，當然這一切法都是戲論法；所以，阿含期勸導大家對自我的執著要斷除，對我所境界的執著都要斷除；說得不夠，還講內我所也要斷除；然後還告訴大家，對山河大地世界都不該有貪。這樣講了以後，眾生聽了當然很清楚知道，原來這一切法全都是戲論法，都是生滅法。有生有滅，那就是戲論法。

可是，來到第二轉法輪的般若期就不一樣了，佛陀說：**一切法無戲論，一切法不生不滅**。這不是很奇怪嗎？在初轉法輪的阿含期說：**一切法生滅，一切法緣起性空**。來到般若，竟然說**一切法不生不滅**；所以，那一些凡夫用意識思惟去研究、去作文字訓詁時，依文解義的結果，就說：「**這個般若諸經應該不是佛講的，因爲跟阿含講的不一樣。」他們所謂的不一樣其實只是他們自己覺得不一樣，在我們看來卻完全一樣。但他們未證般若也未證解脫道，所以看來就不一樣，因此有的人就提出來一個主張：「大乘非佛說。」他們提出以後講得很暢快，意氣風發；然而假使他們有能力看見自己的業種，臉就會全部黑掉了。因爲從菩薩的所見，阿含與般若並沒有矛盾，所不同的只是佛菩提道與解脫道解說上的差異而已，實證的內涵並沒有絲毫互相矛盾之處。

所以，依實證菩薩的所見，阿含期說一切法生滅不住，般若期諸經說一切法不生不滅，本質上都是一樣的，但這是凡夫們所無法理解的。爲什麼會這樣呢？因爲菩薩從一切法的根源如來藏來函蓋一切法，然後把一切法歸結到最後還是要歸於如來藏，沒有一法不歸於如來藏。歸於如來藏以後，如來藏恆住不滅，永不改易其本來自性清淨涅槃的眞如體性，而又無妨如來藏的表面繼續有一切法繼續不斷地出生又滅，而如來藏卻仍然是常住不滅的。就好像一顆明珠，影子來來去去不斷生滅，但明珠之體還是常在，而珠體表面那些生滅不住的影像卻是明珠所有的，因此說明珠表面的影像也是不生滅的。蘊處界這個影像是如來藏所擁有的，這個蘊處界壞了，如來藏又新生後世的另一個蘊處界，還是在如來藏裡面繼續在運作；而如來藏從來不壞，所以如來藏所生的一切法當然就不生不滅了。

可笑的是，二乘人不懂實相本無生滅的法界實相，卻要把自己滅了去入無餘涅槃，不知道自己的如來藏本來就在無餘涅槃中、本來就無生無死；他們不懂滅了五蘊入無餘涅槃時，依舊是自己如來藏的本來涅槃。無生無死即是涅槃，這就是菩薩之所見，就是「**一切法無戲論性**」。所以，阿含諸經中說：一切法生滅不住，一切法緣起性空。阿含不講如來藏緣起性空，是依如來藏所生的一切法來說一切法緣起性空、生滅不住；但是在般若諸經中，那是要講實相妙法，就要推究一切法從哪裡來。一切法既然從眞如非心心來，都是從眞如「無心相心」而來，也就是都從如來藏中來，當然一切法都應匯歸屬於眞如心如來藏；如來藏既然常住不滅，「**乃至成佛常所寶持**」，而這個如來藏所生的一切法，當然就跟著如來藏一樣是不生不滅的。

既然一切法轉依如來藏以後都是不生不滅的，諸佛菩薩說「**一切法無戲論性**」，能有什麼過失呢。諸佛菩薩說「**一切法無生無滅**」時，能有什麼過失可以讓那些凡夫大師來毀謗說：大乘法非佛說。這一些人誹謗說「大乘非佛說」，閻王老子那裡已經有很多張報名表了，都是他們自己寫了寄給閻王的。我們一心要挽救他們，結果他們還咬我們很多口，這就是愚癡眾生。所以你看，消防隊去救落水狗的時候，爲什麼要戴很厚的皮手套？因爲狗不懂人家是要救牠，還以爲人家是要害牠。我們就像消防隊一樣啊！我們設法去救那一些六識論者免下地獄，告訴他們說：「你們不該講『大乘非佛說』。」結果他們竟以爲我們要害他們失去名聞利養，竟不曉得我們是在救他未來的無量世，所以我們常常會被咬啊！可是菩薩都沒關係，要咬就咬，反正咬了也沒咬。（大眾笑…）「爲什麼你說咬了還沒咬？眞奇怪！明明咬了，你都流血了，還說沒咬。」我說：「對啊！你本來就沒咬著，你咬著的是假我。眞我，你還能咬得著，那才奇怪！」菩薩就因爲這樣，看清楚了說：一切法即如來藏，如來藏即一切法；如來藏無戲論故，所以一切法無戲論。因爲一切法根本就沒有戲論性，從如來藏的立場來看一切法，無妨一切法都在戲論中運作不斷，始終不離戲論；但是，依如來藏來看一切戲論中的諸法，其實也無戲論。所以，其實這個法是遠比阿含解脫道勝妙的。阿含雖然同樣是 佛陀講的，但那是從大乘法中方便分析出來，爲了利樂小根器的人，爲了利樂急求解脫的人可以速離三界生死諸苦。

那麼談到這裡，就要談到印順法師是多麼的自相矛盾，他指控說：大乘是急證精神的復活。有沒有？有呵！好啊！他指控說大乘是急證精神的復活，急證有什麼過失？難道要永遠當凡夫才算好嗎？當然要趕快實證佛菩提嘛！不證的人才是傻瓜，要拖泥帶水拖到幾劫以後才證的，都是傻瓜嘛！當然要趕快實證。可是，他所謂的急證精神的復活，是在指控什麼？是說大乘的禪宗行者一個一個都要求趕快開悟，認爲都是聲聞人。問題是，他自己弘揚的是什麼法？是聲聞法。一個標準的聲聞法中的凡夫，來責備非聲聞的證悟菩薩是聲聞人，有沒有道理呢？眞的沒道理啦！如果他們這樣講也有道理；各位，整個娑婆世界大地都可以變成黃金了。

這就是說，一切法從菩薩來看是無戲論性的。可是從凡夫來看永遠都是戲論的法，因爲他們不懂一切法爲什麼是無戲論性，所以他們就會產生了許多的玄想，然後只能曲解以後就說：「哎呀！這般若講的其實都是跟阿含一樣，都在講一切法緣起性空；總而言之，就是一切法空。一切法空既然在阿含期已經講完了，為什麼還要再來講般若的一切法空？這不是多講的嗎？都是多餘的，因此應該判攝為性空唯名。」看來，他是在罵　佛陀多嘴，看來是這樣啊！所以，他就把第二轉法輪時期說的般若判爲性空唯名之教，說般若諸經所講的就是萬法緣起性空，這是初轉法輪時期就講過的了，只是重講一遍罷了，所以般若講的就只是用一些名相重講阿含解脫道；既然般若講的都是以新的名相重講已說之法，所以性空唯名，就是戲論。於是他所說的般若波羅蜜，就因爲這個邪見而成爲無般若、無波羅蜜而有戲論性。因爲他不懂一切法的無戲論性，而他不懂得一切法無戲論性的原因，是因爲他沒有證得實相；而實相法界就是如來藏心，卻是被他所否定的。如果他不否定，好好去學，有一天悟了如來藏，就能看見如來藏是眞如無戲論性，而一切法攝歸眞如心如來藏，所以一切法自然也就全都成爲無戲論性。那時他就會很清楚地看見，原來般若所說的到彼岸妙法，全部都是實相，都是第一義，再也無有一法可以超越第一義，絕對不是以不同的名相重講一遍阿含解脫道。那麼般若，當然這個到彼岸的法，就是無戲論性，這樣才是眞正的「般若波羅蜜無戲論性」。

我們《實相般若波羅蜜經》上週把二十九頁第三段經文講完了。雖然說，所講的實相般若波羅蜜只是總相智與別相智，不過卻有很多的法義在裡面。上週講的**「一切法平等實相般若波羅蜜法門」**，這個憑藉實相智慧到彼岸而不是依靠修定到彼岸的法門，究竟應該要如何眞實體證，而且確實有智慧能夠現觀，把般若諸經中所說的勝妙法，經由自己的現觀和經典所說的互相印證，而不是單憑意識的思惟與理解；這當然要求證於實相的根源，就是如實探究：實相究竟是依什麼而說是實相？實相不可能只是一個名詞，也不可能只是緣起性空，一定有一個法是眞實與不虛，有眞如法性而且本來就是涅槃，一定是有這樣一個眞實法的存在，才能夠說祂是實相。必須這個法是眞實存在的，而且是可證的，不是名言施設，才能說是實相，否則就變成虛相。如果把實相法摒棄了，來講蘊處界等萬法緣起性空，那就變成斷滅空，斷滅空是虛相而不是實相，本質上就是與斷見外道合流。

如果二乘聲聞人所證的涅槃解脫是緣起性空而歸於斷滅，那麼二乘涅槃、二乘解脫顯然是要與大乘法的實相相違背的。可是，從我們證悟後的現觀境界來看，卻又發現二乘人的解脫與涅槃，並不違背我們的實相般若所證。因爲　佛陀在四阿含中一向是依八識和合運作來演說蘊處界的假我與如來藏眞我和合似一，依這個前提來說蘊處界緣起性空，所以阿含諸經中才會有很多地方說到：五蘊「非我、不異我、不相在」。所以，阿含的法義是完全不違背大乘成佛之道的，雖然阿含諸經的法義所能成就的極果不過是阿羅漢、緣覺，還不能稱爲菩薩，也不能使人成佛，但是它與菩薩法並不相違背；原因就是　佛陀初轉法輪演說四阿含（其實這個說法有語病，應該說初轉法輪說聲聞道；因爲阿含的意思是成佛之道，而且四阿含諸經有許多經典原是聲聞阿羅漢聽聞大乘經而結集下來的，本質還是大乘經，但被結集成爲解脫道的小乘經），所說的四阿含諸經解脫之道等聲聞法，其實只是　佛陀方便說法，爲度化急求解脫生死痛苦的人們而說的；但它的本質仍然是大乘法中的局部，所以當然不可能會違背大乘法。因此，假使有人說大乘法與二乘法互相違背，你只要憑這一句話，就能斷定這個人還沒有斷我見，更沒有證悟佛菩提，只要這麼一句話就足夠讓你斷定他了；因爲凡是斷我見的人，他一定會知道菩薩們的所證並沒有違背聲聞道，但是遠比聲聞道更深妙。

假使有人說：「佛陀前後三轉法輪的法義互相矛盾。」我這裡把它加個引號：「達賴喇嘛說的。」你就可以斷定這個人既沒有證得佛菩提，也是沒有斷我見的凡夫，因為不論是證佛菩提的人，或是已經斷我見而證聲聞道的人，都會發覺　佛陀前後三轉法輪的所說，完全沒有衝突矛盾。認為會有衝突矛盾的人——不論是哪一個宗派，只要主張有衝突矛盾，只要他覺得三轉法輪前後有衝突矛盾，那麼他所弘傳的所謂佛法就必須要再三演變；因為如果不演變，一旦被人質疑時他就站不住腳，因為他講錯了。所以一直不斷地會有眞修實證的人向他提出質疑，每質疑一次，他就改變一次；質疑十次，他就得改變十次說法，那不就有漸次的演變了嗎？

然而佛法是依常住而眞實不變的眞如法而演述的，這個眞實法有著放諸十方三世—乃至放諸十方佛國—而皆不變的法性，所以演說這個眞實法的佛法自然是不可能會演變的。由於十方三世諸佛都無法把它演變絲毫，於是前佛後佛、佛佛道同。所以，凡是主張佛法有演變的人，你馬上可以判定他是個沒有斷我見的人，更是沒有證如來藏、沒有明心的凡夫。這都是從一句話之中就可以判定的，可是還沒有實證的人，他們不懂為什麼可以這樣憑著人家一句話就把人判定是凡夫，因為他們的智慧不及於此。所以，網路上常常有人在批判說：「蕭平實好大膽子、好狂妄，人家才講一句話，他就判定人家還沒有悟。」那就表示說，他也是沒有開悟的凡夫；因爲你一旦證得如來藏了，不但已有能力可以判定別人所說的大乘法正確或錯誤，你同時也有能力可以判定別人說的二乘法有沒有錯誤，這才是眞正的悟入大乘菩提者。

假使你瞭解了三乘菩提的內涵是不可演變的，是永遠都將是如此的，不論未來際有多少個恆河沙數的阿僧祇劫中，將會出現多少恆河沙數諸佛，所說的佛法還是一樣不會演變的，一定將是前佛後佛、佛佛道同的。當你知道這個道理，然後有人告訴你說：「眞正的佛法是要演變才會進步的。」你當然知道他是個凡夫，因爲你知道了這個事實，你也現前看見眞正的佛法是絕對不可能被演變成功的。所以，就像行走江湖武林的群俠，凡是精通武學的人都異口同聲說：「行家一伸手，便知有沒有。」因爲這個人是不是虛言籠罩，或者他是有眞實的武功修爲，行家總是才一看到對方怎麼開口，看對方的一舉一動就看出來了。所以，還沒有開眼的人，不知道開眼的人是怎麼看的。人家是怎麼樣看穿天下所有眞假善知識，他根本不懂，也不懂人家爲什麼會公開這樣判定，所以他們心中不服氣，因此就開始無理謾罵。可是他們罵來罵去，我還是不受，因為他們罵的都不是事實。既然不是事實，當然他們將來死時就得要自己收回去。所以真正要知道什麼是「一切法平等實相」的智慧到彼岸法門，你得要去親自付諸於實行，不能夠只靠意識的思惟與想像，得要下功夫真修實參。

在正覺同修會弘法之前，不曾有人說：「般若的實證，就是從實證第八識如來藏而發起的。」沒有人這麼說過，百年來找不到有誰這麼說，直到正覺出世弘法很多年以後才偶爾有人這麼說。因為這百年來能夠這麼說的人，六十幾年前就死了（編案：這是二〇〇八年八月所說），他在生前也沒有留下什麼文字記錄，所以直到我們正覺開始弘法以後才開始這麼說。以前的人總是以為說：「把《般若經》請出來閱讀，從那些文字裡面去理解文字裡的意思，能理解了，懂了，就是證得般若了，也就懂得中道了。」他們就自認是證得中道的中觀師了。所以，當我們提出來主張說：「只有證得如來藏的人才懂般若，才證中道。」那些自續派中觀、應成派中觀的大小中觀師們心裡就很受不了；但是，他們抵制正覺如來藏妙法之後，結果只有障礙他們自己的實修、實證之道，對他們自己以及他們的隨學者而言，並沒有絲毫正面意義可得。我在十幾年前寫的書裡面早就說過：「他們從《般若經》中依文解義是沒有前途的，只有回歸到如來藏正法而得實證，才會有前途可說。」這是我十二、三年前就曾經寫在書裡面的話，如果我沒記錯時間的話。但是，仍然有人不信邪，繼續在主張說：意識是不生滅的。我們雖然不能隨喜——因爲隨喜就變成幸災樂禍，但是我們也只能夠冷眼旁觀，最多就只是繼續寫書從不同的面向加以說明，看他們是否有一天終於開竅，懂得一切粗細意識全都虛妄而想要參禪找如來藏，將來才能證眞如而懂得般若。

至於諸位踏進正覺講堂來聽經，我當然就不能沒有爲你之處。爲一切願意修學正法的菩薩們取證眞實的了義法，是出世弘法眞正善知識的責任。既然如此，當然我們這第七段經文，依文解義講完了，也從理上爲諸位詳細講解了，可是畢竟仍然只是「理說」；至於要如何實證，還得要從宗門來。宗門裡面有理說、也有宗說，宗門裡面禪師們的開示，無非就是去粘解縛。眾生之所以不能親證如實法，就是因爲被周遭的六塵萬法粘住了，因爲被一大堆的邪知邪見葛藤給纏住了。既然你們來到正覺了，咱們不免要效法禪師們爲大家也去粘解縛一番。去了粘、解了縛以後，還能有什麼？除了如來藏，還是如來藏，什麼都沒了。「什麼都沒了」，也許有人聽到說：「來到正覺學法後，叫我什麼都沒了。那我到底要不要繼續聽下去？我要不要轉頭走人？」或者說：「我到底要不要繼續跟著學下去？」可是我先提醒大家，在眞正修行人之中常常會用兩個字來自稱：貧道。有沒有聽過？有！既然他們有所實證以後都自稱貧道，自稱是一個很赤貧的修道人，顯然這是個好名詞，才會這樣自稱，所以實證以後什麼都沒了，這才是好的。可是這個「什麼都沒了」，當你實證如來藏而你的所見只剩下如來藏的時候，你可就什麼都有了。

所以，假使誰有興趣，可以進入學術界寫個論文說：從有到無，從無到有。然後，這篇學術論文的主題就叫作：眞空妙有。眞的是如此啊！要空掉了一切三界萬法以後，來看看剩下個什麼。那唯一剩下的，除了如來藏，再也沒什麼了。這個時候再從如來藏來看，一切法不都是從祂來的嗎？原來如來藏這個空性能生一切法，乃至十方虛空山河大地莫非如來藏所生，我們這個色身更是由祂所生，顯然就微不足道了。這時候，後腦勺一拍：「我以前爲何這麼笨！都不知道什麼叫作眞空妙有。唉呀！今天終於懂了。妙哉！妙哉！」所以這個時候，把《華嚴經》請出來，看到經中說明三界唯心、萬法唯識的道理，這時就不得不拍案叫好。確實如此啊！所以，還是要歸結到宗門中來說，因爲宗門中講的都是教人實證如來藏而現觀眞如的最直接法門。

雖然禪宗門下的所悟並不是很深，只是般若的總相智與別相智罷了，但已經是不迴心阿羅漢們之所不知了；雖然禪門之所悟不是很深，但是這個破初參卻是佛菩提道入門的鎖鑰。你想要進入佛菩提道中，有一天來到禪宗裡面（我得加個引號「眞悟禪宗」，因爲走到了錯悟的禪宗裡面，你想要悟得般若智慧，門都沒有），當你進入了眞悟的禪宗門下，你就是找到那扇門了。可是你依舊進不去，因爲禪宗是無門之門；即使進了禪門，那把鎖卻是很深奧難解的，那無門之門還有一把天下鎖匠都無法打開的鎖擋在那邊。這把鎖要靠什麼來打開？要靠如來藏妙心。所以你要把自己身中那把鎖匙找出來，當你找到身中那把鎖匙——如來藏妙眞如心，你說：「哎呀！原來就是祂。」當你找到這把鎖匙的時候，你連轉都不必轉，無門之門自然就打開了，你就一切都看見了：「哎呀！原來這裡面有這麼多東西，全都是寶貝。」

這時才知道眞如心這把鎖匙的厲害，以前都帶著這把鎖匙在十方三界遊來遊去，虛生浪死無有了期，一樣全都依靠這把鎖匙；等到你問他說：「你自己這把鎖匙在哪裡？」「沒有啊！我哪有鎖匙？」可是等你找到的時候，你說：「原來這把鎖匙早就把一切法都顯現給我看了，只是自己愚癡所以不懂。」爲什麼愚癡與不懂？因爲被三界法給粘住了，也被邪師所說的恆河沙數邪法給纏住了，所以宗門裡面禪師有時候就得要爲大眾去粘解縛。我們來看看大慧禪師怎麼爲人去粘解縛，《大慧普覺禪師語錄》卷二十一：

【「不見巖頭和尚有言：『汝但無欲無依，便是能仁。』都來只有一箇父母所生底肉塊子，一點氣不來，便屬他人所管。肉塊子外，更有甚麼？把甚麼作奇特玄妙？把甚麼作菩提涅槃？把甚麼作眞如佛性？士大夫要究竟此事，初不本其實，只管要於古人公案上求知求解；直饒爾知盡、解盡一大藏教，臘月三十日生死到來時，一點也使不著。又有一種，纔聞知識說如是事，又將心意識摶量卜度云：『若如此則，莫落空否？』士大夫，十箇有五雙，作這般見解。」】

這大慧宗杲老漢就是喜歡罵人，習性大概也改不掉。你看，他這麼一段去粘解縛，把當代的士大夫都得罪光了：「十箇有五雙，作這般見解。」你說這老漢這麼直口罵人，連秦檜也敢罵，他不被秦檜所害，貶到閩南十五年，那才怪呢！我們就來略解一下這段開示。大慧禪師說：「你沒看見巖頭全豁和尚有這麼一句話說嗎？你只要沒有欲求也沒有所依，那你就是能仁了，你就是證得能仁的境界了。」當然這一句話就要先來弄清楚，什麼叫作能仁？釋迦牟尼，梵語叫作 Sakya-muni。Sakya-muni 是什麼？就是能仁與寂靜。現在大慧開示說：「巖頭全豁曾經說：『你只要無欲也無依，你就是能仁。』」也就是說，能夠仁愛於一切人，無所害於一切有情，當然叫作能仁。這意思就是說，你只要能夠無欲又無依，那你就是釋迦，就是佛。

巖頭全豁這麼講，大慧引來開示說：「都來只有一箇父母所生底肉塊子。」講得沒有錯啊！哪個人不是父母所生底肉塊子呢？就是這麼一團肉，差別只有大團一點、小團一點，無非是肉。「只要一點氣不來，」當這一口氣不再裡外相通了，譬如說，你們也許有人在醫院看慣了，人將死時，到最後一刻是怎麼死的？那些電視劇裡都這樣表演：一口氣出去了，再也吸不進來，於是死了。可是我們所看見的，以及所知道的，醫院裡重病的人都是一口氣吸進去以後呼不出來，憋氣死的，大多是這樣子。只有正常人是吐氣以後，然後輕適地不再吸氣，就這樣死掉，這也叫作一點氣不來。大慧禪師說：「這時候自己管不著自己了，便歸他人所管了。」就由著別人要怎樣弄，他自己全都沒有辦法再表示意見了。你看，病人在醫院裡面才剛一死，假使親人沒有特別主張，那時清潔工人來了，把病床的床單從下擺拉出來，從這邊包過來，又那邊也包過來；上頭摺過來，下頭也摺過來；就這麼四下，當場把屍體包好了，就這樣推走直接送進冰庫裡了。那時候還談什麼尊嚴呢？還談什麼人格呢？還能自己作什麼主呢？都沒了。那時候只有一格，叫作屍格，因爲已經沒有人格了。因此說，一點氣不來，就是屬於別人所管的，自己一點也管不著了。

可是，大慧禪師接著拉回來提點大家說：「那時除了這個肉塊子以外，你還有什麼？」一定是還有什麼，不會是死了斷滅。於是大慧禪師再提出說：「除了這個肉塊子以外，你把什麼拿來當作是禪門裡奇特玄妙的佛門中事？又把什麼拿來作爲菩提與涅槃的實證？」這是問大家說，菩提與涅槃究竟是依什麼而有？「然後又把什麼來當作是眞如心、來當作是佛性？」有的人也許聽到這裡，心裡說：「我知道參禪的方向了，好在我今天晚上有來聽經。」然後，馬上去向福田組登記：「我要參加助念，並且我要參加的是特別的助念，往生者氣還沒有斷時我就要到場。」他想的是：我要看著他氣斷了以後，究竟有什麼東西從身體中跑出來。可是這個想法錯了，因爲即使有天眼通，也看不出有什麼東西跑出來，因爲此物並非天眼之所能見。假使有天眼通就可以看得見祂，那麼所有的人都應該要去修天眼通才能開悟了，也就不必到正覺講堂來學法了。因爲只要把天眼通修成了，然後照顧家裡堂上二老就好了，什麼法都不用學了。就只要等著孝順地爲堂上二老送終，看二位老人家捨壽時有什麼從身體中離開。當然，這個想法只能放在心裡，一定不能講出來，因爲堂上二老要是知道了一定會罵：「你是巴不得我們早死啊！」當然不能講，可是他心中其實蠻期待的。然而我要公開說，那樣的想法是不對的；因爲第八識眞如心不是天眼所能看見的，這是慧眼才能看見的。

也許有人想：「那二乘聖人總該有慧眼吧？」對啊！他們是有慧眼啊！可惜他們的慧眼屬於世俗諦的慧眼，不是勝義諦的慧眼，所以他們也看不見；連二乘聖人的慧眼都看不見，因此不要期待用天眼可以看得見眞如心，有天眼的人就不必刻意去登記助念說：我要參加還沒有斷氣者的助念。因爲用不著，而且也看不見。不過，我倒是要多鼓勵他去助念，因爲助念時確實有因緣可以悟入，我們同修會幾乎每年都有人是因爲助念而悟入的。而且助念也是有大福德，往往可以幫自己在助念過程中悟入。如果有人說：「哎呀！去爲死人助念？那一定悟不了啦！」那就表示他不懂佛法，他所謂的開悟一定是假的。古來祖師一向都說：「生緣處處。」法身慧命出生的因緣到處都有，爲什麼助念的時候不會有？當然也有。

再回來說，死後除了肉塊子以外，更有什麼？這就是個提示。可是那時到底是還有什麼呢？這又是一個瓶頸，眞的穿不過去。爲什麼我要把「奇特玄妙」拿來一起講？又要把「菩提、涅槃」拿來一起講？又要把「眞如、佛性」拿來一起講？這當然是有道理的。什麼是奇特玄妙事？也許有人以爲說：「哇！我知道了，我如果找到了如來藏，我就可以有六種神通了；因爲我聽說明心了以後，就會有六通了。而且，在同修會裡面，問問那些已經明心的同修們說：『你們明心了，有沒有六通？』他們也都回答說有啊！」可是等到悟了以後才知道，此六通非彼六通，原來是如來藏在六根裡通流。那當然也是六通，怎麼不能叫作六通？說句不客氣話，祂還是十八通呢！因爲祂也在十八界裡面通流，豈止六通？也許有人說：「那麼漏盡通也有嗎？」

當然有啊！找到如來藏以後，發覺如來藏從來都是無漏的，有漏的是我們五蘊自己，如來藏從來無漏，那祂不是有漏盡通嗎？你住在祂裡面，你不就可以使用祂的漏盡通了嗎？那怎麼會沒有？還是有漏盡通啊！不過此漏盡通，非彼漏盡通，所以說祂其實眞的有奇特、有玄妙。可是，祂的奇特與玄妙，一時之間說之不盡，就讓諸位悟後慢慢去領略吧！祂還眞的是奇特，還眞的是玄妙，爲什麼奇特與玄妙？都因爲祂很平實。祂眞的很平實，絕對不造作。

「把甚麼作菩提涅槃？」爲什麼如來藏要跟菩提、涅槃套在一起來講？因爲菩提就是覺，可是，覺有多門，入門唯一，這才是難處。你看，《起信論》講了多少種覺？依本覺而說有始覺，依始覺而說有不覺，依本覺與始覺而說有漸覺——隨分覺，再依漸覺而說有究竟覺。不得了！五個覺。末了，我還要爲大家說明：要依這個始覺等等來定凡聖，可是始覺還是依本覺而有。那麼如果不懂這個本覺，竟然公開說他覺悟了，我們就爲他下個註腳，說他叫作「妄覺」。凡夫是不知道本覺，所以自知未曾覺悟，因此稱爲不覺；但他們其實還沒有悟—譬如密宗的所有法王喇嘛們—他們以爲自己覺悟了，公開宣稱說「我覺悟成佛了」，結果讀了正覺的書中解析以後，終於弄清楚自己原來只是個「妄覺」之人。哎呀！眞的是丟盡了顏面。既然丟盡了顏面，當然要跟你正覺抗爭到底，因爲名聞與利養全都流失了，也因爲顏面放不下。可是這個顏面其實不重，面子其實很輕，爲什麼要那麼看重面子？這個臉皮剝下來，怎麼秤都不超過一斤，爲什麼要把它看成猶如千斤之重呢？眞是愚癡人！有智慧的人要看裡子，不看面子，眞正的覺悟才是最重要的。

假使有誰說：「**只要蕭平實願意稱呼我爲父親，我就給他一百億元。**」我馬上會趕去叫他父親，叫他老爸。我要裡子，我不要面子，因爲成爲人家龜兒子，也是這個五陰，五陰根本我就不看重；但這一百億元拿來，我可以作多少好事，利樂多少有情，我爲什麼不要？只要能用來利益有情，我叫他作老爸，委屈自己有什麼關係？因爲我沒有面子可以說，我根本就不顧面子；只要能利益眾生的事，我都願意。假使對方覺得我只當他的兒子，輩分不夠高，所以還不太樂意，就開口說：「**這樣啦！我再加一百億元，總共給你兩百億元去行善，你作我的曾孫子好了。**」我也可以啊！我就每天去他家裡稱呼他一聲「曾曾曾祖父」，多送兩個「曾」給他，再加上每天早上也都頂禮他，這也都沒關係；因爲我可以拿那麼多錢來利樂很多人，這就夠了；面子對我來說並不重要，二千多年前早就看破了。

可是，到底「覺」是什麼？這就是個大問題。而這個覺爲什麼又會變成涅槃？一般人的想法說，涅槃就是死了以後才入涅槃。爲什麼這個菩提—這個覺—又變成涅槃？而不是像阿羅漢一樣死了才入涅槃？因爲有的經上也說，菩提涅槃不二，說菩提即是涅槃。其實不管是眞覺、妄覺、始覺、不覺、隨分覺、究竟覺，其實都是涅槃，因爲都是如來藏妙心，都是依如來藏來施設這一些覺；可是如來藏本來就涅槃，本來就沒有生沒有死，那不就是涅槃嗎？無生無死就是涅槃。所以，把什麼作眞如？把什麼作菩提？把什麼作涅槃？其實都是如來藏妙心。因此，如果有人來問你：「什麼是菩提？」你就回答：「如來藏。」管保正確，明天他也許換個人來問，因爲他希望找到你前言不對後語的矛盾，才好破你；所以，也許又換另一個人來問：「如何是涅槃？」你還是跟他說：「如來藏。」他又問：「如何是眞如？」你又說：「如來藏。」「如何是佛性？」你也說：「如來藏。」反正都是如來藏。等他蒐集資料而覺得足夠了，心中依舊不信邪，寫了書出來質問，或者哪一天派張三去問你，說你前言不對後語；又派李四去問你，也這麼說：「你前後矛盾。」你依舊不作詳細解答，於是他認定你這回無法正面回答了，然後他就把質疑的文章登了出來；那時你再好整以暇，把這個誹謗的文章拿來作佛事，寫一本書教導佛門大眾，提升大家的知見，利益佛門廣大學人。化煩惱爲佛事，這是菩薩最在行的。所以，如果有人來挑戰，你就多一個機會可以廣作佛事了。

那麼話說回來，爲什麼又是眞如、又是佛性，又是菩提、涅槃的，都來只有一個如來藏？明明只是同一個第八識心，爲什麼又有眞如、又有佛性的差別？這裡面文章可又大了，因爲如果這個眞如與佛性的分際弄清楚了，這一下子，成佛之道第一大阿僧祇劫就走過三分之一了。好快啊！這就叫作化長劫入短劫，把很長的劫數壓縮成爲一個短劫，就這麼快走過了；進得正覺同修會，這樣就夠本了。所以成佛之道要快也很快，可是照一般的情況來講，那是非常緩慢的，眞的要三大阿僧祇劫，除非往昔修了很多福德，以致這一世能與大善知識相應。

眞如，宗門裡面都說祂就是如來藏，通常不是在說如來藏所顯示的眞如法性，而是直接以眞如來稱呼如來藏；證得如來藏時就是佛菩提道中的眞見道，就是經中說的「覺」，就是證菩提——證眞如；這時是眞見道，算是眞的進入內門修學佛法了，以後就是相見道位的修學，直到通達了以後才能入地。可是證得眞如以後，要眼見佛性，那可是個特大號的瓶頸。這個瓶頸比明心的瓶頸更難通過，因爲它很堅固，也很細小，想要通過這個瓶頸，條件要更多。而這個佛性是要憑眼見，所以大慧宗杲禪師講眼見佛性時說：「**菩薩人眼見佛性，須是眼見始得。**」也就是說，所謂眼見佛性，須是菩薩種性的人才能看得見；而且得要親眼看見了才算數，並不是你找到了如來藏、看到了如來藏就算是見性了。如果你找到如來藏、看到如來藏就算是眼見佛性的話，你來到我這裡，我就打回票。因爲眼見了佛性以後，是要在山河大地上可以看見自己的佛性。如果看見如來藏具有使人成佛的自性，就是眼見佛性，請問你：明心以後，你在山河大地上看見你的如來藏沒有？沒有，所以明心不等於見性，不能夠因爲看見如來藏在運作就說看見佛性了，那是不一樣的，那只是許多禪宗祖師們講的見性，是看見如來藏具有能使人成佛的自性，不是 世尊傳下來的眼見佛性之法。禪宗祖師們所謂的見性大多是如此，五祖弘忍、六祖惠能一脈傳下來的都是如此——除非是眼見佛性的菩薩轉生再來而繼承了禪宗法脈，例如潙山、克勤、大慧、篤補巴、多羅那他，他們是來到中國之前就已經是眼見佛性的菩薩。

這其實是你們的不幸，也是你們之大幸，幸與不幸都在一念之間。如果要說不幸，是說明心了以後想要眼見佛性竟然這麼難，這就是你們的不幸。對啊！因爲眞的很難；明心已經夠難了，沒想到眼見佛性還要加十倍的難，那不是很不幸嗎？是很不幸。但也應該慶幸說：「爲什麼我有福報可以遇到這麼妙的法，不但可以開悟明心，還有希望可以眼見佛性，一世超越一大阿僧祇劫的三分之一，我可以努力看看啊！假使這一世不行，也還有未來世啊！我就努力看看嘛！」所以這也是幸。我們可不像外面的大山頭，他們說：「明心破參了，大事已畢。」我們從來不這樣，因爲破參只是才剛入門而已；鎖打開，剛入門，裡面還有一大堆妙法都還不懂呢，還有無量妙法可以繼續進修呢。

然而問題是，明了眞如、見了佛性，到底是要依憑什麼？不是靠意識思惟理解可以作爲依憑。假使有人要爲你明說，你最好是別聽；因爲先知道密意就先倒楣，智慧不容易生出來，所謂的開悟以後道業增長反而會比人家慢很多。古時不是有個公案嗎？那香嚴智閑禪師有一天向溈山和尚懇求：「請師父爲我明說了吧！」因爲他始終參不出來，溈山靈祐就跟他說：「我說的是我的，與你何干？」所以就沒有爲他明講。因爲不肯爲他明講，他就洩氣了，灰心喪志了，就把以前到各處善知識那裡聽法而記下來的那一些卷子，放一把火燒了，因爲竟沒有一句可以拿來與溈山靈祐應答，所以不要再參禪了：「我去當個粥飯僧算了，但我不要還俗，來世還可以當個本分的修行人。」所以，告辭溈山禪師，一個人跑到荒郊野外一個破敗的古寺去安單。那個古寺已經破敗了，可是還有一些地基在，他就在原有的地基上面搭個茅棚住下來，在那邊整理舊有的竹園過生活。

可是他的深心之中其實還是疑著覺悟這件事，牽掛著參禪應該找到的如來藏妙心。有一天，正在爲竹林鬆土，撿到了一片瓦礫，要丟到空地去，沒想到丟到了一根竹子，「鏘！」的一聲，他忽然醒悟過來——原來如此。趕快回寮房沐浴更衣，已經沒有心思再去收拾那隻钁頭，再也沒有心思整理竹林了；趕快回去沐浴更衣，然後焚香，往潙山的方向跪下來供養，然後頂禮。頂禮完了，他自己說：「當時假使不是和尚慈悲而不爲我說破，我哪有今天？」因爲別人明說而聽來的，一定不會有智慧生起；就算是有智慧生起，也是很緩慢而低劣，也沒什麼功德受用。所以他因爲潙山禪師不肯爲他明說，終生感念潙山和尚。

在禪宗門下想要悟得好，就得要當賤骨頭，讓和尚多磨一磨。和尚越吝嗇，越需要自己參究，後來就悟得越好。假使和尚要爲你明講，最好蒙了耳朵趕快溜，口裡連聲說：「和尚！你不要害我。」所以，到底是幸或不幸，都在自己一念之間。因此說，禪門不可小覷，因爲禪門三關，第一個破初參證眞如，第二個破重關眼見佛性，第三個破牢關，全部完成了，也有可能使人成爲慧解脫阿羅漢的，一定會具足發起初禪的，但是智慧卻絕對不是阿羅漢所能想像。在禪門中像這樣子過了三關，不必幾年，最少也進入初行位或三行位、五行位了。你說快不快？第一大阿僧祇劫就過完了一半。所以有些人寫文章、寫書罵禪宗，也有古代別的宗派祖師寫書、寫文章斥責禪宗，那就表示他們不懂禪，也表示他們還沒有覺悟佛法。眞正懂得禪宗的人都不會小看禪宗的開悟明心，因爲這是入道的基礎。不管哪一個宗派，只要眞的在大乘法中入道了，都是跟禪宗的破初參相應。

可是話說回來，這個破初參容不容易？說容易是很容易，說難也是很難。因爲往往有人悟了以後說：「哎呀！這個太簡單了，就像桌上有個橘子，你拿來吃掉一樣；你就伸手把它拿來吃掉，就這麼簡單。」伸手拿橘子還要人教嗎？都不用嘛！是很簡單啊！可是卻又很難，因爲你看看，傳到二十一世紀初的現在，全球佛教界有誰悟得如來藏了？都沒有！如今外面有人說是自參自悟的，其實都是從正覺裡悟了以後出去，隱沒了正覺對他的恩德而頂著自參自悟的光環；這其實是還沒有轉依成功的人，因此沒有解脫正受，只成個知解宗徒，還說是自參自悟呢。而這些人，實際上已經成就了分裂大乘菩薩僧團的最重業，他們卻還不知道呢，將來捨壽時又該怎麼辦？

由此可見，在正覺同修會求悟，並不是很困難；這眞的是「踏破鐵鞋無覓處，只在正覺法會中」，別的山頭裡可都沒有這回事。也許有人說：「蕭老師！你這個人眞喜歡講大話，我不愛聽。」然而我眞的不講大話，我只是把事實敘述出來而已。覺悟佛法其實並不難——既然進了正覺就不難，最難的是進不了正覺。所以，有人錯把色陰當作如來藏，有人錯把識陰當作如來藏，有人錯把受、想、行陰當作如來藏。總之，什麼樣的錯「悟」都有，說之不盡，但始終離不開五陰。然而，只要進了正覺，就有希望。

現在如此，古時候亦復如是，所以大慧宗杲專要罵人——罵士大夫。士大夫是古時候的知識分子，並且大慧宗杲罵的都是頂尖的知識分子。現代若要談知識分子，到底該怎麼界定，我覺得很難，尤其在台灣；因爲聽說現在大學聯考只要七分也可以進大學，隨便上完四年的課程就畢業了，所以現代到底怎麼樣才能被叫作知識分子，我還眞的不懂。八、九年前，我兒子是甄試進入大學；他是偷偷去甄試，我當時不知道，所以我夏天不用陪著他烤太陽。這是佛菩薩加持，讓我很輕鬆，可以專心弘法救護眾生。有一天他回家，談到一個問題說：「這國文教授眞的好差。」我說：「你怎麼這樣講，是你的老師欸！」他說：「本來就如此啊！連這個竟然也會講錯啊！」那到底誰算是眞的知識分子呢？

講一個現成的例子好了，我這個人不學無術，其實應該叫作不學有術，因爲我的術很多、很雜學；雜七雜八學了很多，我都學，就只有一樣不學：

學生。學校教的，我不想學。所以，我算是不學有術，要是練氣功、打拳什麼，我都可以跟你談一點。我這個人沒有讀過大學，但是我寫的文章，大學教授們——包括哲學系的——都覺得太深了，因此我也不知道所謂的知識分子應該怎麼講才好；所以到底誰是知識分子，我也不知道，很難界定，可能要隨著時空的不同而作不同的界定。

現代如此，古時候也如此，士大夫都是至少有秀才身分的人，甚至有時得經過科舉考試而中舉了，才能稱為士大夫。秀才再上去就叫作舉人，中了舉人的名銜就可以擁有旗竿，宗祠可以掛上標誌中舉的旗子；他家的祠堂也就可以有飛簷（或者叫作羝角）。我老爸每一次帶我回到他的故居，都說：「**我們哪一代的祖先得舉人，那就是他的旗竿。**」他就炫耀著。可我心裡面是想說：「**一代不如一代。**」因為先祖是個舉人，沒想到我老爸不識字。不識字倒也很有善根，老早就歸依三寶；可是歸依了三寶以後，這個兒子我悟了以後為他說法，他卻又聽不進去，只因為是他的兒子。到底怎麼樣算是聰明智慧，我也眞的不懂；到這地步，眞不懂了。

但是士大夫至少是個秀才，秀才們大部分都是讀破了萬卷書，否則他還當不了秀才呢。這些士大夫看到禪師出語不俗、意境深遠，所以他們也跟著想要學禪。他們不知道禪師們根本沒有意境，因爲他們是如來藏境，哪有意境？只因他們不懂，就以爲禪師的意境深遠，也跟著附庸風雅。其實他們多數根本就不信三寶，只是跟禪師往來作爲禪師的方外之交，目的是要盜得禪師的心髓。可是禪師想：**「你又不肯歸依佛門，我爲什麼要幫你開悟？」**所以士大夫們一天到晚來跟禪師談話，禪師也樂得跟他們談一談；因爲士大夫們三不五時來談法，每個月總要供養三寶、表示一下心意；即使他們不歸依三寶，來見禪師論法時總得要供養禪師吧？以免後來沒有人理他。不然，是想要坐冷板凳嗎？禪師們也樂得跟他們談一談，至少藉他們的嘴去外面說：**「禪師的證境太高了，深不可測。」**那對佛門也是好事，不一定得要他進入佛門來修學。於是逐日來、逐月來，或者逐年來都好，但始終就是悟不了。你說，古時候這些禪師們有沒有分別？眞的是有分別。可是有分別的後面卻是無分別的，因爲知道那個無分別的，所以能夠廣分別一切法。古時候就是這樣，士大夫們想要究竟禪門破參這件事情，可是他們從一開始就不肯老老實實地歸依佛門三寶，也不肯按部就班來學；士大夫們都是這樣憑著聰明伶俐，一開始就「不本其實」，只想平步青雲，想著來跟禪師談幾句話就開悟了，就可以出口成章，然後就可以跟禪師一樣意境深遠。所以大慧宗杲說，他們只管在古人的公案上面求知求解，問禪師們，想要瞭解、想要知道古人那些證悟的公案是在什麼關節上面悟入的，悟的又是什麼東西。

那麼，士大夫們在公案上面去求知求解，禪師們就罵了：「這種人叫作鋸解秤錘。」或者叫作鋸解秤砣。愚癡人看見大家買食物，全都要拿到秤上面來秤一秤，可是秤的功能全都靠秤砣在那邊移來移去，他就想：「那個秤砣裡面一定有文章，裡面有寶貝，所以每一次買賣，他們都要用那個秤砣。」那個愚癡人是這樣想的，所以很想知道裡面有什麼寶貝，晚上就去偷了來，鋸啊、鋸啊……鋸開了，結果裡面還是鐵。士大夫們專門在古人公案上面求知求解，結果就是鋸解秤砣，到最後公案還是公案，他還是原來的他。士大夫們把公案拿來研究，研究到最後鋸解完了，還是公案，仍然不是如來藏；又拿別的公案來研究，道理還是一樣，最後依舊沒得辦法。古時的士大夫們如此，現代的士大夫們也還是如此；所以說，就算是讓他們把公案知盡解盡，也是沒用。假使把公案知盡解盡，沒得解了，沒得知了，再把一大藏教所有

《大藏經》全部請下來知盡解盡，也是一樣，終究是知解，不是實證。

如果不信邪，自以爲眞的知道了，宣稱開悟了，臘月三十日，生死到來的時候，一點聰明也使不上了。凡是落在意識裡面的人都是如此，知解公案的結果也會落在意識裡面。因爲禪師所說的話不是話，不懂的人以爲那一句話的意思是什麼，然後就從那一句話去瞭解、去研究、去思惟，結果還是意識思惟所得，不是實證。他們就是不肯歸依佛門三寶，不肯當佛弟子來眞參實究，不肯老老實實去作功夫，所以臘月三十到來，得要算帳了。我們以前小時候，在店鋪裡面買東西都是用賒的。賒，懂不懂？沒有錢的時候就說：**「阿貓！你去雜貨鋪裡跟他賒一瓶醬油來。」**賒，就是記帳的意思。可是不管欠多少錢，再怎麼樣窮，年關到了，一定要想辦法在除夕那一天還清；不然明年就賒不到任何東西了，因爲你前帳未清。所以結帳都是在臘月三十，我們以前小時候就是這樣過日子。

臘月三十日到來的時候要算總帳了，他以前向別人宣稱開悟了，那他到底悟個什麼？捨壽時得要算帳啊！閻王老子一定要跟他算帳啊！即使閻王老子不和他算帳，因果律也要和他算帳。這時他辯解說：**「有啊！我有開悟啊！因爲我常常清楚明白、離念靈知。」或者說：「我懂得進退應對、舉手投足啊！」好啦！當他捨報的時候，實際上是：「我怎麼越來越昏沉？」把離念靈知強拉，再也拉不起來了，最後還是悶絕了，離念靈知中斷了，還是死了，離念靈知依舊不在了。那個時候一念閃過說：「哎呀！原來悟得不對，大妄語了。」可是什麼都補救不了了，既沒辦法開口懺悔，也沒有辦法請人來作什麼補救的事；這時只剩下一條路，希望子孫伶俐一點，在晚上託夢的時候吩咐：「你可要記得住，可別醒來時把我交代要作的功德大事忘了。」可是偏偏很多子孫們被託夢的時候，總是這樣想：「那只是我日有所思、夜有所夢。」就不理會他託夢時請求補救的事，他可就欲哭無淚了。

所以臘月三十日，生死來的時候都要算總帳。那時候業鏡出現了，就好像幻燈片，一張又一張拉過去，不到半秒鐘，一生中每一件重要事情都有一張幻燈片一般的影像，不到半秒鐘內就全部拉過去了。那時自己了然清楚：我這一世造了什麼善業、什麼惡業。全都知道了，業鏡裡面全都顯示出來。那時無記業不會出現，善業、惡業都會出現，每一件業就有一個影像給他看；這一拉過去以後，夠聰明的人就知道自己該到哪裡去了。這時候往生之處已經決定了，沒有辦法再去改變它；因爲接著就是捨報而中斷意識心，什麼都不知道了；等到中陰身生起時，才發覺自己成爲畜生道中陰，那時只好受生到畜生道去了。他的後人如果有學佛，倒也還好，懂得爲他多作一些供養三寶、護持正法的事；家人若是聰明的話，找一些沒有在修雙身法的出家人來誦什麼經都好。總之，請出家人來誦經，總得要供養三寶，供養了就有功德，主要不在誦經的功德，主要在供養三寶的功德。但是亡者的後人是學佛多、還是少呢？少啊！那他要補救都來不及了。

並且本來以爲用自己所悟作爲依憑，死時是很足夠的；沒想到，那個能讓自己應對進退的離念靈知心竟然中斷了，不存在了，無法清楚明白地了知自己移轉到中陰身的過程；等到離念靈知重新生起時，只看到自己成爲畜生道有情的中陰身了。所以大慧宗杲說：**「直饒爾知盡、解盡一大藏教，臘月三十日生死到來時，一點也使不著。」**是說，到那個很重要的時候，離念靈知心**「一點也使不著」**。使，就是用的意思，是說知解宗徒用意識情解來理解公案，自以爲離念而無分別時就是開悟了，到死時一點都用不上了。

你們看，士大夫們不是被大慧禪師都給罵了嗎？士大夫是古時候最高層的階級，因爲士大夫跟官家都是互通往來的，而且是社會上最有身分的人。即使是個窮秀才，富員外也得尊重他，古時候大多是如此。如果富員外不懂得尊重窮秀才，他一定會吃上窮秀才的虧。所以士大夫是不應該得罪的，大慧禪師卻把他們全給得罪了，就這麼罵盡了。然後罵了一種還不夠，再加上一種，又說：「還有一種人，才剛剛聽聞善知識說這樣的事情，他就用自己過去的意識、現在的意識、未來的意識，全都拿來弄成一團而在那邊猜測思量說：『如果像這個公案一樣的看法，會不會落入空亡之中呢？』」士大夫們很怕落空亡，因爲在禪師與人對答的公案中看到，不管人家說什麼，禪師全都指斥人家不對，都說要丟掉；可是士大夫們找來找去又找不到如來藏，也不知道是應該證悟第八識如來藏。因爲古時候禪師很苛，不隨便告訴人家說：「你所應證的就是證悟第八識如來藏。」不太隨便講的。所以，古時候禪師說到開悟之標的就是證如來藏，曾經講過的禪師並不多；他們連這個也不告訴你，讓你鋸解公案去。所以士大夫們鋸解到後來還是公案，然後把所有的公案都取來比對一下說，禪師的所見，這個也不行，那個也不行，那就全部都要丟掉。全都丟掉以後不是落入空中了嗎？可是士大夫們又怕落到空亡裡去，於是永遠入不了禪宗之門。然後，大慧禪師就說：「士大夫們，十個人倒是有五雙，總都是這般見解。」所以凡是還沒有進他門下開悟的士大夫，沒有一個人被他承認，他眞是得罪了天下人。

如果肯接受他這樣罵的，即使是上門來挑戰，也有悟處，鄭昂就是個現成的例子。鄭昂是個尚書，官位算是很高了。鄭尚書有一天上門來挑戰，因爲他學的是天童的默照禪，卻又誤會了天童正覺的意思，自以爲要像維摩詰那樣杜口，什麼都不說，什麼都放下，心中一物都無，那就是開悟，沒想到大慧宗杲就用他講的來破他。他這個人心中有慢，上門挑戰，袖子裡放著一束香來挑戰：「如果你大慧宗杲說不得我，那你不應該再度人；如果你說得我鄭昂過，我這束香就供養你。」這個代價根本不相當，可是大慧宗杲也接受了，就說：「那沒關係，你就說啊！」鄭昂才剛質疑完畢，大慧就把鄭昂說的全都破盡；因爲鄭昂說的是杜口、默然、離念。大慧宗杲後來問他一句話：「你今年幾歲啊？」「我六十四歲。」「那六十四年前尚書你在哪裡？那時你的離念靈知在哪裡？」這一下子答不出來了，既然出生以前是不存在的，顯然就是有生之法，將來也必定會滅，當然不是常住的金剛心，鄭昂這下才算心服。後來就改投大慧門下參禪，大慧宗杲沒有與他計較，一樣幫他參禪，鄭昂終於也悟入了。

所以人眞的很賤，你好意跟他說上一堆的道理也沒有用；只有你把他破了，他才會承認說自己眞的悟錯了，他才肯死心塌地，果然就把香拿出來供養了大慧，大慧也理所當然受他供那一束香。鄭昂供養完了就留下來開始學，後來也是悟了。但是這樣一個尚書還是値得讚歎的，現在要找這樣一個尚書，門都沒有；現代學禪的人，個個空腹高心，我爲他們詳細指出錯謬之處，他們不但不感恩，也沒有膽識敢來當面質問我，竟然反過來在網路上化名對我極盡羞辱之能事，以種種莫須有的不堪言語誣衊我；像這樣子以怨報德，又怎麼會有因緣開悟呢？可是鄭昂當面質問，被大慧宗杲一一破盡，倒也懂得感恩，於是把袖子裡的束香取出來供養大慧，禮拜、懺悔。

話說回來，當時這些士大夫們被大慧宗杲罵盡，說他們十個人有五雙，也就是十個人全部如此，全都落在意識情解思惟裡，沒有一念相應慧。你看，禪門這著子眞的不容易，可是大慧在這裡只是點出什麼呢？他的重點很簡單：除了這個肉塊子以外，你還有什麼？並不是告訴你說：除了肉塊子，什麼都沒了。而是問你，教你要去返觀：除了這個肉塊子以外，還有什麼是繼續存在而永遠不會壞掉的？可是別像那些大山頭的大師們一樣說：「有啊！還有離念靈知啊！」喔！那就通不得眞如佛性，解不了菩提涅槃，更不知什麼是奇特玄妙事了。

再來看看宗門裡爲人去粘解縛以後，又是怎麼說的。接著舉出來的是禪宗史上非常重要的一位禪師，要從禪師說的這裡去瞭解，才能眞的瞭解「貪無戲論」乃至「癡無戲論」的到底是誰？必須要從這裡去瞭解才能證悟眞如。如果光是在語言文字上思惟打量，那不是禪門中事，也不是佛菩提中求悟般若的人應該走的路子。必須要實際上去證，當你找到了自心如來，你就懂得什麼叫作「貪無戲論性，瞋無戲論性，癡無戲論性」，你就可以自己很有把握地說：「這《實相般若波羅蜜經》裡面說的『一切法平等實相般若波羅蜜法門』，我已經親證了。」《法演禪師語錄》卷上：

【上堂云：「眞如、凡聖，皆是夢言；佛及衆生，並爲增語。或有人出來道：『盤山老呢？』但向伊道：『不因紫陌花開早，爭得黃鶯下柳條？』若更問道：『四面老呢？』」自云：「諾！惺惺著。」】

法演禪師是個很有氣魄的人，可惜的是，我沒有緣與他親近。後來也不曉得被 佛派到哪裡去，如今也不知道。法演禪師，他是 克勤大師的師父，有時候人家又稱爲五祖禪師，稱爲五祖法演，因爲他住持正法於五祖山。他的師父是端禪師，就是白雲山的守端禪師。這法演禪師在白雲守端禪師座下，並沒有被重用，逐日裡只管磨坊裡面糶米磨穀。可是因爲白雲禪師有意要用他，所以就有人想要爭住持的位子，去向白雲禪師告狀，說法演每日裡跟村家婦女調戲，又買胭脂白粉，還幫村家婦女們塗塗抹抹，每天又喝酒吃肉。其實都是子虛烏有，可是白雲守端一時不察就誤信了，把他找來罵。罵完了，這五祖法演還眞的去買了白粉、買了胭脂送給村家婦女；凡是以前沒作的，被罵了的事，現在就趕快作。然後又去買了幾斤肉、一壺酒掛在磨坊，就是不吃它、不喝它，只是要掛在那邊；於是人家現在有現成證據了，當然更要去告狀。守端和尚就把他叫來問，法演也不解釋，因爲他想：「再怎麼解釋也講不清，和尚一定不信。」所以就不解釋。守端和尚看他沒辯解，誤以爲眞，當眾給了法演一巴掌。法演禪師也不吭聲，守端和尚就喝斥他：「你立刻給我下去辦理交割。」法演禪師正是專等這句話，就說：「等弟子幾天時間把磨坊的出入帳目弄好了，找人交割清楚。」就退下去開始整理。整理完了，也交割完了，特地上來守端和尚面前報告：「我這幾年來磨米麥，除了買酒買肉以外，總共兌了三十萬錢已經入在常住庫房中。」這一下，白雲守端才知道說，原來自己聽信讒言了；因爲別人來當磨坊的坊主，交不了這麼多錢，他竟然能夠繳庫這麼多，如何可能還有錢去買酒、買肉、買胭脂、買白粉呢？又哪有時間與村裡女人調戲呢？眞的不可能嘛！守端和尚這才知道冤枉了人。

你看，法演禪師有沒有氣魄？有幾個人作得到？這要不是大丈夫的話，還眞作不來的。本來是沒作的，被罵完了就故意去作。爲什麼要故意作？就是使和尚打他、罵他，逼到極點了，他才能有機會結帳。把帳結清了，不就眞相大白了嗎？因爲大家都說他亂花錢，他其實根本就沒什麼花錢。這就是五祖法演，後來白雲守端也就把法脈傳給他。這法演禪師一生只度三個徒弟就夠了，克勤禪師是其中之一，還有佛鑑慧懃以及佛眼清遠，克勤大師又叫作佛果圜悟；五祖法演就只度這三個弟子，當代稱之爲三佛。佛果、佛鑑、佛眼都有個佛字，所以稱爲宗門三佛、東山三佛。可是法演禪師說法的格調很像老趙州，克勤禪師說法也很像他，不過 克勤比他老婆很多。

有一天五祖法演上堂開示：「說個眞如、凡聖，這都是作夢中講的話；佛以及眾生，也都是多講的增語。」增語，就是另外再增加的，本來是不必講的，其實是多說了。爲什麼法演禪師要這麼講？因爲講眞如、講凡聖，都是從意識所證的立場來說；對於自心如來而言，沒有眞如可說，也沒有凡聖可說。因爲自心如來不在六塵中作這種分別，怎麼會有眞如可說呢？眞如，是由意識心去證的，是由覺知心去證的。如來藏自己才不會證眞如，如來藏的眞如性是讓意識來證的，不是要自己來證自己的眞如，如來藏也不會反觀自己的眞如性。所以，如果有人說：「開悟就是我把自己弄成離念了、沒有執著了、無分別了，變成眞如了，那就是開悟了。」那就變成能證與所證是同一個，那就不對了。

聰明人這時就會抗議說：「假使佛法是把自己變成無分別而叫作開悟，那麼修證佛法不正是呆子幹的事嗎？這時佛法就應該是呆子修的法了。我們這麼聰明的人，爲什麼要來修佛法？你別欺人太甚吧，竟然告訴我說：學佛是最有智慧的人來學的。可是明明你教導我的就是要無分別，最善於無分別的人就是呆子、白癡；所以佛法如果要修得好，就是要當呆子。好了，路上見了男人就叫爹，因爲不要分別，把他跟我爹一樣看待；見了女人就叫媽、叫娘，因爲不要分別。所以，每一個月薪水領了，看見路人就要送出去，不一定要供養堂上二老，因爲不能分別、也不該分別；那你爲什麼都拿回去供養堂上二老？那你就是分別了，顯然你還沒有實證無分別心。」是不是如此？顯然不是！所以，無分別的是另一個心、是如來藏，而我們覺知心、離念靈知心還是要繼續分別；並且還要比以前分別得更好、更有智慧，才能知道實相法界的本來自性清淨涅槃；但這個智慧卻是因爲證得無分別性的如來藏眞如心而產生的，這樣才是佛法。可是從如來藏—自心如來—來講，祂根本不生分別。既然不起分別，祂還需要證什麼眞如？所以能證眞如的，一定是能分別的離念靈知心；只有能分別的心才能證得無分別的心，不能分別的心怎麼能證知無分別心自己？除非無分別心生起了分別性來觀察自己而知道自己是無分別的心，但是三界內外沒有這種邏輯啊！

凡夫與聖人，那又是誰在分別？誰是凡夫與聖人？是五蘊。愚癡人說：「那個人聽說是聖人欸！那他會不會死？」會啊！有的小孩子會這樣問媽媽：「媽！妳說他是聖人，那他會不會死？」聖人是不是不會死？聖人也會死啊！因爲他也是人。人而聖，才叫作聖人；如果不是人，怎麼能叫作聖「人」？若不是人，要叫作聖什麼？無可名狀。對啊！第八識自心如來並不是人，祂完全不同於五蘊，你怎麼能說祂是聖人？你既然不能說祂是聖人，當然更不能說祂是凡夫；因爲祂不是五蘊，祂是五蘊的根源，五蘊之所從來。所以，每當區別凡夫與聖人時，都是意識心的事情，都是五蘊的事情，自心如來從來不會作這個分別。因此，假使有誰在說「眞如」，乃至諸聖人、諸佛菩薩在爲人說「如何是凡夫與聖人」的時候，都是在人生的大夢中爲眾生說夢話；因爲人生是一場大夢，而人生每天晚上睡覺時就叫作夢中夢，只是小夢。所以，人生大夢中所說的眞如與凡、聖，全都是夢言。

諸佛菩薩都說是在夢中作佛事，因爲人生不過是一場幾十年的大夢。所以，如果再要爲人解說「什麼是佛、菩薩、阿羅漢、辟支佛、眾生」，也都是增語，只是爲了方便接引眾生而這樣區分出來，說明種種不同的有情法界。可是，其實一切不同的有情法界都只有一個法界，就是第八識如來藏界——自心如來法界，除了如來藏的功能差別以外，沒有其他任何一法可說；

而如來藏對這一切法——所謂菩提、涅槃、眞如、凡聖，全部都不作分別。所以，從如來藏的立場來看一切法的時候，沒有佛、沒有眾生，無佛無法亦無僧，連三寶都沒有，這才是如來藏自己所住的境界相。那不懂的人如果心性又是狂傲的，就跟人家亂解釋說：「**你看，經中不是講嗎？無佛、無法亦無僧。**」所以，哪一天他的師父心血來潮，前來拜訪他的時候，他竟然說：「**什麼師父？佛都沒有了，還有僧？更沒有你這個師父。**」他就跟他的師父這樣講。這師父覺得奇怪，問他說：「**我這個傻徒弟，什麼時候變這麼聰明，變這麼有智慧？**」然後，就追問起來：「**你是看見了什麼，能夠這麼講啊？**」他就說：「**對啊！經上這麼講，說什麼都沒有；那師父您今天來了，也是沒有的事嘛！**」師父才剛聽完了，一棒就打過去。原來他誤會般若眞義了，那就要怪自己沒教好；雖然是怪自己沒教好，當然要反過來打徒弟，不能打自己，一定是如此的嘛！眞懂的人是從自心如來無境界的境界來看三寶及眾生，所以說「**佛及眾生，並爲增語**」。

然後，這法演禪師又設想了說：「**如果你們之中有人出來這麼說：『那麼盤山老呢？』**」法演禪師說：「**我只向伊說，**」這個「伊」現在少用了，閩南語現在還在用：「你跟伊講。」對不對？「但向伊道」，「但」的意思就是「只要這樣就行了」。「我法演只要向他說：『如果不是因爲那紫色阡陌上的花開得很早的話，怎麼可能讓黃鶯從柳條上飛下來阡陌呢？』」這到底是什麼意思？這可不能學聖嚴法師說：「講反話、亂講一通，就是禪。」可不能學他這樣講。法演禪師可沒有講反話，也沒有亂講，他是正經八百講的：「不因紫陌花開早，爭得黃鶯下柳條？」眞的是這樣啊！那到底「眞的」是怎麼樣？（大眾笑…）那一些大師們就專在這兩句話上面鋸解秤砣，他們很會解釋，比我解釋得還要好：「如果不是因爲阡陌上那個紫花開得很早，那黃鶯就不會下來。那黃鶯下來紫陌，親近這些紫花，就表示說他親近佛道，開始修學佛法了。」「那柳條是什麼呢？師父！您總得講一下，不能把它忽略。」「柳條，就是隱喻精進，心要柔軟，是拿來作爲鞭策之用的。」這叫作一籮筐的笑話！可是這種善知識，古來不乏其人，至今猶有一籮筐。

五祖法演開示完了，接著又說：「如果還有人接著再進一步請問：『那麼住在四面山的老人家呢？』」這是法演禪師回過頭來，故意以己之矛攻己之盾，代替大家上來反問說：「四面老，您自個兒呢？」看看沒有人接話，五祖法演就自己回答：「好的！看清楚了，別昏昧。」那麼問題又來了，假使有人問：「你蕭老師講了一大堆，就是不把關節告訴我們。」說句題外話，我當年出世弘法時就是不能在書裡把禪宗開悟底關節明著講，我要是當年把關節挑明了，今天我還混什麼？（大眾笑…）但是，我的書中眞的沒有把關節挑出來嗎？早就挑了。假使有人不信，質疑說：「你根本就沒有挑出關節來，你只是在籠罩我，你欺我不懂。」我說：「那不然，你就當面問啊！」也許他問說：「不因紫陌花開早，爭得黃鶯下柳條，是什麼意？」我說：「是眞如意。」「不過，我還是不懂啊！」「不懂，明天再來問吧！天晚了，回家吧！」明天來了，還問：「如何是眞如意呢？」我就告訴他：「凡聖。」「什麼是凡聖？」「今天還早，你不妨思惟思惟，明天再來問。」再過一天又來問：「如何是凡聖？」這可是第三次來問了，我就說：「你特地來講夢話。」

總而言之，我要搪塞的話，多得不得了，但是聰明底參禪人得要聽清楚我在什麼地方是指桑罵槐。很多人看見我講經時指著桑樹在罵，他們總以爲我是在罵桑樹；其實不是，我罵的是槐樹。這就是禪門公案中難透之處，可是只要有智慧，或者說智慧不夠也沒關係，只要福德夠了——福德面向有很多種，只要福德夠，要透過這個關節，眞是易如反掌；如果緣不夠，一樣也有悟處，只是難得，那就全在個人的因緣了。所以，當有人上來問：「那您蕭老師呢？」我就向他說：「你眞是有智慧，懂得來問我這一句話。」宗說講完了，我是太老婆了；至於悟或不悟，全都在各人本分上面。再回到《實相經》的下一段經文：

經文：【爾時世尊說此法門已，復告金剛手菩薩言：「金剛手！若有人得聞此一切法平等實相般若波羅蜜法門，受持、讀誦、思惟、修習；假令其人殺害三界一切眾生，終不因斯墮於惡道。何以故？已受調伏心律儀故。當知是人，疾得阿耨多羅三藐三菩提。」爾時如來復說咒曰：

憾——！（長呼）**】**

講記：這個時候，世尊說完了一切法平等實相般若波羅蜜法門之後，又向金剛手菩薩說：「金剛手！如果有人能夠聽聞這個一切法平等實相智慧到彼岸的法門，並且能進而受持、讀誦、思惟、修習；假設這個人這樣作了以後，竟然殺害了三界中的一切眾生，他終究不會因爲造了這個殺害三界一切眾生的業而墮於惡道中。爲什麼這樣說呢？因爲那三界一切眾生已經接受他調伏而住於眞實自心律儀之中的緣故。你應當知道這個人，一定會很快的就得到無上正等正覺。」這時候開示完了，如來又說咒：憾——！

我這樣子依文解義完了，大家有沒有個入處啊？世尊解說了「般若波羅蜜無戲論性」以後又說：「如果有人能聽聞這個一切法平等實相的智慧到彼岸法門，還能受持、還能讀誦、還能思惟、還能修習；」這眞的很不容易，因爲單單是眞的能夠「聽聞」就很困難了。聽聞，且不說眞正的聽聞，只說一般的聽聞好了，有些人第一次來到正覺講堂時想：「我特地要來瞧一瞧，這蕭老師是長什麼樣的三頭六臂，竟然敢評盡天下一切善知識。」終於特早就來到九樓第一講堂，坐了下來。可是等到開講時一看：「我看他只不過是個糟老頭，有什麼三頭六臂？長得又不魁梧，說話又不夠洪亮，看他走路也沒有什麼氣勢，這算什麼善知識？」第一個印象是這樣。等到我上了座，說了法，他又想：「又在罵人了！今晚偏偏還罵我師父，受不了！」整理了物品，站起身來就走了。這還不說眞的聽聞一切法平等實相般若波羅蜜法門，光是表相上的聽聞就已經很難了，他連後面的一個半小時都安坐不住而走人了，對不對？這還只是表相上的聽聞，就已經如是困難了。

自從我們搬到承德路這邊開始弘法以來，大概已經十來年了（編案：這是二〇〇八年九月演說的，當時有九樓、十樓二個講堂），也已經遇到有六、七次這樣的情況，都是當場走人的。不過，我打從一開始就覺得很習慣，而且我認爲這個局面還太小了，不夠瞧。如果我的某一句話講完了，整個講堂的人站起來都走了，（大眾笑…）那還不夠瞧欸！因爲 佛陀演說《法華經》的時候是五千位聲聞凡夫當場走人。我們這二個講堂給坐滿了，不到一千個人。我們以前剛搬來時，只有九樓一個講堂，那時講《起信論》的時候，講堂裡面是人擠人——眞是用擠的；擠滿了以後，那個知客處也擠了幾十個人；接著是樓梯、電梯間，那邊也都排了小凳子，也全都坐滿了，還是坐不下，還有人坐到後面樓梯間去，我們就把喇叭箱拉出去讓他們都可以聽得到。當時就這樣擠得水洩不通，也只不過七百多個人。所以就算整個都走了，眞的還不夠瞧！因爲現在坐得這麼寬鬆，二個講堂應該沒有擠到七百人。當年 佛陀講《法華》時是五千聲聞離席，那才壯觀！所以，我覺得這個都是小事，根本不值得在意。

可是，如果剛聽時覺得不喜歡，但能夠挨得下來；能硬挨，挨過一、兩個月就習慣了：「**雖然他每次都要罵我師父，法卻說得不錯，爲了得法，我不聽慣也不行。**」好啦！漸漸聽習慣了，因爲已經硬挨著聽下來；也是因爲求法心切才硬挨著聽下來，這麼聽了兩、三個月以後，知道是法義辨正，不是罵人，覺得也就習慣了。有一天也想通了：「**我師父又不是我老爸，他講錯了法也是在誤導我，我幹嘛對他那麼執著！**」終於想通了：「**蕭老師既然要罵，就罵他的，我還是求法要緊。**」就不理會我在講經時當眾辨正他師父法義的錯誤了，這一來，他這一世就有機會開悟了，就會有機會「**入菩薩數**」中；這樣繼續聽聞，未來才有機會眞的能夠「**得聞**」眞正的法，不是只聽到我說法時的文字表面意思；因爲這個要用慧眼來聞，不是用凡夫的肉眼、肉耳得聞，這樣才是眞正的「**得聞**」。

假使「**得聞這個一切法平等實相的智慧到彼岸的法門**」，他就能夠接受，並且能憶持不忘。當他憶持不忘時，每天不論何時都會是在「**讀誦**」祂。怎麼個「**讀誦**」法呢？早上清晨起床時總要刷牙，刷牙的時候，觀察「**一切法平等實相般若波羅蜜法門**」，這也是「**讀誦**」啊！不論何時他都是在「**讀誦**」

此經，是要這樣子才叫作眞正的「讀誦」，不是在那邊一個字一個字咬文嚼字唸得鄰居都嫌吵，這樣才是懂得「讀誦」的人。當他眞正在「讀誦」時，什麼聲音都沒有，只管「讀誦」。會「讀誦」以後，接著是「思惟」，他常常會思惟到某一個部分，然後拍案叫絕：「哎呀！祂眞的是太妙了，前所未見，從來不知，原來祂是這麼厲害。」然後想一想：「我要進一步修習——要努力修學熏習，讓自己對實相法界的所知所見更加廣大，智慧就越來越發的勝妙。」於是努力精進再作悟後的觀行，到時候人家一年前當你的師父，一年後的今天遇見了你，也只能說：「你眞的出語不俗，與前大別。」這叫作「士別三日，刮目相看」，那你爲什麼能夠這樣？因爲已經能夠眞正「得聞」的緣故，所以才有後面眞正的「受持、讀誦、思惟、修習」；眞到了「修習」層次的時候，智慧可就不得了了。這就是你們進入正覺同修會應該要得的，也是理當要得的。如果不想得，就不用來正覺，可以趕快走人了，因爲表相佛法到處皆有，不必一定要到正覺講堂來聽我辨正別人法義的錯誤所在。

《實相般若波羅蜜經》上週講到三十頁第二行，說：「如果有人聽聞這個一切法平等實相般若波羅蜜的法門以後，能夠領受、修持，並且每天都是住在實相智慧境界中讀誦，而且也從深入思惟之中去了知實相的廣大無邊以及微細深奧之處，由此緣故而進入修道位的過程；當他努力入門以後正式在修道了，那麼像他這樣有智慧的人，假使他殺害了三界中一切的眾生以後，終究不會因爲這個殺業而墮於惡道中。爲什麼這麼說？因爲眾生已經接受了他的調伏而安住於眞實心的律儀中的緣故。」

也許有人想：「這部經是不是僞造的？竟然敢這麼說。」所以說，一般人都只能依文解義而落在文字相裡面，就用意識思惟去瞭解，無法眞實瞭解或者現觀　佛陀這些聖教裡的眞實義。我說，就算是眞的殺害了，那也是無罪的；因爲一個能夠從「一切法平等實相般若波羅蜜法門」中入門實證了，並且「受持、讀誦、思惟」而「修習」，這樣的人已證實相，竟然還會去殺害三界一切眾生，一定是三界裡的這一切眾生都應該殺；沒有一人是不該殺的，因爲全部都墮於邪見之中，當然得要殺掉所有眾生的我見。如果從理上來說，三界中一切眾生也都該殺，而且不能只像世間人那樣殺。世間人殺人時只殺掉色陰，殺掉了以後，他的識陰、受想行陰還在，轉到中陰身去，又有中陰階段的色身，所以誰能眞的殺死人？從來沒有！可是法律還是要判惡人死刑、判惡人無期徒刑。或者，如果不是故殺，而是無心殺，也要判他過失殺人罪，因爲法律是從色身來規範的。只有到了要判他的輕罪或重罪的時候，才去考量動機，動機就是意識心的行爲，佛法就說爲「**根本罪**」，與「**方便、成已**」二罪分開來看。但是一般說來，都從身行、口行上面來作規範。所以人一旦死了，法律就管不到他，因此法律才會規定說：「**人之權利義務，始於出生，終於死亡。**」懂法律的人都知道這一點，因爲這是最基本的原則；只要他死了，法律就規範不到他了，因爲他的色身死了。

可是，在佛法中說要具有殺人的功夫，那得要有好幾把刷子。所以才說老趙州肘後有殺人劍，你看他手裡沒什麼東西，但他一伸出手來，手這麼一刷而甩出去時，肘後的殺人劍就把當面的人給殺了。祖師們還說他「**肘後斜懸奪命符**」，說他身後還掛著奪命符，只要一亮出來，眾生全都死光了。爲什麼老趙州能這樣作？其實那個符也是稀鬆平常，肘後的殺人劍也是稀鬆平常的，最不平常的卻是他有個亞摩醯眼。所以，有人跟老趙州遊園時，突然間一隻兔子看到他們兩個人，受到驚嚇，就快速奔逃。那個前來參訪的人就拿來作文章，問老趙州：「**和尚！您是大善知識，爲何兔子見驚？**」沒想到老趙州回答說：「**只為老僧好殺。**」因為他一天到晚殺人，即使旁生道，他也想要殺；只是旁生不解語，所以一時還殺不了。

禪師殺人可是永遠殺盡的，這一殺，不會再有命根了；也就是說，當下就死透，被殺者的智慧境界已經不在三界中了。五陰身體，特別指這個身體，只不過是個行屍走肉；禪師們這個殺是徹底的殺，因為這個被殺的人從此以後，永遠不會再落在五陰裡面了。所以老趙州殺人的功夫，那是天下第一。你看他，八十歲以後才開始行腳，到處拜訪諸方道場，凡是哪一個大善知識還沒有死透，老趙州就要去殺他。因為那一些大善知識自稱是死透了，香嚴智閑卻罵說：「**他們都是髑髏裡的眼睛。**」人死了，只剩下個頭骨裡的眼睛還沒有爛掉，大師們自以為五陰死透了，沒想到那個髮落皮掉的發白頭骨裡面還有兩顆眼睛，還在咕嚕嚕地轉，原來真的沒死透。那些大善知識們都表現說他們已經死光了，了無生機了，自比是阿羅漢；可是他們示現的那個白髑髏的模樣，裡面竟還有兩顆眼睛咕嚕嚕地轉來轉去，所以香嚴智閑禪師就客氣地罵說：「**髑髏裡眼睛。**」有的人弄不懂什麼是「**髑髏裡眼睛**」，因為古來禪師不像我這麼老婆；一句話解釋，若大家覺得不夠清楚，我就用兩句來解釋；兩句不夠，就講兩百句，囉嗦個沒完沒了。古時禪師大多是講了一句話就不再講了，因爲他們手頭很儉，不像我這麼奢。有人弄不清楚這是什麼意思，又去問石霜禪師：「如何是髑髏裡眼睛？」石霜禪師就回答說：「猶帶識在。」爲什麼死掉的髑髏裡還會有兩顆眼睛咕嚕嚕地轉著，還會看來看去呢？因爲依舊是了了靈知、離念靈知，還不是離見聞覺知。他們自稱是死了，外現是死相，其實沒有死透，所以那眼睛咕嚕嚕地在轉，還是落在識陰裡面，還是弄識神，所以說他「猶帶識在」。

禪師「殺人」可就完全符合佛說，唯除悟錯者。所以，只要你肯「殺人」，你就有大功德了。世間法中的殺人，都是殺死以後未來世仍然繼續出生，根本殺不盡；而佛法中禪師們這個「殺」，一定是一殺之後永斷命根——永遠不會再認五陰中的任何一陰是常住法，這才是眞的「殺」；盡未來世，被殺的人都不會再承認五陰全部或五陰的局部是常住法。而什麼人能夠這樣「殺人」？能夠把人殺了卻無妨還留著被殺者的五陰存在，取了被殺者的命根卻讓他們繼續有五陰生命的人，只有兩種人：一種人就是小乘聖人或者二乘聖人，另一種人就是隨著 佛陀修學的證悟菩薩們。那麼，這兩類人「殺人」

的手段與內涵是不一樣的。阿羅漢與辟支佛殺人的功夫不好，所以他們殺了人以後，被殺者是連色身都被殺掉，再也沒有未來世的色身了；可是，菩薩殺了人以後，被殺者死了卻還是有個色身活蹦亂跳——那些被殺死的「死人」依舊活蹦亂跳，並且那些「死人」未來世還會繼續有很多的「屍體」被用來修學佛法，卻是命根永盡的。這就是說，你要怎麼拿捏殺人的分寸與內涵？世間從來沒有人能這樣殺人的，就是只有菩薩能。

所以，當一個人已經聽聞這個「一切法平等實相般若波羅蜜法門」以後，眞的受持了，不是依文解義；並且每天「讀誦、思惟、修習」，這個人假使有能力把全世界甚至整個三千大千世界的所有眾生都殺光了，也就是所有人的命都被他殺盡，以致於所有人全部都入無餘涅槃了，他當然無罪，而且還有大功德。不過二乘聖人一樣殺人，功德卻小，菩薩殺人功德卻大。也就是說，被菩薩殺的人將來一個個都變成殭屍一樣，因爲命根不在了（當然不是講現象界這個命根，而是從理地上來說命根已經斷盡），卻可以不斷地擴大這個效果；好比一部西洋影片「惡靈古堡」，說好好的人被吸血鬼一咬，然後就被感染而跟著變成吸血鬼。菩薩就好像是吸血鬼一般，把人的命根血液給吸了；然後被吸了一口的人，就跟著變成殭屍——未來世都是行屍走肉。

可是，這些行屍走肉忒有智慧，連二乘聖人都不敢跟他講話。正因爲他是個死了命根的活死人，不戲稱爲殭屍又要叫作什麼？可是這種殭屍跟世間的殭屍不同，很有智慧，都是解脫生死的人，二乘聖人都不敢正眼瞧他；然後每一世都很有福報，就這樣每一世自己弄一個殭屍來用，就依附在那個殭屍上面繼續修道；就這樣一世又一世，自己製造無量無邊的屍體，堆起來比須彌山還要高—累積起來比須彌山還要高—的殭屍，一世又一世使用，壞了就把它丟了，再入胎去出生一個全新的來用，就這樣漸次成佛。在他成佛的很長過程裡面當然要「殺害」許多人，讓許多人都跟他一樣變成行屍走肉，將來也都可以成佛。也許有人心裡面抗議說：「你這蕭平實胡說八道，佛法被你講成殭屍法了。」我說：「將來如果我成佛，人家叫我殭屍佛，我還願意接受呢。」因爲明明就是個殭屍，只是不吸人血，吸的是眾生邪見血；是把眾生的邪見血給吸光了，然後就能使被吸血的眾生成爲非常有智慧的活蹦亂跳的菩薩，正式走上菩薩所走的無邊無際、無比廣闊、無比莊嚴的成佛之道——行走於三大阿僧祇劫的菩薩大道上。

諸位想一想，假使有人能夠這樣「殺害」三界一切的眾生，他會墮惡道嗎？不可能欸！而且他將來還要成佛欸！爲什麼他能這樣？因爲他自己已經先領受到**調伏心的律儀**，然後也教導被殺死命根的所有有情都同樣領受調伏心的律儀了。每一個人都有一個調伏心，這個調伏心是本來就已經調伏的，不必我們去調伏祂；只要把祂找出來，看祂是不是眞的調伏心？如果找到的心不是眞實的調伏心，是還會打妄想、起邪念，或者表示祂有世間六塵境界中的智慧，或者祂懂得一大堆法，也會說一大堆的法，那就表示祂不是眞的調伏心。因爲眞正的調伏心是本來就已經調伏的，而且永遠不會改變這個調伏的體性。當菩薩證得這個調伏心的時候，現觀祂是如此的調伏，從此以後轉依祂的調伏性，依這個調伏心的所作所爲，作爲身口意行的依止標準；從此以後菩薩的身口意行就依調伏心的律儀來自度度他，這就是「**受調伏心律儀**」。

其實這只是換個名詞來講，如果另外講四個字，諸位就懂得什麼叫作「**受調伏心律儀**」，那叫作「**受道共戒**」。這是大乘的道共戒，可不是小乘法中的道共戒，所以有道共戒的人就是「**受調伏心律儀**」的人。那麼，他如此殺害眾生，眾生還得要感激他。不信的話，我們來問問看：你們有哪位不想這樣子被殺害？有沒有人？請舉手！你看，連一個人都沒有。第二講堂呢？第三講堂呢？有沒有？都沒有人舉手。爲什麼呢？因爲大家都願意這樣子被殺害，不願意像世間法那樣被殺害。既然大家都樂於被菩薩殺，菩薩這個殺業顯然是有大功德，那又怎麼可能會下墮惡道？

這就好像說，一般眾生非常的寶愛自己五陰，把自己五陰當作寶貝一般愛惜得不得了。你叫他自殺，他可不願意。可是我們的殺人是不殺死人家五陰的，只是殺死人家五陰的命根。但我們殺人時，都教導人家要自殺，不要被殺。爲什麼我們都叫人盡量自殺而不要我們來殺他？因爲自殺是比較痛快的。被人殺，大多殺不死，不乾脆；得要一刀一刀刺，一刀一刀砍；刺了砍了還不死，還得要拿鋸子來鋸，最後仍然藕斷絲連，始終鋸不死他——命根不盡；那麼他痛苦，我也痛苦。所以有智慧的人乾脆自殺比較好，來得痛快一點，雙方也都輕鬆一些。因此，我們才會主張說：他殺不如自殺。可是也許有人說：「**你也未免太瞧不起當代的佛教界大師了吧？**」我說：「**我從來沒有瞧不起他們，我都是尊重他們。**」不管誰落在我見裡面，或者否定了如來藏，我總是告訴他：「你身中有一個大丈夫，你身中有自心如來，你本來就是個大丈夫，你趕快把祂找出來，那你就是大丈夫。」你一旦找出來了，不必管色身是不是女人，就學著龍女那樣一轉身就成佛了。龍女就這樣一轉身就成佛了。你找出來了，你一轉身就知道自己成佛了，因爲你的自心如來分明現前。

可是，一般都認爲殺人是有罪的，我們卻認爲殺人是無罪，而且我們鼓勵大眾自殺。可是佛教界那些大師們個個都不肯自殺，我們就發行《正覺電子報》，每一個月重重地殺他們一刀，到現在還是殺不死，依舊認定五陰中的識陰或是識陰中的意識常住不壞，命根依舊很堅強。因爲對世間人而言，色身是很重要的；不是爲別人而重要，是爲自己而重要。依於色身的這個覺知心，那可更重要了：「誰都不許把我否定。」他們這樣子一直要把五陰繼續苟延殘喘下去，說五陰的整體或者局部是常住的；所以他們的命根全都死不掉，怎能期待法身慧命能活轉過來？所以，有的少年人認爲說：「我這個身體就是我，這是眞實的、常住的、不壞的。」等到年紀稍微長大，才知道原來身體會壞；然後就改口了，不再說身體常住不壞了。有的大師則說：「我清清楚楚明明白白而且了了分明而不分別，我這個心就是常住不壞的。」有的大師卻說：「我能思惟、能分析，這個就是不壞的常住心。」也有人說：「我離念靈知，這是常住不壞的。」有的人說：「我每天能走來走去，吃飯睡覺，這就是常住不壞的。」都落在色、受、想、行、識裡面，走來走去的不是行陰嗎？如果走來走去就是自心如來，那好，阿貓、阿狗也是自心如來，阿貓、阿狗比你更會走，走得比你快，你還追不上，那牠的自心如來是不是比人類好？

所以，我沒有輕視當代的佛教界大師；你看，這一些當代的佛教大師們，哪個人願意被我殺？全都不願意，那你要叫他們自殺，可就更難了。我們每個月發行一期電子報，每個月各殺他們一刀；你看《正覺電子報》發行三年多、四年多了，到現在殺死了哪個大師呢？一個也沒有，各個都還是把自己的五陰抱得緊緊地，愛惜得不得了。甚至於還有人不單是愛五陰，還愛五陰附帶的這一張薄薄的臉皮。五陰的色陰中附帶這麼一張薄薄的臉皮，他們號稱證悟般若了，還愛這個，眞是可憐呵！所以你要殺死他們的邪命，他們就是不讓你殺；你想要幫助他們把法身慧命活轉過來，他們卻不想要。所以殺害三界一切眾生，是很困難的事情。照理講，佛門裡面的大法師們應該是最好殺的；但是我現在只能這樣想：**可能因爲他們年紀大了，所以皮變得很老、很堅韌，根本就割不開，邪命的血一點點都流不掉，因此就殺不了他們**。所以，自從我出來弘法以來，他們很痛苦，我也很辛苦，因爲他們每一個月都要被我殺一刀。以前是一年被我殺一刀，有時是半年被我殺一刀，因爲以前我是一年或半年才印出一本書。現在可不是，現在是《正覺電子報》每一個月印出一期，這不就是每個月都殺一刀了嗎？然後，加上我每兩個月出一本書來殺；這樣一年等於殺了幾刀？總共十八刀，還是殺不死他們任何一人呵！你看他們那個皮有多厚、多韌？我這樣努力爲他們殺我見，可見我很看重他們；問題是他們都不願意死，我還得繼續努力殺，這證明我並沒有瞧不起他們，而是他們自己瞧不起自己。

假使有人能夠忍受自己的命根被殺，他就什麼事都可以忍了。可是，他若不願意把三界輪迴的命根被我殺掉的話，就會對我很生氣，會對我記恨，然後就會有種種毀謗我的言語出現。天可憐見—應該說是佛可憐見—我們費了好多、好大的幾番心血，對他們完全沒有作用。但是我還要繼續作，不作不行；不單是爲了你們，也是爲我自己未來世重新受生再來時不必被他們的邪見誤導，但這個利益不是只有這一世所得的利益。我以前也講過，如果你將來成佛的時候，只有十個或一百個阿羅漢，那你願意不願意成爲這樣的佛？釋迦世尊在人壽百歲的時候來人間，還有一千二百五十位大阿羅漢，那些阿羅漢弟子座下也都各有許多阿羅漢弟子；然後這一千二百五十位大阿羅漢們，大多數人都已迴心轉入大乘成爲實義菩薩了。將來你成佛的時候，如果只有一百個人或只有十個人成爲阿羅漢，徒弟總共加起來還不到這個講堂這麼多人，你想不想這樣成佛？我想，你們沒有一個人願意這樣成佛。

所以，爲了將來成佛的時候，座下證悟的賢聖廣大無邊，我們就要努力去作。所以我不接受任何酬勞，將近二十年來這樣子義務出來弘法，還要被無知的佛教界中貪著名聞利養的人唾罵，卻依舊甘之如飴。其實我是看得很長遠，我的線放很長，將來成佛時才能夠有很多的賢聖弟子，這樣成佛也會使更多人信受佛法。所以不要只看表面：「哎呀！這個蕭平實眞是個笨蛋，既不受供養，又偏偏要去破邪顯正讓人家唾罵，那不是笨蛋一個嗎？」既然不求名聞利養，何苦如此？可是我們卻願意這樣作，因爲利益眾生的時候就是自己得利，因爲利益了眾生，讓眾生眞的把邪命殺死了，那麼你就是攝受了眾生，就是攝受了佛土；將來你的佛國世界就更清淨，善人就更多。所以那些殺不死的，我們就繼續以電子報每一個月殺他們一刀，而且每兩個月再出一本書繼續殺他們。人家說，如果有耐心，鐵杵也能磨成針；我們如果有耐心，不說鋼刀、利刀，拿石片刀也要把他們的邪命殺到死。這一世殺不死，後世再殺，世世一直殺下去。這樣去殺害三界一切眾生以後，也絕對不會因爲這樣殺害眾生而墮落惡道，因爲你自己已經領受了「調伏心」的「律儀」了，也把被你殺死的所有有情都教導而同樣領受了「調伏心」的「律儀」了。

所以，禪師打人無罪。假使誰不信，告到縣衙去，縣老爺說：「這是菩薩度眾方便，無罪。」撫尺一拍：「退堂。」可是，現代法律沒有照顧到這個部分，這眞的很不好。所以不管誰來見我，我都不打人，我也不罵人；因爲如果我爲了幫他們開悟，我說一句話：「妳長得很美麗。」搞不好她去法院告我說：「蕭平實諷刺我。」更別說是用竹篦打他們了。這眞是要命欸！所以，法律應該訂一個條文說：「證悟的禪師打人無罪。」但我看現在的立法院是不可能如此立法的，一般法官們也不會同意的。所以，你假使懂得這麼殺人，你一定會很快得到無上正等正覺。眞正會殺人的，一言一語、一掌一棒都能把人的邪命殺死。當他們這五陰邪命死了，法身慧命就活過來了，從此以後是一個新生人，已經不是本來那個人了。看來色身還是那個人，看來覺知心還是那個人，但是身口意行卻跟以前不一樣了，所以禪門裡才說：**還是舊時人，不是舊行履**。這才是眞正的大乘法。如果是滅了五陰以後，不懂得再出生一個殭屍來用，那就是笨蛋，佛法中說爲傻瓜、愚癡人。

所以，洞山禪師也會罵人。有一次晚上不點燈，省下燈油，集眾夜參；有個僧人出來問，洞山就叫人點了燈，認清那個僧人，隨即吩咐庫房去取三兩麵粉來供養那僧，那僧看見洞山禪師說他只值得三兩麵粉，很不悅，拂袖而退。後來就賣了衣缽，供養眾僧三年，然後向洞山告辭。那僧因爲禪定功夫了得，出眾問的正是禪定與解脫境界，洞山卻沒有讚歎他，所以他提前三年賣了衣缽供養僧眾，供養完了他就向師父洞山告辭走人了，不再來三界中受生了。可是，洞山的有些徒弟智慧不夠，不曉得那是搞什麼鬼，就問洞山說：「**這位師兄何時再來？**」因爲菩薩一定要再來，洞山說：「**他只知一去，不解再來。**」說他不懂得再來，取涅槃去了。那他縱使悟了般若，對眾生又有什麼用？眞的沒有用啊！所以洞山就因爲這樣不肯他，認爲自己白度了這個徒弟，原來他明心以後把我執斷盡，不再來三界中，當然更不會再來人間了，這樣的人不可能成就無上正等正覺。

講了這麼多，到底這個**「一切法平等實相智慧到彼岸法門」**是該怎麼入呢？還是請 釋迦老爸來爲諸位說明吧：爾時如來復說咒曰：「憾——！」諸位入了沒？佛陀這樣講，你們就應該入了。

既然這樣還是沒有眞正的理解，那我們就從禪宗門裡再選出禪師在理上的開示來講吧！

《大慧普覺禪師宗門武庫》：**【嚴陽尊者見趙州，有僧問：「如何是佛？」云：「土塊。」「如何是法？」云：「地動也。」「如何是僧？」「喫粥，喫飯。」又問：「如何是新興水？」云：「前面江裏。」師云：「似這般法門，恰似兒戲相似；入得這般法門，方安樂得人。如眞淨和尚拈提古今，不在雪竇之下；而末流傳習，卻成惡口小家，只管問：『古人作麼生？眞如又如何下語？楊岐又如何下語？』爾管得許多閑事！瘥病不假驢駝藥，若是對病與藥，籬根下拾得一莖草，便可療病，說什麼朱砂、附子、人參、白朮？」】**

嚴陽尊者參見趙州和尚悟了以後，有僧人問：「如何是佛？」嚴陽尊者答覆說：「土塊。」又有人問：「如何是法？」嚴陽尊者答覆說：「地動了。」又有人問：「如何是僧？」他回答說：「喫粥，喫飯。」這個應答也是現成，雖然現成，卻是直指西來，每一句話都有爲人處；可是這僧不懂，問不出來佛法僧三寶所弘揚的眞如境界來。既然從三寶上面問不出來，乾脆就問你嚴陽尊者：「如何是新興水？」因爲禪門號爲新興嚴陽，他的禪庵就坐落在新興水旁邊，僧人就問：「如何是新興水？」意思是問：如何是您新興嚴陽的悟境？新興嚴陽答覆說：「前面江裏。」對啊！如果咱們哪天在士林淡水河畔散步，有人認得我，上前問我：「如何是淡水？」我就指向淡水方向說：「往此去，六、七公里。」

這樣看來，禪宗門下度人就好似開玩笑一般；所以，大慧宗杲舉了嚴陽禪師的典故以後，就說：「像禪宗這樣的法門，恰似兒戲一般。」「恰似兒戲」，這句話講得一點都沒錯。不懂禪的人總是覺得說：「禪師亂說一氣、答非所問，這就是禪。」所以，外行的現代禪師就說：「如果要講禪的話，都不用準備；上座去，稀里嘩啦亂講一通，切不切題都無所謂，答非所問也沒關係；

若是講不下去了，大不了撫尺一拍，下座走人，還能籠罩全場。」所以，大慧宗杲這般說法絕對沒有過失，是說表面上看來，大乘宗門的證悟「恰似兒戲相似」，但其實絕非兒戲，所以又說：「能夠入得了這般的法門，方才是眞正以安樂法度得有緣底人。」

又說：「譬如眞淨和尚拈提古人今人，」也就是講眞淨克文禪師，他拈提許多的古人與今人未悟言悟或者錯悟底事，只是沒有被全部記錄下來而已，「其實他所拈提的數量不在雪竇之下；」意思是他所拈提的假名善知識的數量，絕對不輸給雪竇重顯所拈提的數量，大慧宗杲又說：「可是這種拈提大事傳到了末流之輩手裡，卻都變成錯悟禪師們惡口胡言、誤人法身慧命的小家子惡行了。」爲什麼說錯悟禪師們是「惡口小家」？爲什麼說他們是「末流傳習」？因爲全都落在文字上，一天到晚咬文嚼字；他們那些人從來不聽取弦外之音，專在禪師的語話上面作文章去研究，所以見了一樣的禪師時就互相探問：「古人到底是怎麼悟底？當人家問到眞如時到底應該怎麼說？楊岐方會禪師又是怎麼說底？」這些假善知識都在探問或解說這一些表相，大慧宗杲就責備他們說：「你們管得這許多的閒事幹什麼！」對於求悟的人而言，這根本都是閒事啊！不該管的啊！大慧宗杲又說：「想要把重病給治好，其實不必假藉很名貴的藥物。如果能夠針對那個病來給藥，那個藥如果給的正確，在籬笆下面拾得一兩根草就能把他治好，不必說什麼非得要朱砂、附子、人參、白朮才治得好。」

有的中醫師很厲害，可是他賺不了錢，因爲他一直都是對病與藥。這個是什麼病，他斷得很準；然後開出來的藥方，你拿了去到中藥的藥房要抓藥時，藥房老闆不太高興；因爲那一帖藥才台幣十五塊、二十塊錢，他能賺什麼？可是你回家煎藥一吃就好了，也不用再度去看那位中醫師了，所以這個中醫師也就賺不了什麼錢。後來這位中醫師乾脆就不收診費，義務看病；因爲要用那個藥去賺錢也賺不了錢，昧著良心去開名貴的藥，又開不下手，那就只好義診。後來人們都知道他的善心，隨緣給診病金，倒也讓他安逸過一生。驢駝藥，表示很名貴的藥，得要從值錢的眾生身上取得。在禪門中的驢駝藥是指什麼？是要每天熬腿打坐至少八個鐘頭，連續七天；你看看這樣名貴不名貴？名貴嘛！因爲得要七天的痛苦才能熬出來的。那「籬下一莖草」是什麼？就是咱們正覺種的草；因爲如果一念相應，根本就不用打坐熬腿那樣痛苦，那還需要盤腿與痛覺對抗嗎？還需要坐什麼呢？當然，不必長期打坐就可以悟入，悟得輕鬆，當然就不名貴了：「哎呀！這樣就叫作開悟啊！我都沒有打坐，也沒有連續幾天都一念不生，更沒有熬腿欸！」然後，信根不足的人就開始懷疑：「這平實老師教的東西到底對不對？」又覺得說：「這個東西眞的像蕭平實，實在太過平凡實在了。」很難信受，所以後來就想要另外再找一個奇特的、玄妙的；比如說：「這刀子一割到手就流血了，痛死了！那我悟了以後應該叫它不痛就不痛，叫它不流血就馬上不流血，叫它皮膚好了就要馬上好。悟後得如此，才是眞正的開悟。」他想要這種奇特的，可以炫異惑眾的奇跡，說能夠這樣開悟才叫作眞正的悟。因爲太現成的，他不要，不是很名貴。如果早知道是這種人，我一定叫他每天熬腿，熬八個鐘頭，連續熬上三年才給他悟，他一定會說：「正覺這個開悟確實是眞的，這太名貴了，我是每天熬腿熬了三年才開悟的。」眞是賤骨頭。

大慧宗杲開示的意思也是如此：「瘥病不假驢駝藥。」這個瘥，在這裡把它拿來作動詞用。你如果懂得對病與藥，對症下藥，雖然那個藥草很便宜，但只要能夠對症，這藥投下去也就好了，甚至連第二劑都不用再服就痊癒了；更不必要使用朱砂、附子、人參、白朮。這幾味藥都不便宜，現在附子跟白朮可能便宜一點，可是人參與朱砂還是很貴的。除非你用黨參去代替，黨參是便宜的，可是人參不便宜；朱砂也很貴，因爲要九轉提煉，剩下的純朱砂是很少的，當然很貴；如果不經過九次提煉，就會有很多鉛殘留，吃了會中毒。朱砂等四味藥雖然貴，但是如果不對症，這麼貴的藥投下去以後還是沒有用。所以有人學「心中心法」，每天最少要坐兩個鐘頭，然後整整六百天不許有一天中斷，因爲這樣施設而辛苦堅持下來，就變成名貴的禪藥了。

所以，當他們後來知道心中心法的開悟境界是離念靈知的時候，全都很愛惜；我說他們落在離念靈知裡是悟錯了，他們都要跟我諍辯到底，因爲太名貴了：「**我熬了六百座，是沒有中斷的六百座，才能證得離念靈知了了分明的境界，當然是眞正的開悟。**」還沒坐到六百座圓滿以前，萬一哪一天中斷，要從頭再熬起，以前坐的都不算數。那這樣子辛苦才得到的離念靈知境界，他們當然就不肯放捨，因爲太名貴了。世間就是有這種愚癡人，明明這人參、上等朱砂（上等朱砂很貴的），明明這些東西對他的病沒有幫助，可是因爲很名貴，所以人家送來給他們的時候，他們就一定要去吃它，可是吃了以後禪病依舊好不了。這就是從理上來告訴大家：只要你學對了法、跟對了人，不必那樣熬腿練功。在那邊打禪七，每天熬腿，那其實只是在練腿功，不是在參禪。腿功如果練得成開悟境界，那些山裡住茅棚每天打坐得很好的人全都開悟了，古時候那些有定境的人也都算是開悟者了，可是事實上並非如此。因此，重要的是能夠對症下藥，不必管它是貴或者賤；只要是對症而下的藥，它就是好藥。

這個道理瞭解了以後，再回來討論，看看這件公案裡是怎麼說的。有僧問：「**如何是佛？**」新興嚴陽爲什麼回答說是「**土塊**」？有僧問：「**如何是法？**」新興嚴陽爲何又說「**地動**」？有僧問：「**如何是僧？**」新興嚴陽卻又只說：「**喫粥，喫飯。**」大家且說說看：這「**喫粥喫飯**」跟那僧所問「**如何是僧**」，相去多遠？到底相去多遠？「**如何是僧？**」「**喫粥，喫飯。**」也許有人說：「**喫粥喫飯就叫作僧，我才不信！這個喫粥喫飯與僧，相去十萬八千里。**」也許又有人說：「**你這個講法不對！喫粥喫飯，僧人哪個不喫粥喫飯的？所以『如何是僧』跟這一句『喫粥喫飯』不差毫釐。**」也許有人問說：「**那，蕭老師！你怎麼說？**」我說：「**這二者如隔一層紗。**」如果誰再來問，我就給他個五爪金龍，因爲已經講得夠白了，爲什麼還要再問？從這裡就要著得一隻眼。人家說「獨具隻眼」，要能瞧得出新興嚴陽這些話裡藏著什麼東西。所以，克勤大師評唱公案的時候常常說：「句裡藏鋒，泥中有刺。」講的就是這個東西，只是難會。既然朱砂、附子、人參、白朮都不要，只要籬下那一莖草，我們就來找找那一莖草吧！看它在何處？

《圓悟佛果禪師語錄》卷十七：【舉：僧問投子：「如何是一大事因緣？」子云：「尹司空與老僧開堂。」師拈云：「人道投子實頭，不妨忒殺淳朴。若是山僧即不然，或有問：『如何是一大事因緣？』只對他道：『弄潮須是弄潮人。』」】

這個短短的公案裡面，從未悟或錯悟者看來，仍然像個悶葫蘆，他們怎麼也聽不出它裡面是什麼東西的。有一天，克勤大師上堂就拿出這個公案來說：有個僧人問投子山大同禪師：「如何是釋迦如來降生於人間的一件大事因緣？」投子大同禪師回說：「尹司空爲老僧我開了這個法堂。」尹司空，尹是一個人的姓；那個人姓尹，他的官位是司空。投子禪師說：「尹司空爲老僧我弄了這個法堂讓我來說法。」這與那僧人的問話有沒有關聯？看來是八竿子也打不著，可是明明投子大同就這樣子答過了。人家問：「**如何是佛陀來人間降生的唯一大事因緣？**」問的就是《法華經》講的「**世尊降生人間的一個大事因緣**」，就是要開示第八識眞如心，讓大家悟入第八識眞如心。可是人家這麼問，投子大同卻說：「**尹司空爲老僧我開設了這個法堂。**」這眞的好似答非所問。

你們有沒有人認爲說：「**這個投子大同，他是顧左右而言他，因爲他答不出來。**」有沒有？沒有，這表示你們程度不差，因爲往往有時候人家註解公案時就是這樣註解的。可是投子禪師其實也已經正答了這僧所問，只是這句偏中來的答話，這僧很難體會。這公案這麼短，就只有兩句話，然後克勤圓悟大師就拈這個公案來說：「**有人說，投子這個人是很老實的人，他的答話是著著實實地回答了那僧所問，不妨是淳樸的禪師，而且眞是淳樸到不得了。**」「**忒殺**」就是說他特別、特別地「**淳朴**」。克勤大師接著說：「**如果是山僧我，就不這樣答。假使有人問：『如何是釋迦如來降生人間的唯一大事因緣？』我只對他說：『要玩水的必須是眞能玩水的人。』**」弄潮，你們以前還年輕的時候，帶著孩子去海邊玩水，那就是弄潮。克勤大師說：「**玩潮水的須是能夠玩潮水的人。」這不也是廢話嗎？講這個有什麼意義？可是 克勤大師是鄭重其事說的呵！

人家對投子公案的評論是說：「投子大同其實是實頭。」實頭，就是死腦筋，不會弄花俏來籠罩人，是把眞實義給明說了，所以這叫作「實頭」。因爲這是河洛話，也就是說死腦筋而直接回答的意思。因此 克勤大師評論說：「投子禪師這樣答覆，未免也太過太過淳樸了，他是答覆得直截了當。如果是山僧我，就不這樣了。當人家問我：『如何是一大事因緣？』我只跟他說：『玩潮水的須得是懂得玩潮水的人。』」直叫你沒有咬嚼處，讓你無從下手。因爲投子說的「尹司空爲老僧開堂」，人家還可以從這一句話裡面去依文解義；可是 克勤大師這一句話，你要怎麼依文解義？「玩潮水，須得是玩潮水底人。」你根本無從去依文解義。可是，身爲他的徒弟，我卻要跟他檢點一下：其實 克勤大師比投子還要「實頭」，因爲投子還有一點點不懷好意，他故意講一個讓你可以理解的東西，然後聽的人就會落在那一句話裡去理解：「尹司空是個大官，爲投子大同禪師弄了個法堂。」這裡面還可以猜測一下到底什麼意思，因爲這裡面還有一些世俗法上面的意思。可是，克勤大師說的「弄潮須是弄潮人」，玩潮水的須是懂得玩潮水的人，沒有什麼意思可以讓你去思惟分析。既然不能分析，就只好直截了當去會取，那他不是比投子更老婆嗎？所以，我才說他比投子「實頭」嘛！但是，我說他「實頭」，他一定很高興，一定說：「假使不是我這麼實頭，還有你唷！」

現在問題來了，歸結到《實相經》的經文裡面說：「爾時如來復說咒曰：憾——！」諸位倒是說說看：「弄潮須是弄潮人」，跟 佛所說的這個「憾」，二者有什麼相干？又相去幾何？你可別把我問的話當作等閒事。佛陀這個「憾」，你要從何處咬嚼？什麼地方可以下得了嘴？眞的沒辦法啊！誰都下不了嘴，都無法解釋說這一聲「憾」是什麼意思；因爲就算你把梵文弄得很精通，再來解釋也沒有用。至於 克勤大師說的，也只是多幾個字而已：「弄潮須是弄潮人」；全都教你要直接認取，不要你拐彎抹角。投子大同還有些不懷好意，故意讓人家去詳思：「尹司空爲我投子禪師開了一個法堂，是什麼意思？這投子禪師是不是叫我要多少奉獻一點、種一些福德？」他還有許多可以讓你從世間相裡聯想底地方。可是，克勤大師這個「弄潮須是弄潮人」以及 佛陀這一聲「憾」，沒有讓你可以思惟的地方。假使有人哪一天見了我，上來問：「蕭老師！你幫幫我吧！那克勤大師講『弄潮須是弄潮人』，我很想知道。」我卻說：「這有什麼好隱瞞的？我就告訴你吧！問話須是問話人。」

經文：【爾時世尊復以一切如來自性清淨相，爲諸菩薩說一切法平等性觀自在智印實相般若波羅蜜法門，所謂：「一切世間貪性清淨、瞋性清淨；一切世間貪性清淨、瞋性清淨故，一切世間垢性清淨、罪性清淨；一切世間垢性清淨、罪性清淨故，一切世間法性清淨、眾生性清淨；一切世間法性清淨、眾生性清淨故，一切世間智性清淨；一切世間智性清淨，即般若波羅蜜清淨。」】

講記：這個時候 世尊又以一切如來自性的清淨相，爲諸菩薩們演說一切法平等性觀自在智印實相智慧到解脫彼岸的法門，也就是說：「一切有情世間的貪性清淨、瞋性清淨；由於一切有情世間貪性清淨、瞋性清淨的緣故，一切有情世間的垢性就清淨、罪性也清淨；一切有情世間的垢性清淨、罪性也清淨的緣故，一切有情世間的法性就清淨、眾生性也清淨了；一切有情世間的法性清淨、眾生性也清淨的緣故，一切有情世間的智性就清淨了；一切有情世間的智性清淨，就是智慧到解脫彼岸的清淨。」

這樣的文字語句就是《般若經》說法的範例，《般若經》說法的時候，一向都是囉囉嗦嗦一大堆，目的只是要讓你知道這個眞如心如來藏的體性是如何。其實，講那麼多，譬如《大般若經》總共有六百卷，就是講一個東西——第八識眞如；可是眾生不懂，又不可能明講，只好這樣旁敲側擊。因爲若是明講了，眾生不會信受，不信的緣故就會謗法，死後就會下墮地獄，那該怎麼辦？只好變通著講，所以單單講眞如一個東西就需要無量無邊的言語來說。這就好像說，師父規定：「**你畫月亮的時候，不許畫圓圈。**」那你該怎麼辦？你只好從旁邊一大片空白處去塗塗抹抹，塗了好多地方才空下中間那個圓圓的地方，沒有違背規定去畫圓圈線條，但是你終於也顯示出一個明月了，這叫作烘雲托月。《般若經》都是這樣講，都是用烘雲托月的手法。所以，許多阿羅漢們就是在聽《般若經》的時候悟入的，有的人則是因爲 佛陀平常施以教外別傳的方法，就同樣轉入大乘成爲菩薩去了。回到這一段經文來說：

世尊講了「憾」這個一字咒，這時 世尊接著又以一切如來自性清淨的法相，爲諸菩薩們來解說一切法平等性觀自在智印實相智慧到彼岸的法門。

這個名相還眞的很長。「一切法平等性」這個境界、這個智慧，是很難親證的，不是到末法時代的今天才如此，而是古時就已經如此了；不僅是古時如此，而且是 佛陀的時代就已經如此了。都因爲這一切法的平等性是從如來藏來的，而如來藏妙法的正式演述，是從第二轉法輪開始的。那麼，在演述《般若經》的時候，跟隨在 佛陀身邊的阿羅漢們，仍有許多人還無法悟入眞如；因爲阿羅漢們一般而言都比較「實頭」，他們會老老實實依著 佛的訓示，聽完了就去山洞裡或樹下坐，或者塚間住，沒有人會打擾他，就在那邊好好的去思惟；一面觀察，觀察之後再回來思惟，就這樣成爲阿羅漢。這聲聞果都是從思惟來的，二乘法都是要靠思惟的；二乘法不像大乘的見道一樣，突然間一念相應，就開悟了。二乘法從來沒有這樣，二乘法都要依靠思惟，要一面觀察一面思惟。既然可以經由 佛陀開示的法義去思惟和觀察整理而悟得，就表示那個法是容易證的。因爲雖然笨，只要努力去思惟、努力去觀察，花比較多的時間還是可以完成聲聞果智慧境界的現觀，於是就斷了我見或者我執。

可是，大乘般若最主要的實證是證眞如，而眞如是以如來藏爲體來說的。偏偏如來藏的實證不能靠思惟，佛陀又不肯明講，因為知道眾生不會在聽聞時就信受，那就要讓眾生自己去參禪、去體究；眾生若是自己參究出來的，就會信受；因為凡是自己參究出來的，一定會有智慧伴隨著產生出來，就會信受而不退轉。而這個般若的開悟是參禪時一念相應突然找到的，不是靠思惟來整理才漸漸顯露出來的。譬如一顆芒果，它的香味，它的甜味、酸味，假使沒有親手拿在手上送進口裡來吃，任憑別人怎麼樣解說，他終究都無法瞭解。眾生聽了很多：芒果大概多大，什麼形狀，什麼顏色，味道是如何；他聽了很多，可是他從來不知道哪個是芒果的味道。一大堆的水果，他都要每一種去拿來嚐嚐看。也許他哪一天吃到了一顆蘋果，他會說：「這個**也是甜甜酸酸的，也是香香的，應該是了吧！**」可是心中還有一點懷疑，因為形狀又似乎不太像。既不太像，只好又丟了，重新再找。就這樣找了幾十種以後，終於找到一種：「**哎呀！這個一定對了，一定對了。**」這個時候你再告訴他說：「**這個就是芒果。**」他就相信了。可是，如果你一開始就拿給他說：「**這個就是芒果。**」他說：「**哪有這麼容易就找到？人家找了幾十年，如今年老都還找不到欸！我才不信這就是芒果。**」眾生就是這樣啊！就是要讓他歷經幾十種似是而非的尋覓，以及一一加以辨認而確定都錯誤以後，剩下最後一種以前都沒有注意到的東西，是在突然間去領略到了：**「哎呀！原來就是祂。」**就這樣子突然找到了，而且有智慧確認是正確的，是沒有錯誤的，這時就稱爲開悟明心、實證般若了。而這樣的開悟，這是沒有階級也沒有次第的。找到祂而開始悟後起修以後，才有階級、才有次第，因爲找到祂的時候才算剛剛入門。入門了，接著要怎麼樣一步一步把這一個大寶樓閣裡面所有的寶物認識清楚以及運用，那就要一步一步去觸摸、操作了。所以般若的難悟難證，原因就在這裡，因爲般若的見道是一念相應而悟入的，不是經由思惟而漸漸增加出來的。

以前昭慧教授曾寫過文章說（我暫時不說她是法師，因爲她是用學術觀點而不站在佛教徒的觀點在說法的；她也已經取得教授資格，所以她是教授，不是法師；她主張不依止佛教徒的觀點，她想要依憑學術觀點來理解佛法）：**「禪宗那個法都沒有一個次第，不像南傳佛法次第禪觀可以循序而進，那要怎麼學？」**她說的大意就是如此，她對禪宗的開悟提出了質疑。從一般人的觀念來說，她這句話很有說服力：**「對啊！你得要有方法、有次第，你們禪宗一悟就說**

那就是了，都沒有什麼次第；然後禪師就這樣印證了，這都叫作自由心證，這有什麼標準？都是由著禪師們自己說的。」這些話從表面上聽起來是很有道理，可是從般若的實證來說，眞的沒道理。爲什麼呢？因爲大乘法的見道也有次第，你得要依照禪師教導的方法去作功夫，並且依禪師的教導把參禪的正知見建立起來；這些都完成了，你才有可能一念相應而突然找到如來藏。這不是方法與次第嗎？誰說沒有方法與次第？只是那些公案裡面都只敘述開悟時一念相應的那一小段，前面幾十年的辛苦修學與作功夫的內容都不談。碰巧昭慧教授又不懂得這一點，她就批評說：「禪宗的修行法門沒有次第。」誰說沒有次第？來到我們正覺，你非得要先作無相念佛功夫不可；功夫學會了，然後再教你作看話頭的功夫；也不斷地教導參禪以前應有的般若智慧等知見，誰說沒有次第？所以我們正覺的開悟法門也有次第；但是，難、就難在尋找如來藏心而突然找到時，那是沒有次第的，就這麼剎那間找到了，當時也就通了般若。至於南傳佛法中的次第禪觀，不過是世間禪定的境界，如今又有誰是實證禪定的？全都沒有。

親證如來藏而入了般若大門以後有沒有修學的次第呢？還是有啊！入

了門而不懷疑、不退轉以後，只不過是第七住位。在進入第七住位之前要先修十信，對三寶的信力具足了，然後才能進入初住位廣修布施，在第二住位好好地持戒；第三住位好好地對菩薩六度生起忍法，要能忍於甚深微妙法，也有能忍於眾生的惡劣；然後轉進第四住、第五住、第六住而進修般若智慧的正知見等，就這樣六住位前的修學次第，是外門廣修六度萬行，還是有次第啊！並不是她們所想的說：「這禪宗一悟了就只是聲聞果。」禪宗門下開悟了，可不只是聲聞果。聲聞果只是個附帶的副產品，菩薩進入第七住位不退轉的時候，同時有個副產品就是聲聞解脫道中的初果，可是進入以後的進修還是要按照次第來。就只是開悟明心這一關——找如來藏這一關——沒有次第，又如尋找佛性這一關，也沒有次第，都是一念相應而突然證得了。但是，如果有善知識指導，依著善知識指導的次第去作，條件具足圓滿了，將來還是可以眼見佛性，這也是次第。

不能因爲自己不懂禪宗，就全盤否定禪宗；假使自己不懂的就可以否定，那麼依照這個邏輯，也可以這麼說：「那些物理學家講的什麼原子、電子、中子、質子，又講什麼J粒子、夸克，全都是騙人的；因爲你講的我都

不能理解，我也不能實證，那你就是在騙人。」同樣的邏輯，當然也可以否定教門經典中說的智慧與解脫了，因爲那都是凡夫們所不懂的。然而，可不可以這樣講？當然不行嘛！自己無法實證，應該要怪自己笨，不能怪 世尊講得太深妙，不能怪禪宗祖師烘雲托月的手法。我這不是罵人呵！不是針對特定的什麼人，而是一般性的說法。如果自己悟不了，要怪自己笨，不能就直接否定說那個法不對。

話說回來，這個「**一切法平等性**」，就是由實證如來藏以後轉依如來藏，站在如來藏的立場來看一切法，這時所見的一切法莫非如來藏所生，全都攝歸如來藏所有，因爲都不能外於如來藏而生存。所以，這時現觀一切法即如來藏，如來藏即一切法；一即一切，一切即一。因此，從如來藏來看時，一切法都平等。假使你找到如來藏了，你從如來藏的立場來看如來藏所生的一切法，看如來藏對祂所生的一切法有沒有偏愛或者偏惡？有沒有？（眾答：沒有。）完全沒有！所以如來藏看一切法時是平等性的。而你看到一切法都歸如來藏所有的時候，又看到如來藏對一切法都是平等看待的，那麼每一個人、每一個有情的一切法自然也都平等了，因爲所有的如來藏都是平等性，這就是實證「**一切法平等性**」了。

當你證得這個「**一切法平等性**」的時候，你就可以稱爲觀自在的菩薩。在見道位一般不稱爲觀世音，而稱爲觀自在。《心經》是怎麼唸的？諸位都知道：「**觀自在菩薩，行深般若波羅蜜多時……**」這表示什麼意思？「**觀自在菩薩**」就是能觀者，而且同時顯示還有一個所觀的「**自在**」者。這表示說，妄心七轉識與眞心第八識是和合運作的，七個妄心是能觀的人，能夠觀察自己有一個第八識眞心是本來就自己存在的，不是經由修行以後才轉變成、才存在的。「**自在**」有兩個意思，第一個意思是說祂自己本來就在，不是被人家生出來的，是自己本來就在；另一個意思呢，是於一切法中沒有喜歡或厭惡，所以於一切法中都很自在。當你找到如來藏了，也許哪一天，沒事了就坐著「**觀自在**」；眞的行啊！一坐下來就「**觀自在**」。也許你會說：「**哎呀！我小時候就是個過動兒，現在長大了，年歲五、六十了，我還是好動。**」那也沒關係啦！你可以爬山去，那時也可以觀自在。難道不行嗎？當你爬山時，以實證自在心如來藏而產生的觀行能力，同時觀察自己爬山時第八識自在心的心行，這就是行於深般若波羅蜜多的時候，就能觀察自在心的運作；

這時能夠觀自在，就能行於深的般若波羅蜜多；一再地深入去觀察，觀察的結果是：「色即是空，空即是色。」也就是說，色陰就是空性，空性就是色陰。意思是色陰收歸如來藏時，色陰就是如來藏，如來藏就是色陰。以五陰比對自在心如來藏而一一觀察，乃至識陰就是如來藏，如來藏就是識陰；就是「識即是空，空即是識」。這樣來現前觀察的時候，是站在如來藏的立場來看，而如來藏自身的境界中，可就「無眼耳鼻舌身意，無色聲香味觸法，無眼界乃至無意識界」，乃至「無無明亦無無明盡」，連「無明盡」都不存在於眞如心自己的境界中，全都是眞如心如來藏的境界，那不是一切法全都平等了嗎？

可是，那些密宗裡的應成派中觀的凡夫祖師們亂扯一通，就說：「全部都空掉，所以就平等了，就是證空性了。」好極了！哪一天他來了，我把他一刀砍了，死掉了，他就跟我平等了，證空性了。那時看他要不要？他篤定不要。因爲如果一切全都緣起性空，全部空掉了就是平等，而他一生追求平等，當他來找我，我一刀要砍他的時候，他一定要很樂意，因爲被我砍死了就平等了。可是爲什麼不樂意被砍？因爲他深心中知道那不是眞平等，那叫作斷滅空。所以一切法的平等性實證了，你就能夠觀自在。一定能自觀自在，由自己來親身觀照自己本來就在的第八識實相心，這時就是一切法平等性觀自在的智印。

這是說，這時候了知眞實法界的智慧已經生起了，生起以後就能用這個智慧來印定一切法，這個就是「智印」。那麼有這個「智印」的時候，用來印定一切法時就不會有凡夫們的邪思邪想，當然他對法界的實相一定是很通透的，這時當然就知道自己有實相的智慧而能夠去到離開生死的彼岸。而這個「**一切法平等性觀自在智印實相般若波羅蜜**」的解脫到彼岸的法門，是在講什麼呢？簡單地說，也就是現見一切有情世間的貪性清淨、瞋性清淨；由於一切有情世間的貪性清淨、瞋性清淨的緣故，一切有情世間的垢性就清淨、罪性也清淨了。當一切有情世間的垢性清淨了、罪性也清淨了的緣故，一切有情世間的法性就清淨了、眾生性也就清淨了。當一切有情世間的法性清淨了、眾生性清淨了的緣故，一切有情世間的智性就跟著清淨了。那麼，當你看到一切有情世間的智性清淨了，你的般若波羅蜜就清淨了。

咱們先來依文解義一番：一切世間貪性清淨以及瞋性清淨，是指什麼？

從菩薩親證法界實相的現觀來說，依意識心或識陰六個識所住的六塵境界而言，很清楚地看見那一些凡夫眾生們，乃至旁生眾生們莫不有貪與瞋；而貪與瞋本來就不是清淨法，因此眾生才須要菩薩們世世受生人間前來教化。但是菩薩看到眾生實際上表現出來的貪、瞋等現象時，卻又從自己所證的實相般若智慧，看到了一切眾生正在貪著而顯示出貪的法性時，其實卻同時有一個清淨性的平等心存在，而貪性只是這個清淨性平等心含藏的法性之一。當眾生受到不公平待遇而暴跳如雷的時候，菩薩同時也現觀到那位瞋心大發的人，他同時有一個平等性的清淨心存在，而瞋性同樣只是清淨平等心所附帶的種種法性之一。並且菩薩同時也看見了那些眾生的貪與瞋都是由各自本來平等性的清淨心所出生，也不能一時或一剎那脫離那個平等性的清淨心；在本質上，眾生顯現出來貪的法性、瞋的法性，都要收歸於那一個平等性的清淨心。既然貪性、瞋性都收歸於平等性的清淨心了，當然就**「貪性清淨、瞋性清淨」**，這就是一切眞悟菩薩對實相法界的現觀。

當菩薩們這樣現觀的時候，就知道一切世間（世間就是講五陰——五陰世間。因爲對有情來說時間與空間合稱爲世間，但所謂的世間其實是五陰，因爲有人這個五陰才有人間這個世間，有畜生的五陰才有畜生的世間，有天人的五陰或者四陰才有天人的世間，然後才會有時間；三界就是這樣來的，都是依五陰而顯現世間的）；當菩薩現前觀察到，證悟之後把貪性、瞋性攝歸如來藏，而成爲第八識平等性清淨心所有的時候，那麼從第八識自身的實際理地來看，一切世間莫非清淨，再也沒有所謂的貪與瞋可說了。貪與瞋都是在平等性的清淨心表面上起起伏伏生滅不已，從來就不是眞實獨存的實有法性；而眞實的平等性清淨心，卻是從來沒有起滅，從來清淨，並且含藏著五陰世間的貪性與瞋性。當菩薩這樣現觀的時候，就轉依於這個清淨心了，因此 世尊開示說：

「貪性清淨、瞋性清淨」。

菩薩證悟平等性清淨心而能現前觀察祂了，這時候看見了「**一切世間貪性清淨、瞋性清淨**」的緣故，同時就可以看見「**一切世間垢性清淨、罪性清淨**」。一切有情世間的汙垢都是從貪與瞋而出生，癡的本身只是無明，無明的本身無所謂垢與淨，但是貪與瞋就是具足的汙垢。當一切有情世間的汙垢體性也轉依於平等性的清淨心以後，當一切有情世間造作種種罪業而產生了罪性以後，再把這個罪性也攝歸平等性的清淨心如來藏了，再也看不見罪性了，那麼一切世間的垢性與罪性也就都隨之清淨了；所以菩薩從一切有情世間的實際理地第八識境界，現見眾生都是本來清淨的；不清淨的只是五陰，而五陰是無常生滅的，不是主體，所以攝歸平等性清淨心如來藏時，一切有情世間的一切不淨法也就成爲清淨心中的一部分，而平等性的清淨心如來藏自身所住的境界中，並沒有所謂的貪、瞋、污垢、無明，哪還有罪可說呢？所以 世尊說：「**一切世間貪性清淨、瞋性清淨；一切世間貪性清淨、瞋性清淨故，一切世間垢性清淨、罪性清淨。**」

所以，無量無數劫以前，常不輕菩薩一天到晚見了人就禮拜說：「**我不敢輕視您，您當來一定會成佛。**」他不論是見了誰都禮拜，然後稱讚對方說：「**您一定會成佛。**」現在是沒有這樣的常不輕菩薩，假使眞的有，一定也會被人家罵翻了，說這個人腦袋瓜有問題，一定會請他的家屬趕快把他送去精神病院。可是常不輕菩薩不管人家怎麼罵，他始終如一，整整一世就這樣子作：不輕視一切人。爲什麼他會這樣作？除了想要快速滅罪以外，顯然是他已經成爲七住位菩薩，看見每一個人都具足成佛之性；因爲已經看見每一個人的如來藏都有這個功能，一定都可以使人成佛，只是早發心、晚發心，早成佛、晚成佛的差別。

那麼在前面已經說了，一切世間貪性清淨、瞋性清淨，以及垢性清淨、罪性清淨，所以 世尊接著再作出另一個結論說：「**一切世間垢性清淨、罪性清淨的緣故，以及一切世間法性清淨、眾生性清淨的緣故，一切世間的智性也就清淨了。**」這表示什麼呢？表示世間人的智慧是不清淨的，而菩薩的智慧才是清淨的，因爲菩薩的智慧是依所見的三界六道一切法界中的實相境界來說的。所以，當一個人實證了這個平等性的清淨心——證眞如了，他就可以看見一切世間的垢性清淨以及罪性清淨，同時他也就可以看見一切世間的法性清淨、眾生性清淨。

正因爲這個緣故，釋迦如來伸出腳來，往地上一點，整個世界就變成清淨世界。是哪個世界清淨呢？明明砂礫還是砂礫，泥巴還是泥巴，哪裡有清淨？可是菩薩們卻說：「**哎呀！世尊的娑婆佛土全都清淨了。**」爲什麼？因爲看見每一個有情世間都有的那個清淨土，也就是看見了大眾的自心如來，也看見 釋迦世尊的自心如來的所在是如此的清淨；然後菩薩們返觀自己也是如此的清淨，自相共相都清淨，那當然就知道一切有情世間法性清淨。當一切有情世間不論什麼法的法性都是清淨的時候，那麼眾生性當然也是清淨的。當你找到實相心如來藏以後，這樣現前觀察，看到了一切有情世間法性清淨、眾生性清淨了，那麼你自己就可以很清楚地看見一切世間眾生的智慧——不論是邪智、邪說或多麼惡劣的智慧——其實也都是從平等性的清淨心中來的，而平等性的清淨心如來藏中並沒有不清淨的世間覺知可說，所以一切有情世間的智慧也就清淨了。當你看見一切世間的智性清淨了，那你的般若波羅蜜就清淨了；因爲這時候所見的實相智慧到解脫生死彼岸的智慧，是不會有所偏斜的，也不會再有染污了；這就表示說，你即將進入初地了，這就是一切世間的智性清淨。

《實相般若波羅蜜經》第八段，我們上週把理說講完了，那麼接下來，要先從宗門來講事說。《少室六門》：**【達摩祖師云：「如是三毒心，於本體中應現六根，亦名六賊，即六識也。由此六識出入諸根，貪著萬境，能成惡業，障眞如體，故名六賊。眾生由此三毒六賊，惑亂身心，沈沒生死；輪迴六趣，受諸苦惱。」】**

《少室六門》據傳是達摩祖師的開示，從內文來看，也應當是達摩祖師的開示，因爲達摩大師是直截了當、不拖泥帶水的。他說得比較拖泥帶水的，就只是那個一理二入比較拖泥帶水；所以我跟很多人一樣，懷疑那一篇文字不是他寫的、不是他講的；不過這一段，他講的倒是很直截了當。三毒是使人輪迴三界六道的原因，三毒不能滅也正因爲無明的關係。如果三界愛的無明滅盡了，三毒就全滅了；三毒滅盡了，就能出離三界的生死。所以，這個三毒指的是二乘法中所斷的無明，在《勝鬘經》裡面說它叫作一念無明。達摩祖師說：「**這個三毒心，在本體之中對應而顯現出六根。**」三毒，學佛者都知道叫作貪、瞋、癡。可是，貪瞋癡的本質到底如何？又有多少人知道呢？口說要離貪瞋癡，可是莫說瞋與癡，光說一個貪就好，到底有多少人能離貪？口中說斷貪、離貪，實際上卻是名聲無妨越大越好，錢財無妨越多越歡喜，眷屬也無妨越多越妙；所以口中說離貪，所作的行爲全都不離貪。

這個貪，我們在後面再來說，這裡只先略說一下。貪、瞋與癡這三個法，其實就是三界成就的緣由；由於貪而成就了欲界法，不離瞋所以斷貪以後就落在色界中；由於無明的籠罩，對於自我的本質的虛妄無所瞭解、無所認知，那麼斷了貪與瞋就落入無色界的境界裡面。所以總而言之，貪瞋癡三毒構成了欲界，而欲界有六天以及人間，又加上了三塗惡道都屬於欲界，這就是由貪瞋癡三毒共同形成的欲界。那麼離了貪以後，還有瞋與癡，便成就了色界的境界，色界諸天的世界就是這樣來的。離了貪與瞋就超過了欲界及色界世間，這時只剩下了無明，那麼死後就住在無色界的境界中。所以簡單的說，無明造成了無色界；因爲無色界有情的出現，就是因爲對於五陰的局部—意根與意識—與色陰及前五識一樣是虛妄的事實仍不瞭解，所以他們死後會出生在無色界中。如果對於五陰的虛妄性沒有具足了知，而對於色界與欲界具足了知其虛妄，那麼捨壽就生到無色界去了；所以滅了貪與瞋以後，由於癡這個無明，就導致了無色界的形成以及存在，那就無法出離三界。等而下之，則是對於三毒全都不能斷，三界世間就是這樣生成的。

那色界愛爲什麼植基於瞋呢？是因爲瞋從「我」起，而這個我是包含色界身在內的。所以，色界天人假使有某一個事相會導致他的色界天身漸漸虛弱，他就會很緊張；只要有誰妨礙他色界天身的具足，那麼他就會對誰很生氣。所以證得色界定的人，也就是從初禪到四禪的人，如果他不是證悟的菩薩，如果他不是證悟二乘菩提的阿羅漢，當有人一天到晚要來找他求法問法，害他沒有辦法每天打坐入定，使他的禪定境界退失而影響色界天身的圓滿時，他就會生氣起來。這就是植基於身見而引起了色界瞋。這意思就是說，由於無明以及基於身見而生的色界愛，使他不離瞋而使他生於色界中，所以瞋就代表色界愛中的煩惱。

那麼，貪已經是等而下之再下之了。也就是說，對於欲界的法，他很貪著。那欲界中有什麼法？欲界中由於有男女，所以有父母、子女、兄弟、姊妹；因此，欲界中的法，除了對五欲六塵的貪著以外，其他的貪也是普遍存在的，並且是被公認爲應該有的貪，那就是對配偶以及對父母、子女、兄弟、姊妹的貪愛。所以，常常有人說：「**誰要是傷了我的家人，我就對他不客氣。**」就是因爲對親人眷屬的貪。當他公開這樣放話的時候，沒有人會因爲他這個貪著而譴責他。可是，如果犯另外一種貪，譬如有人說：「**假使誰障礙了我每天花天酒地，我就跟他不客氣。**」那他就會被人譴責了。假使有人放話說：「**誰要是叫我不許交一堆情人，我就跟他不客氣。**」那他也會被譴責，因爲人間的欲界之法有一個基礎範圍，若是超過這個基礎以外就要被譴責了。比如說婚前交女朋友，只能交一位，不許多交。若是同時交二、三位，人家就說這個人腳踏兩條船等等；現代名詞叫作劈腿，因爲兩腿是張開的分站在兩條船上；那就不被容許了，因爲不符合欲界法中的世俗規範。

所以，假使一個男人娶了兩個老婆、三個老婆，在民主開放的社會裡面就會被人家指指點點，因爲不符合人間進步社會的規範。世俗人類生活在人間時可以有貪，但是這些貪都有個範圍，不能超越。在合理的範圍裡面，儘管去追求六塵五欲的享受，沒有人會管他；只要合情合理合法，都沒有人會管他。在人間普遍追求五欲的現象是正常的，如果不樂於追求五欲的時候，那你就是異常的人了；可是這在佛法中，在解脫道中，卻是正常的。那就是說，像你這樣的話，你除了出家，不然就是修道，沒別的愛好，那麼人家就說你異於常人，和普通人不一樣。所以，假使因爲學佛或者學解脫道，結果男的不娶、女的不嫁，父母就每天嘮嘮叨叨唸著：「**你到底什麼時候要結婚？**」親朋好友也會說：「**你年紀這麼大了，三十好幾了，爲什麼還不結婚？**」三十好幾還叫大？其實很年輕，可是因爲過了適婚年齡，所以人家就說他年紀大，因爲這就是欲界人間的規範。如果因爲學佛而不結婚，保持著童子身繼續學佛，人家就說：「**這個人跟人家不一樣。**」就說他是異類，因爲跟欲界人間的規範不同。

這就是說，無色界世間形成的原因是無明，又稱爲癡。而色界世間植基於身見而產生了瞋，他也就同時具有無色界的無明；而欲界世間是函蓋貪瞋癡三種。所以如果要瞭解貪瞋癡這些心所法，這三個心所法在欲界裡是具足的。你如果生到無色界去，就只剩下個無明──癡，而自己對無明也無法去加以反省。那麼請問：你們有沒有人想要生到無色界去？假使有的話，請舉手！第二講堂呢？第三講堂呢？你看，都沒有人舉手，這才是有智慧。如果是一般外道或一般學佛人，他們會說：「**我可以得到四空定，生到無色界去，有什麼不好呢？**」有啊！一定是有不好之處；因爲生到四空天去以後，都住在一念不生的無明境界裡面，天壽盡了下來人間就去當毛毛蟲。毛毛蟲都沒有雜念妄想，牠們都是最好的離念靈知境界。毛毛蟲的離念靈知，一天到晚都不打妄想，就一直專心地吃；吃到後來變成蛹、再變成蝴蝶或變成什麼昆蟲；牠們都是眞正的離念靈知，一點點雜念妄想都沒有。好了，現在人間還有許多很有智慧的人，是號稱大乘法中證悟的大法師、大居士，他們說要修成離念靈知；問題是，他們的離念靈知有沒有辦法像毛毛蟲那樣精純？眞的達不到欸！絕對達不到，因爲他們每天都要跟人家講話溝通。即使不講話不溝通，他靜坐在那邊八個小時，中午也不吃飯，結果心裡面在跟自己講話講個不停。可是毛毛蟲從來沒有說過一句話，牠們也不去分別說那個是誰、這個是誰，牠們從來不在這上面分別，也從來不了知自己是離念靈知；一直到變成蛹，還是離念靈知。那麼互相比較下來，到底誰的離念靈知證量高？喔！現在終於知道說：原來大法師們開悟的聖僧境界遠不如毛毛蟲。

其實檢驗是否開悟的標準，不是在於離念與否；而是在於你去斷我見與我執成就二乘的聲聞果，那是二乘解脫道的開悟。大乘佛菩提道的開悟則是在於斷我見之後，進而證得平等性、清淨性的如來藏心，因此而發起了實相般若智慧，能夠現觀眞如法性而成爲菩薩。所以，學佛不在於離念，而在於發起智慧；有了智慧才有資格談如何成佛，沒有證得如來藏以前，根本沒有資格談成佛之道。所以三界，總而言之就是貪瞋癡。但是如果要成佛，不只要斷除三毒，還得要在人間一世又一世不斷地打滾。能生到色界、無色界，你不去；每一世在人間打滾，爲的就是去瞭解三界心所法及眞如法性的全部。人間具足貪瞋癡，你如果到色界去，想要找看看誰是有貪的，你根本找不到什麼叫作貪？弄不清楚欸！聽都沒聽過，所以成佛還得要在人間，因爲人間一切法具足，色界境界、無色界境界都可以在人間出現，你可以去現前觀察體驗，然後把它勘破；把它勘破以後，你就可以離開三毒了。離開三毒以後，不許你出三界，要發個受生願繼續出生在人間；一世又一世不怕苦，要繼續受生於人間而讓正法久續流傳，來利樂人天。

你可別說：「**我沒有禪定，又沒有五神通，我能利樂天人嗎？**」我說可以啊！只要你繼續把正法弘傳下去，那麼天人們都會很歡喜。爲什麼會歡喜呢？因爲天眾會越來越多，他們會說：「**我天族類，興盛不衰。**」他們都是這樣想。只要看見人間有善法繼續在弘傳，那麼天眾一定會不斷地增加，阿修羅眾就越來越少，這就是天眾歡喜之處。如果正法在人間不彰，都是一些斷見、邪見四處橫流——特別是在佛門中四處流傳時，天眾看了都不歡喜，因爲他們知道阿修羅眾會越來越多，天眾會越來越少，將來跟阿修羅戰爭的時候，他們就倒楣了。所以你度了人向於正道，天界裡也都歡喜，那不是利樂人天了嗎？人與天都函蓋了。

所以，眞實要瞭解出三界的道理，最究竟的還是大乘；二乘法只能從事相上面去修證，斷盡了一切的執著，包括對自己也都不再貪著，連自己五蘊全部都可以捨了。那麼把自己也捨了，不再受生於三界中，沒有五蘊我繼續存在，就不在三界中了。可是這不是究竟，這也不能成佛，只能出離三界生死。因爲三界所有的境界究竟從哪裡來的，阿羅漢們不知道；他們得要迴小向大以後聽　佛演說般若，一天到晚跟在　佛陀身邊聞法；如果　佛陀不趕他出外去弘法，他就會賴著不走。爲什麼要賴著不走？因爲想要明心得要靠　佛陀。既然迴小向大要當菩薩，卻進不了內門修行；想要成爲眞實義的菩薩僧並不容易，因爲　佛陀向來不明講；可是迴心大乘以後，只要跟在　佛陀身邊，佛陀一定肯幫忙證悟佛菩提。因爲既然能出三界入涅槃，卻肯發心迴小向大來發起受生願，不怕後世未來際的無量劫生死，願意世世常在人間；這樣的阿羅漢已經有具足的菩薩性了，他的菩薩性是很好的。

這跟一般人所認知的菩薩性不同，一般人他是出不了三界而發願說：「**我發願繼續生在人間。**」其實他根本就出不了三界，因爲連我見都沒斷，然後就說：「**我每一世都乘願再來。**」其實，他不乘願也得再來人間（大眾笑…），因爲他連我見都沒有斷，所謂證得三果，只是自欺欺人，所以那個叫作假名乘願再來。眞正乘願再來的人，他是可以出離三界生死的，或者至少說：「**我可以出離欲界，但我仍然願意留在人間自度度他。**」這樣才能夠說他眞的是乘願再來。所以，當一個阿羅漢眞的有能力出離三界了，卻願意發心重新再受生於人間受苦，再來自度度他，這是具足菩薩種性的人，那麼 佛陀當然要幫忙他證悟佛菩提。所以他只要賴在 佛陀身邊，佛陀有時候總是會來一、二個機鋒，教外別傳直指人心，他也就開悟明心了。悟了以後再聽聞 佛陀演講《般若經》，聽了就懂了。所以你看，阿羅漢們個個都賴在 佛陀身邊不走，一直到 佛說：「**你們該出去弘法了，這個小村莊地方小，養不起你們了。**」並且還規定：「**你到甲地去，你到乙地去。**」要去不同的地方各自弘法。這樣他們才肯走，不然大家都會賴在 佛陀身邊。

既然在人間具足了貪瞋癡，而成佛之道最好的方法，就是隨從 佛陀聽聞。可是聽聞歸聽聞，誤會的人還是照樣誤會，那就得要等待 佛陀有時候給一個機鋒。如果當時眼光銳利的話，一眼瞄見了——原來如此。接著《般若經》就聽懂了，這樣才是最好的出三界的法；因爲包括三界世間之所從來，他也知道了：由於有貪瞋癡，所以這些貪瞋癡有情的如來藏，就製造出欲界、色界、無色界的有情五蘊或四蘊，那當然就會有三界世間了。所以三界世間其實還是由貪瞋癡來的，如果沒有貪瞋癡就不會有三界。

但是，這個三毒心，在人間怎麼應現，又是應現成爲什麼？應現成爲六根。因爲在人間最主要的就是六塵：色聲香味觸法。那麼，爲了面對這六塵，如來藏就幫你出生了六根。有了六根，這六根就會生了賊子，賊子就是六識心。爲什麼識陰六識心要稱爲賊子呢？爲什麼不把祂稱爲慈父而稱爲賊子？因爲祂是敗家子。這六識專門把自家的功德法財搬出去花掉，卻換回來一堆使人流轉三界的生死法，所以這六識就稱爲六賊。那麼由識陰六識在六根中不斷地出入，就會有六塵中的萬境出現於六識覺知心中而領受，無量無邊的境界出現了，就由於對六塵中種種境界的貪與厭而成就了惡業。當這些惡業成就、無明業成就，於是眞如法體就被遮障了——永遠無法觀察到什麼是眞實與如如的法性；因爲全都落在六塵境界中，祖師把這個叫作迷己逐物。把眞實的如來藏自己給忽略了、昧略了，錯認有生的覺知心是常住的自己，結果就是一直向外去追逐六塵中的種種法，這叫作迷己逐物；因爲所追逐的六塵都是色法外法。

六塵都是色法，也許有人不以爲然：「哪裡？你亂講！法塵就不是色法。」那麼請問你：「如果不基於五塵，會有法塵嗎？」「有啊！我在定中，我離五塵啊！我住在二禪、三禪等至位裡面，沒有五塵啊！」那麼請問：如果不是基於你這個色陰，以及在五塵上顯現的法塵，你能住在二禪等至位中嗎？不行欸！所以法塵也屬於色。只是說，如果要講細緻一點，就把它歸類爲法塵，所以歸類爲法處所攝色；這個法塵歸於五塵色法中，得另外立名爲法塵，因爲不是色法；但在法塵中卻被說爲色法，成爲法處所攝的色法。離了五塵時還會有法塵可言嗎？所以修行人若是落在六塵諸法中的時候，其實都是迷己逐物；除非你所貪愛的是解脫道的法、佛菩提道的法，這是屬於出世間道的法，那就不是與法塵或五塵相干了，不落於六塵中了。那表示說，你如果不是與生空眞如相應了，那就是與法空眞如相應了；若與生空或法空眞如相應了，表示你已經沒有像悟前那樣障礙到眞如性，已經證眞如了。那就是說，如果能夠了卻貪瞋癡，至少就會與生空眞如相應而成爲阿羅漢，可是阿羅漢不知道什麼叫作生空眞如，他只能聽懂這個名相，但無法現觀。可是菩薩不但知道生空眞如，也現觀法空眞如，因此由菩薩所證的眞如來觀察阿羅漢的解脫時，菩薩會說阿羅漢與生空眞如相應了，但卻又說阿羅漢們沒有證得生空眞如。只要明心就夠了，還不必成爲阿羅漢，菩薩就能觀察生空眞如、法空眞如。因爲現前看到如來藏就是涅槃本際，眞實而如如的涅槃其實就是依如來藏而施設的，所以涅槃就是生空眞如；但是若離如來藏就沒有涅槃可說，不論二乘涅槃或大乘涅槃都一樣。所以眞實法還是要證眞如，不證眞如就不能稱爲眞實法；二乘聖者雖能出三界，所證仍然非眞實法，因爲他們所觀行的對象是蘊處界的緣起性空，而蘊處界都是虛妄法。

接著說，眾生都是由三毒與六賊，來惑亂自己的身心，使色身與覺知心及意根都被迷惑；迷惑了以後就有不正當的種種行爲出現，由此緣故就沉沒生死，輪迴六趣，受種種的苦惱。受種種的苦惱，其實都是從各種「得」而來的。世間人都沒有注意到一個現象，所以他們都是高興太早了；譬如說結婚，娶得一房好媳婦，他的父母很高興，因爲這媳婦是他們老倆口相中的；兒子娶了這個妻子也很高興，因爲是：「**父母爲我找來這個妻子長得眞美，而且又有氣質。**」可是他們都不知道說，正因爲娶了這個好媳婦，就種下了將來更大的生離死別痛苦。正是如此啊！但都沒有人想到這個「得」會帶來將來的痛苦。娶媳婦的時候大事張揚，張燈結綵大宴賓客。可是他們沒想到這個「得」——得到這個好媳婦，把好媳婦一娶進門來，就已種下未來生離死別的痛苦，那個苦因已經種下去了。

所以，你們幾位師父有智慧，事先把未來生離死別的痛苦給隔離了。對啊！本來就應該如此。可是我也體諒你們在家二眾，因爲很多人其實是父母之命不可違，所以被逼著就結婚了。那也沒關係，既然婚已經結了，孩子也生了，慶祝也慶祝過了，那也沒關係，我們現在先把這個道理弄清楚，攝受眷屬迴向菩薩道好好修行。從事相上先來說，我們還沒有投胎以前並沒有這一對父母；五陰的「我」本來也是不存在的，這一對父母則是「我」分外多得的，所以他們走了「我」就不必悲傷。這樣有沒有道理？有道理啊！那麼，如果再來設想其他的眷屬，譬如說「我」這個先生：「我」本來是不存在的，後來才出生了；又因爲「我」跟「他」結婚了，所以「我」才有這個先生，本來是沒有的，所以這先生也算是多出來的。既然本無今有，是多出來的，只要義務盡到了就行了；他如果萬一意外死亡，掉一兩滴淚就夠了，不要太多。對子女也是一樣啊！這樣思惟的結果，對親屬都可以看得開了，那麼對世間錢財也就同樣看開了，不用斤斤計較，因爲那些錢財本來「我」也沒有。

這個是說，如果還沒有證悟以前，以這樣的因緣所生法來看待時，不也是可以獲得一分世間的解脫嗎？這是解脫於「我所」。解脫於我所之後再來看自我，說：「我這一世的自我，除了這個意根帶著如來藏從前世來，其他的五陰自我都是這一世才得到的；包括我能夠思惟的這個覺知心，也是這一世才得的，是由作主的意根自我來得到這個能思惟的覺知心自我。」所以，如果任務已經完成了，可以走人了，那就跟大家 say goodbye，然後就安祥地走了，不必在那邊用手一直拉著放不掉，並不需要這樣嘛！這就是說，斷了我見以後，有斷我見的功德受用，那就不必受諸苦惱了。如果證得如來藏以後，那就更清楚了：「我是從沒有自我、沒有我所的如來藏心中出生的，我的如來藏又沒有『我』這個自覺，祂不了知自我也不執著自我。祂那麼寵愛我，可是祂對我其實也不執著；當我該死亡時，祂就讓我死亡，祂並不因爲寵愛我就多讓我活個五十年，只因爲我有億萬家財還沒有花光。」祂才不管你，你這樣現觀而思惟以後全都想通了，以後根本不必在那邊耗費多餘的心思，那麼對自我的貪愛不是可以比二乘人更容易斷嗎？只要你有深觀，當你證眞如以後深入觀行，你所講出來的言語記錄下來其實就是《般若經》。佛陀就是從自心現量來說的，自心現量是什麼呢？是證得如來藏而現觀眞如；佛陀依據自心現量而說出來，被弟子們記錄下來時就成爲《般若經》。

所以，若是懂得這一些法，比如說，從世俗法的事相來觀無所得——從二乘菩提來觀無所得，也從實相法界來觀無所得，就是從如來藏這個大乘菩提來觀無所得，你就可以不再迷己逐物，對五陰自己的虛妄也清楚了，自己所擁有的外法更是虛妄，那麼當你捨報的時候，十方諸佛淨土隨著你挑，每一個淨土世界的每一尊佛都歡迎你；只要你發願往生，就會有佛來接引你往生過去。你如果不想生在諸佛淨土，你說：「**我還是繼續在這裡，娑婆世界的人太可憐，都被一些邪見所轉，我要救護他們的法身慧命。**」你就可以留在這裡，也沒有人能管你，你到中陰境界的時候看一看說：「**這裡有幾對父母是我可以往生過去的啊！可是那一對應該最適合我。**」那你就去往生入胎，你不必害怕說：「**我去到那邊，人家先有一個中陰身在那邊等待入胎了。**」你都不必怕，因爲他就得要讓你。這時候你別客氣，因爲你取得這一對父母作因緣，下一世可以用來利樂更多的人；而他入胎取得這一對父母，他自己本身也沒什麼福報，也利益不了那一對父母；但你能利益他們，那你幹嘛客氣呢？所以客氣要看時候，一味的客氣就叫作鄉愿；因為你如果投胎到另一對父母那裡去，你下一世能夠發揮的空間就少多了，能利益有情的機會就不多了，所以這時你當然就不必客氣了。

你們有年歲的人聽清楚了？事實上是這樣。那時也不用你去排除，因為到時候護法神就會幫你排除了，都不用你動口。這就是說，你有般若實相智慧的威德，不是定性聲聞聖者所有，這個實相般若的威德就伴隨了很大的福德。想想看，十方諸佛世界都由著你挑；如果你想要去某一個都沒有人聽過的佛世界，你就從經中去挑；把《千佛名經》請出來選定某一尊，就發願說：「**我要去那一尊佛的世界。**」雖然你不知道那裡是什麼狀況，因為　佛陀沒有詳細講過，但你還是可以去，只要你發了願。因為像你這樣明心以後又很有菩薩性的人，每一個佛世界都歡迎；有這樣的人往生過去，對於弘法有很大的作用。這就是我很重視明心者的原因，假使哪一個明心者走了，我這個心臟就會跳一下：「**啊！好難過。**」只是不能表現出來。這是因為人間正法又少了一分力量，而這是很重要的。

你如果看清楚輪迴六趣的種種苦惱，斷了我執，你是可以離開三界的；但是你仍然願意繼續來人間受生受苦，是因爲人間還有很多人等著你——雖然他們因爲胎昧而不知道自己是在等你。當你在人間一世又一世這樣修菩薩道過來，這樣多少劫以來，你有多少的眷屬？這些眷屬是應該要由你去利益他們的，因爲這些眷屬與別人緣少，他們跟你有較深的緣，你就得幫助他們，這就是你當菩薩的人應該盡的本分。而你幫助了這些眷屬以後，不要開口說：「**你因爲過去世是我兒子，所以我幫你。幫了你以後，你這一世可要好好孝順我。**」不許這樣子開口，因爲他這一世已是別人的兒子，不是你的兒子。但是過去世的那分情誼還在，所以你得要幫忙他；因爲他過去世孝順過你，難道這一段情，你可以把它撂掉嗎？當然不行。如果你把這一分情給丟了，那你就是無情，就不是菩薩。如果度了過去世的一位老父親，你也不需要跟他說明：「**因爲過去世你走的時候留了一大筆財產給我，讓我方便行菩薩道，所以我這一世要幫忙你開悟。**」你也不用講這種話，因爲你往世當他的兒子，承接他的遺產，也是理所當然，也是那一世應該有的福報嘛！世間法的因果就是如此。

所以這就是說，你發願再來人間時，不是爲了貪著自我或者貪著我所。能夠這樣的話，受諸苦惱時也就沒有苦惱了。你如果能夠這樣，你就有資格講一句話：「**歡喜作，甘願受。**」如果你沒有辦法這樣現觀，口中講得多麼大聲說：「**歡喜作，甘願受。**」其實沒有眞的歡喜作，也沒有眞的甘願受，因爲逆境來時心中就起瞋了。可是，你如果有這樣現觀的智慧，逆境來了你也覺得理所當然，你還是繼續往前進，繼續完成你利樂眾生的大願，都不會終止，這樣才眞的叫作「**歡喜作，甘願受**」，因爲是現觀以後從至誠心中發起的。

那麼，這意思就是說，三毒的破除很困難。而我爲什麼要選這一段菩薩的論來說？這是在告訴大家「**一切法平等性觀自在智印實相般若波羅蜜法門**」，它的內涵之實證，要由「**觀自在**」開始，才能如實照見「**一切法平等性**」，才能獲得「**觀自在智印實相般若波羅蜜法門**」。「**觀自在**」是觀察自己本來就在，不是觀察自己是所生的。在人間每一個人都是被生的，所以有一句話說得很好：「**哪個人沒有父母？**」差別只在於有沒有離異而已。有的人父母雙亡，當他才一出生，父母就跟著走了。出生以後，有的人別父，有的人別母，都是少小就離別了，各不相同。有的人卻與他不一樣，是父母雙雙健在，一直到壽考。這差別在哪裡？差別只在於與父母緣深或緣淺。可是，既然獲得這個五陰的人身，沒有誰是沒有父母的，所以五陰的自己都是所生法；因爲五陰的自己是所生法，無明所障，才要學解脫道、才要學佛法，否則學解脫道爲了要滅掉自己而入無餘涅槃，那又何苦來哉？學佛法是要否定自己而不是把握自己，否定了以後還要每一世再去入胎重新出生一個自己，累劫累世行菩薩道，眞辛苦欸！可是，爲什麼你願意一世又一世這樣去行菩薩道，竟然始終沒有怨言？全都是因爲「**觀自在**」。自己五陰是假的，可是卻有另外一個眞實自己—《金剛經》如來藏—與五陰同時同處存在著；你去觀察祂是自己本來就在，能夠這樣「**觀自在**」時就有智慧的實相印，可以用來印定世間、出世間、世出世間等一切法的平等性。有這個實相印的時候，你就有了實相般若；有了這個實相般若，你就能夠波羅蜜——能夠到達離生離死的解脫彼岸；否則一天到晚講到達解脫彼岸，都是自欺欺人之談。

那麼話說回來，爲什麼那麼多人自稱開悟以後，結果竟然是悟錯了，竟然證不到如來藏而無法「**觀自在**」？爲什麼那麼多人非常虔誠的求法，並且大力捐輸錢財，竟仍然無法證眞如而無法「**觀自在**」？你們看以前不是有一個電子公司老闆，到慈濟功德會去，一捐就是二十七億元台幣，在台灣算是創記錄了；問題是，他捐了大錢以後有沒有證得菩提呢？（眾答：沒有。）有！證得清涼菩提、環保菩提、醫療菩提，怎麼沒有呢？問題只是，它們並不是佛法中說的菩提。佛法中說的菩提—覺悟—只有三乘差別，但沒有他們的醫療菩提等世俗菩提。這表示什麼？表示說，對於佛法的認識太膚淺，所以他信受而去捐款時並沒有能力判別說：**這是錯誤的菩提，錯在哪裡？這種菩提也錯誤，又錯在哪裡**？假使他在最後終於找到一個正確的佛菩提道，但他依舊沒有能力去判別時，那個沒有能力判別的原因，就是因爲普賢十大願王所產生的廣結善緣還結得不夠。因爲還結得不夠，所以沒有人會去告訴他說：「**有個正覺同修會的法如何如何，是可以實證三乘菩提的。**」假使所結的是惡法緣，就會有很多人告訴他說：「**正覺同修會的第八識如來藏法義是外道法，因爲他們的法都跟人家不一樣。**」所以，問題都出在往世沒有與正法及修學正法的菩薩們廣結善緣。

所以首先在凡夫位要廣結善緣。廣結了善緣才終於有機會可以遇到正法，然後才能夠在善法中斷除我見，不會一直落在五陰中。一定要能夠了知五陰的虛妄，才有能力判別什麼是正法。知道什麼是正法，也去求證而實證了，就能夠現前觀察：**「果然五陰自我都是虛妄的，都是所生法，然而卻還有另外一個以前所不知道的眞實自我存在，這一個自我沒有五蘊我的我性，而祂是眞實的、常住的、如如的。」**能夠這樣去觀察：**「我自己有這樣一個本來就在的心，如今親證了，我就有資格稱爲觀自在菩薩。」**可是仍然沒資格稱爲「觀世音」菩薩，因爲還沒有能力觀察一切眾生心而給予救助，但是已經可以稱爲觀自在菩薩了。這時候《心經》可以把它忘了，不必再死背了；雖然人家叫你背誦時，你眞的背不出來；可是不管人家提出《心經》裡的哪一句話，你都能如實解釋，因爲祂在你心中。這個時候沒有輪迴於六趣了，但是又無妨同時輪迴於六趣；常受生於六趣之中受諸苦惱的時候而沒有苦惱可受，所以非有苦惱、非無苦惱，是名中道。通不通？通嘛！這才是眞正的觀自在菩薩。所以，我見不斷的人就無法實證般若，斷我見是證般若的前提；不能斷我見的人，參禪時找來找去，始終都落在五陰裡面；有人把色蘊當作眞我如來藏，有人把受想行蘊當作如來藏，甚至有人落在識蘊裡面說他證得如來藏。當你能夠這樣子觀察自己與眾生，你就是觀自在菩薩了。

可是，這個實相依宗門裡的理說爲大家說明過以後，宗門裡面在理上又曾經怎麼說？因爲宗門的事說，大部分都屬於蘊處界中的法、屬於三界中法，我們再從理上來看看吧！《景德傳燈錄》卷五：【一日，師（惠能大師）謂眾曰：「諸善知識！汝等各各淨心，聽吾說法：汝等諸人自心是佛，更莫狐疑。外無一物而得建立，皆是本心生萬種法。故經云：『心生，種種法生；心滅，種種法滅。』若欲成就種智，須達一相三昧、一行三昧。若於一切處而不住相，彼相中不生憎愛、亦無取捨，不念利益、成壞等事，安閑恬靜、虛融澹泊，此名一相三昧。若於一切處，行住坐臥純一直心，不動道場眞成淨土，名一行三昧。若人具二三昧，如地有種，能含藏長養，成就其實；一相一行亦復如是，我今說法猶如時雨、溥潤大地，汝等佛性譬諸種子，遇茲霑洽悉得發生；承吾旨者決獲菩提，依吾行者定證妙果。」先天元年，告諸徒眾曰：「吾忝受忍大師衣法，今爲汝等說法，不付其衣；蓋汝等信根淳熟，決定不疑，堪任大事。聽吾偈曰：心地含諸種，普雨悉皆生；頓悟華情已，菩提果自成。」師說偈已，復曰：「其法無二，其心亦然；其道清淨，亦無諸相。

汝等慎勿觀淨及空其心，此心本淨，無可取捨。各自努力，隨緣好去。」】

聽完六祖這些話覺得有一點傷感，但這也是人之常情。如果菩薩在這個時候不會感到傷感，那就不叫菩薩了，因爲他是無情。凡是有情都是如此，但是不妨礙於他的解脫，也不妨礙於他的智慧。六祖大師有一天向大眾開示說：「**諸位善知識！**」他很客氣，對大家的稱呼都很客氣；可是他說法的時候都是如實說，該怎麼說，他就不客氣地說。可是，那個不客氣並不是不客氣，而是因爲本來就是如此，他只是如實的表達而已。在末法時代，你如果如實表達，人家都會說你傲慢。就是這樣啊！可是，其實六祖心中並沒有傲慢，咱們就來看看他怎麼說：「**諸位善知識啊！你們大家每一個人各自都要把心清淨下來，聽我說法。**」哪一天我如果也這樣講，傳出去了以後人家會說：「**你看，蕭平實這麼傲慢，叫人家淨下心來要聽他說法。**」其實不是，這是好意，無關慢或者不慢。如果心不清淨，被世俗煩惱所纏，聽六祖說法時就聽不進心中去了。

六祖說：「**你們每一個人其實自心就是佛，千萬不要再像狐狸那樣猶疑不信了。在這個心之外，沒有一切法、沒有任何一個物質可以建立。都是由**

於有這個本心，所以出生了萬種法。」也許有人覺得六祖說這話未免誇大，其實完全不誇大，這是如實說。如同剛剛所說的，因爲有這個本心，配合著貪瞋癡三毒等無明，然後才能夠有這個色身；自己如此，一切有情亦復如是，這是不可改變的共相。由於貪瞋癡三毒的或多與或少，所以產生了欲界、色界、無色界的世間。這世間的聚集與形成就是由三界有情而來，請問：有哪一個物質不是從本心生出來的？宇宙萬有的出生與壞滅，然後又出生而壞滅，全都是因爲眾生因果報應流轉的需要而有；當眾生離開欲界貪愛時，就會出生色界境界，讓離欲的眾生往生去居住，那就稱爲色界天；當眾生遠離色界境界的執著時，就由他們的本心如來藏出生了無色界的受想行識四陰，於是有了無色界的境界，所以有了無色天。因爲眾生離了欲界的種種貪，可是還有瞋與癡，所以這些眾生需要色界的境界，那麼色界的宮殿等等一切就從這些眾生的本心感應而生出來，這些眾生的本心蘊藏的種子就感應出生了色界天的各種境界。

所以天人是不開車的，我們這裡說要開車多久才能到達某地，好辛苦。但天人們不開車，他們只要起一個念要到哪裡去，他的宮殿就飛到哪裡去，比你開車爽快多了。開車很辛苦，還要注意路況，不要撞到人，也不要被人家撞到；可是色界天人們不怕宮殿撞著了，想要到哪裡就到哪哩，宮殿就是他們的交通工具，也是他們的住家，有一點像住在旅行車裡的旅行者。眞正的旅行車是裡面廚浴等設備全都有，而那宮殿就是色界天人們的旅行車，如果不想去哪裡，宮殿就安住不動。這不就證明了說，色界一切物都從本心來嗎？因爲那些天人也並沒有起心動念說：「我要造一個宮殿，我自己來住。」都沒有啊！他們的本心就幫他們造好，他們在人間捨報以後就直接生到那裡去住。

色界如此，欲界的山河大地，且不說欲界天，光說人間的山河大地，其實也是這麼來的。上帝號稱說他創造了世界，等上帝哪一天來了，你問他：「你的世界怎麼創造的？請你告訴我，你創造了哪一個世界？你指給我看。」他如果說：「這個世界就是我創造的。」你就告訴他：「你爲什麼說你創造的世界是平面的？爲什麼以前伽利略說這個世界是圓球形，你的那些信徒們竟然要把他殺掉？因爲你《聖經》裡面說是平面的，可是這個世界是圓球形，顯然這世界不是你創造的。」不叫他面紅耳赤才怪！沒有誰能創造世界，是如來藏能創造世界。如來藏創造了這個山河大地，是因爲這一些共業有情的因緣果報需要這個世界來實現，所以共業有情的如來藏中的種子共同成就了這個世界，並不是由誰創造的，實際上沒有誰有能力來創造世界。請問，這樣是不是六祖說的「外無一物而得建立」？眞的是全部由這個本心而建立的。共業有情的本心，共同建立了這個山河大地世界，然後就會有種種萬物出生，有情的色身就有了所依。有了所依的山河大地，就會有五陰世間及相應的種種萬法生起；於是有情們就可以繼續繁衍，繼續造作更多的無明業而出生更多的無明有情。這就是法界中的眞相，講起來很可憐，是不是？很可笑呵？但是，法界中的眞相確實是如此。可見說，六祖對這一些是看得很透徹的。

六祖又說：「因爲這個緣故，所以經中說：『心如果動了起來，』心生，就是心動了起來；『心如果動了起來，種種法就出生了；心的行爲如果滅了、不動轉了，種種法也就滅了。』所以，阿羅漢把我執斷盡了以後，他的如來藏裡面的我執種子不再現行了；雖然還有習氣種子，可是習氣種子不障礙分段生死的解脫；所以他的我執種子不現行時，就表示這個心念—也就是心的我執功能差別—已經消滅了，這個心在這上面是不動轉了。既然不動轉了，就不會有種種法出生。

禪宗的六祖惠能大師又說：「如果想要成就一切種智、想要成佛，就必須要通達一相三昧和一行三昧。」一相三昧是屬於悟後事修，一行三昧是屬於理悟上的現觀。他接著從悟後的事相上說：「如果在一切處中都不住於五蘊相、十八界相、人我相中，那麼在一切相裡面都不生起厭惡或者貪愛，也都沒有再去作取捨了，也不去思念利益或者成壞等等事相，始終讓自己保持於安閑恬靜的狀態中，把一切都看虛了，把諸法給融合了，心自然而然澹泊了，不再尋名逐利了，這就叫作一相三昧。」也就是說，蘊處界是有相法，把自己覺知心六識和作主的意根住在這樣的境界相中，不再於有相法上面去用心：「安閑恬靜、虛融澹泊」，這就是七轉識的自己悟後該住的心境。

可是，事相上如此去作，在自己所見的理上是怎麼見的？那就說：「在一切處裡面行住坐臥，純粹都是唯一的直心。」這就是悟後在實際理地上，要看到自己的實相心如來藏：在一切處都是祂，無一處而非是祂。這個時候，這樣去觀察，從外事相的一切處、內事相的十二處來觀察，都是這一個純一不變的直心。實相心如來藏最直，從來沒有人比祂直。你說東，祂就東；你說一，祂就一，祂永遠不會跟你打對台，永遠不跟你抬槓，永遠沒有自己底意願。也許有人想說：「**那最好，那我就天天耍祂。**」可以啊！你就盡量耍祂，沒問題，祂都不會計較。可是幾十年以後等祂開始計較時，你就倒楣了！因爲你一直在耍祂，沒有在法上精進用功，到時候，也就是即將轉入下一輩子，你想要獲得上妙身時就得不到了，那時可就由祂來決定了，那時候不是由你來決定了。所以，悟了歸悟了，對祂還是客氣點好、謙虛點好。

六祖又說：「**這樣子觀察到一切處都是祂，純一直心絕不改變。你就知道說，這就是佛法中說的不動道場。**」所有道場都有動，有哪個道場不動的？可是這個道場絕對不動，祂從來沒有生住異滅，怎麼會有動？除此以外，一切道場都在動。而且，這個第八識實相心才是眞正的道場，因爲一切人若是眞修實證佛法時，全都以祂作爲實證之標的，所以祂才是眞道場。「**這一個不動道場是永遠的不動，那你當然就知道說，原來眞正的淨土就是指這個。**」不管誰發了願念佛，希望往生到某一個佛世界去；可是眞的往生去到那邊，那個佛世界稱爲淨土，卻不是究竟的淨土，因爲去到那裡以後，那邊的佛會說：「這個淨土並不究竟，你得要求悟而證得實報莊嚴土，這才是究竟法。當你證得自己的實報莊嚴土，你將來才能夠成就佛地的常寂光淨土。」結果去到那邊悟了以後，原來實報莊嚴土就是這個「純一直心」的「不動道場」。才終於知道說：原來諸佛淨土都是方便施設，讓大家有一個安單之處，目的還是要大家去證這個實相第八識眞心，也就是唯心淨土；悟後住於這樣的境界中而能夠入地，那就是實報莊嚴土。

所以《觀經》講的上品三生的上輩人，他們出生到極樂世界以後住在哪裡？住在實報莊嚴土中——極樂世界的實報莊嚴土。可是那個實報莊嚴土，跟極樂世界的方便有餘土、凡聖同居土，是不是有圍牆隔開？都沒有欸！其實是混合在一起欸！二乘聲聞種性的凡夫們，生到極樂世界時是中品出生，中品往生的三輩人所學的就是阿羅漢、緣覺法的二乘菩提；成爲阿羅漢以後，他住的境界就叫作方便有餘土。可是極樂世界還是有許多凡夫，因爲那些人是很多劫以前就往生過去的，現在才終於花開，從蓮花中出來以後還是繼續當凡夫。這一些凡夫修行以後成就最高的人是初地菩薩，不會超過初地；因爲成就最高的人是初地，所以這一些人所住的境界就叫作凡聖同居土；所以極樂世界也有凡聖同居土，就是下品生人所住的地方。那麼上品生人呢？比如說，你如果在這裡證得實相心如來藏了，往生到那邊去，才一見佛聞法就立刻獲得無生法忍；那你已經出生法身慧命了，所住的地方就叫作實報莊嚴土。可是實報莊嚴土的菩薩們，跟凡聖同居土的菩薩們，以及方便有餘土的阿羅漢們，是住在同一個極樂世界中，並沒有分開，只是一個人的自心現量差別不同而說他們各自住於三種淨土中的某一種淨土。

那麼請問：這上品、中品、下品等三品九輩人所住的淨土是不是依唯心淨土來區分？還是嘛！所以歸結到最後，還是住在自己的自心如來境界中，這才是眞正的不動道場。六祖就是看清了這一點，所以他才會說：「**心直了就是極樂。**」不必一定往生西方，因爲往生西方以後還是這個唯心淨土的境界；同樣是這個唯心淨土，你只要心直了，在這裡就是極樂世界了。哪一個心直了？沒有哪一個心可以直，只有這個純一直心永遠是直；而祂卻是本來就直，不直的覺知心就轉依這個本來就直、現在及以後也永遠是直的第八識直心，繼續進修佛法直到成佛，這才是眞正的佛法。這樣子現觀，事相上你該怎麼安住，然後你的智慧所見是如何，你就依這樣的智慧來安住其心，這就具足了六祖說的一相以及一行三昧了。

以前南洋有一個一行禪師來到台灣弘法，可惜我沒有因緣遇見他，不然我就會問他說：「**大禪師！您上下如何稱呼？**」「**一行。**」我就問：「**如何是一行？**」要看他怎麼答了，他可就難答了，因爲他不論怎麼答，我都得給他一棒。他如果要告就告去，等他挨了棒，每天擦藥、擦藥、擦藥，擦到終於好了，又來問：「**如何是一行？**」我就告訴他：「**一行！**」這就是說，什麼是一行？確實不容易證，很困難的。因爲所謂現代的南洋阿羅漢，連我見都沒斷，何況能知大乘法中這個一行、一相三昧。而諸位有緣，實該慶幸，明早起床了，泡一壺好茶，何妨乾一杯。

接著，六祖說：「**如果有人具足了這兩種三昧，就好像土地裡面有了種子，如果再懂得把它含藏、把它長養的話；**」含藏就是不讓這些好種子流失，長養就是把它澆水、施肥等等；「**若是能夠含藏它、長養它，就可以成就它的果實。**」最後成就果實，就是成佛了。那麼，這樣依照六祖的說法，諸位你們現在是什麼階段？是苗長了還是散枝開葉？還是開了花？還是結了果？那得要自己衡量一下了。如果現在才剛剛長了苗，要趕快努力，得要繼續把它長養。長養了以後，散枝開葉了，花在哪裡呢？沒有花就不美，總要開一些花嘛！正知正見以及功夫配合你消除性障等等，這就是你的修道的資糧，這叫作枝與葉。枝葉有了，繼續長養照顧，當然就開花了。開花了，那就像鈴木大拙講的說：「**突然看見花開了。**」其實他不懂花開了，花開了是指什麼？看到如來藏時就是花開了，這個時候最美。當你們找到如來藏的時候，我的體驗眞的很深刻；每一次禪三，不管是誰，我看見時都沒什麼喜歡的心情，不管誰都一樣；可是一旦悟了，我看了都很喜歡，不管是誰都一樣；因爲他滿臉春風，這不是開花了嗎？本來看著就覺得：這個人怎麼生得一副苦瓜臉？我不喜歡。可是他一旦找到實相心了，整個烏雲都散開了，那表情好美欸！不論男眾或女眾，都同樣很美，這不就是開花了嗎？這才是眞的開花——心花朵朵開。鈴木大拙懂得什麼開花呢？他完全不懂啦！

開花了，接著就是要慢慢一步一步去怎麼樣把它授粉、結果。開花以後授粉，什麼叫授粉？就是繼續進修，去弄清楚如何現觀，弄清楚如何進道，弄清楚成佛之道的進修次第與內容，這就是授粉。授粉完成了，就進入初地了。那就是說，已經有一個小小的果實成就的因，這個因幾乎看不見，但畢竟是有了，初地就只是這樣而已；小小的一個因，就只是將來結果的因，若不是很小心，還看不見；因爲它還帶著花瓣，只是授粉完成而已。然後要維護它，慢慢讓它長大；要長多久？兩大阿僧祇劫。所以不管修到哪一個層次，都沒有值得自傲的地方。應該說菩薩所有的就只是悲心，但是如實說法的時候，根淺的人卻會說他這個人講話好誇口。其實他不是誇口，因爲他很清楚知道自己距離佛地還有多麼遙遠；因爲是那麼遠，而從十信位到達開花的階段，只是一點點小成就而已。如果以一公尺遠來說是成佛之道的過程，那麼十信位完成的長度大概只能夠說，只是一公分裡面再分成十分之一，叫作一公釐，把這個一公釐再分成一百分之一，十信位大概就是一公釐的百分之一。那麼請問：還在十信位中的人，你能期待他說：「欸！**你趕快來正覺，這麼好的法，爲什麼不來學？**」因爲他還在十信位，距離六住滿心位還很遠，他得要再努力修行，修上這麼一小段（導師伸手比出不到一公分的長度說），再努力進修這麼一小段才終於進入正覺。進入正覺之後得要很努力，拼命地修學，幾年之中就要圓滿了六住位；然後終於去到禪三明心了，才說是花開了。可是雖然花開了，眞要說是走到初地，還有這麼遠喲！（這時導師伸手比出大約三十公分的長度說）這麼遠，跟這麼一點點（導師又比出不到一公分的長度說），你要怎麼比？你很難比較，對不對？因爲還很遠，所以開悟後要到初地都還很遙遠。

所以，其實六祖說的道理雖然會使有些慢心重的人聽起來不太舒服，但六祖並不是高傲，他只是直心講話而已。不像有些大師說法時喜歡僞裝，裝得好像很謙虛、很客氣、很委婉的樣子，卻是處處在暗示自己已經入地或成佛了。可是請問：謙虛、客氣與委婉是不是直心？以後遇到誰很謙虛、很客氣，你就說：「**你不直心。**」因爲事實是這樣，所以：所有鄉愿的人都不直心。我就是這麼講，可是我這不是罵人，我說的是實際的情況。因爲他們沒有轉依如來藏，眞正轉依如來藏的時候，由於如來藏從來不像大師們那樣作事彎來彎去，如來藏都是直來直往的，所以眞悟者講話或說法時也是直說不諱。可是大師們講話的時候，明明已經告訴人家說他們開悟了，竟然還要說：「**沒有啦！我不能說是開悟啦！我只是證得開悟境界而已，稍微懂一點般若而已啦！算不上開悟啦！**」還假裝謙虛。問題是，他們已經宣示自己開悟了啊！那麼他們宣稱開悟的人都還算不上開悟，是不是人家開悟的人都不算是開悟了？這個作法確實有問題啦！所以佛法中不許鄉愿，要如實；應該如何講就如何講，不需要在那邊拐彎抹角故作謙虛之狀，六祖當然也就直接說了。

那麼，六祖也是這樣直說的：「**只要有一行三昧、一相三昧，就譬如說，我如今為大家說法，說法的這個事情就像是及時雨。當大家需要這一場雨，我就降下法雨來，而我降下的這些法雨就溥潤了大地。**」這樣子直接為大眾說。他並沒有說：「**你們大家不許來聽，我只單單為幾個人講。**」他也不是這樣，凡是講經說法都是公開說的，這叫作降下及時的法雨來溥潤了大地。然後又說：「**你們大眾的成佛之性，**」他在這裡說的並不是講《大般涅槃經》中世尊說的眼見佛性那個佛性，而是講如來藏所具有的能夠使人修行成佛之性：「**就好像種子一樣，遇到我所降下的這一些法雨，接觸了，然後霑洽；**」霑洽，就是已經被水浸透了；然後「**悉得發生**」，就可以發動生機而生長出根芽來。「**承受我所說的這一些法旨的人，一定可以得到菩提；依照我惠能所說的來實行的人，一定可以證得勝妙的果位。**」

好了，如果哪一天我也這樣講，那整理成文字印出去，那些「我慢」的凡夫大師們不是又要罵翻了：「**你看，這蕭平實多麼狂妄啊！竟然說承接了**

他的法旨就可以得到菩提，眞狂妄欸！還說依照他的話去作，就可以證得妙果，天下再也沒有比他更狂妄的人了。」一定會罵翻了！可是我如果有一天也這樣講，其實也是說實語，並沒有絲毫誑語，因爲這是眞實的、如實的。所以以前罵我狂的人很多，現在比較少了，爲什麼少了呢？因爲他們挑了我十幾年的毛病，依舊挑不出我所說各種法義的毛病。「而如來藏又沒有別人能證，就只有他們蕭家班才能證。」（大眾笑…）因爲他們網路上都這樣罵：蕭家班、蕭家班。不知這兩年他們密宗還有沒有這樣罵？還有啊？喔！看來蕭家班還眞的有名，歷久不衰。不過，我們有沒有妄語？並沒有啊！因爲這是眞實的，並且是可以再三地重複去檢驗。

假使有人宣稱開悟了，而他的徒弟們根性也不錯，結果一直到他死爲止，都只有他一個人能開悟，那就有問題了。所以眞悟者座下如果沒有人悟，那一定是他的徒弟有問題，使他不肯把所悟的妙法傳給徒弟們。因爲眞悟的人都不會吝法而不肯傳下去，至少會傳個幾個徒弟。可是爲什麼沒有傳下來？那當然是認爲徒弟們有問題，才會傳不下來；因爲他每天看著、看著，竟沒有一個是可傳妙法的根器，萬一勉強傳了給徒弟，徒弟不把他推翻掉才怪，所以就只好又把妙法帶走了。廣欽老和尚不就是如此嗎？但如果是悟錯了，當然也是無法把妙法傳下去的。如果是眞悟，徒弟們之中也有幾個人心性不錯，就一定會有人得法而把正法繼續住持下去，當然是「**我今說法猶如時雨、溥潤大地，**」自然也是「**汝等佛性譬諸種子，遇茲霑洽悉得發生；承吾旨者決獲菩提，依吾行者定證妙果。**」六祖也就是這樣子講如實語，所以他的開示一點都不誇大。因爲我們知道他沒有誇大，知道他講的正是事實。

那麼，到了先天元年，六祖告訴徒眾們說：「**我算是不才，承受了弘忍大師的衣鉢和妙法，如今我爲你們大眾說法，不再把祖衣和佛鉢傳遞下去了；因爲你們大家的信根淳熟，都能夠心得決定而不懷疑，堪受委任而能夠把佛陀降生人間的大事加以承擔及弘傳。**」他當時說的也是事實，因爲中土初祖的達摩大師早就交代了：六代以後就不傳衣鉢。傳衣鉢是因爲禪宗還沒有廣弘，大眾不信，所以要有衣鉢作爲信物，說這是佛鉢祖衣。可是到了六祖的時候就可以開始廣弘，就不必要再傳下衣鉢作爲信物了。所以五祖就交代他這個衣鉢：「**衣爲爭端，止汝勿傳。**」到你這一代停止，不要再傳衣鉢來徵信了。所以，從六祖惠能大師開始，禪宗算是一花開五葉；禪宗這一朵花到這時已經有五個花瓣了，這是禪宗分爲五派的由來，叫作一花開五葉。

六祖最後講了一首偈說：「**心地含諸種，**」心也就是指如來藏，「**祂的境界中是含藏了各類的種子，只要遇到了雨，**」只要有雨，不管什麼時候下雨，只要是下雨，大雨小雨都好，只要下了雨，「**就可以生長。**」意思就是說，不論是誰，不分尊卑貴賤，不分男女老少，每一個人都有這樣一個本來就存在的「心地」，而這個「心地」是含藏著各類種子的；只要遇到了法雨來滋潤，不管這一場法雨是大是小，將來都會生長。請問：法雨有沒有大小？有沒有？若眞要說有，這大小也是因人而異。對諸位來講，我下的法雨不大不小，剛剛好。可是，如果是那一些落在六識論裡面熏習了幾十年的人，哪一天被你強拉著來到正覺講堂聽法，我這一場大雨可能就會把他給淹死了，不曉得要漂流到哪裡去了。也就是說，他將來菩提芽生長的時間還要等很久，因爲流很遠去了；我說的眞如妙法對他而言，確實就是大雨，因爲他還沒有長出深根，就會被大法雨流走。而你們不會，你們坐在這裡就被法雨滋潤而生長起來了。他們會被我的法雨流走，要流到很遠處去；當這場法雨漸漸地下得小了，水位比較低了，最後終於沒有流水而消失了，他才終於在泥巴裡面留住，那就流去很遠了，才能在很遠的溼地裡定住而開始生長；所以我的一場法雨對他們來講，也就太大了。

六祖又說：「**頓悟華情已，菩提果自成。**」這一朵心華頓悟了以後，能夠了知祂的情境；祂的情況與境界你已經瞭解了，「**菩提果自然會漸漸成就了。**」那就是說，你已經進入菩薩僧中了，成爲菩薩僧裡面的一分子了，不再外於菩薩僧了。六祖大師說完了這首偈以後，又說：「**我說的這一個法並沒有二法。**」換句話說，大乘法的證悟只有一個標的，沒有兩個、三個、五個、八個；所有的法門你都可以學，學到最後實證時就是要證悟，證悟就是入門；可是進得內門來，同樣是這一個東西，沒有第二個東西。「**其法無二，其心亦然**」，當然就表示說，這個「直心」不可能有第二種，永遠都只有一種，就是第八識眞如心。

所以，假使某甲大師悟的是某一個心，某乙大師悟的是另一種心，那就表示這兩個大師之間一定會有兩個狀況：第一個狀況就是其中一個人悟對了，另一人悟錯了。第二個狀況就是兩個人全都悟錯了，只是各自落入意識的不同境界中。可是，如果同樣是眞悟的人之中，他們會互相心知肚明：你是悟得這個心，我也是悟得這個心。這兩個人在大眾中講話時，一般人都聽不懂，就說他們講話都高來高去。爲什麼高來高去？因爲兩人都是用家裡人的話在交談，別人都聽不懂。所以兩個證悟的禪師在一起喝茶講話時，雖然他們交談時很大聲，震耳如雷；可是旁侍—在旁邊奉侍的人—都無所聞、都聽不見。並不是沒有聽見聲音，而是因爲聽不懂他們在講什麼，原因就在這裡。

所以說，所悟的心永遠都是只有同一種心——第八識如來藏，不可能說：「**你悟的跟我不一樣，各人悟各人的。**」佛法中永遠沒這回事啦！兩個人的所悟如果不同，一定要弄清楚誰對誰錯，或者兩個人都錯，或者一對一錯。這是不可避免的，一定是如此。不可以說：「**大家隨緣啦！你悟你的，我悟我的。**」只有鄉愿而想要和稀泥的人，才會這樣主張啦！那眞的叫作鄉愿啦！所以你若是知道對方悟錯了，就有義務要講出來，幫助他瞭解是悟錯了，然後他就懂得要在死前滅除大妄語業。這種攸關死後下墮三惡道的嚴重事情，絕對不可以隨口說：「**隨緣啦！**」如果你悟後還要對這種事情主張各人隨緣，那你就是沒有悲心；因爲他們犯下了大妄語業，你明明知道他們犯了，卻不肯救他們。如果你願意救他們，而他們不肯讓你救，那你就無愧於心、於心無咎；因爲是他們不肯讓你救，不是你不想救他們。可是，如果他們願意讓你救，而你不願意救他們，那你就有過失；對於正受菩薩戒的人而言，這也算是犯戒，因爲無悲啊！菩薩由大悲中生，結果你的心中無悲，明知道他們將來死後要下地獄，竟狠心說：「**就讓他們下去，讓他們去學一些教訓也好。**」那就是沒有慈悲心。沒有慈悲心的人，就沒有資格當菩薩，他的證悟就一定是有問題的，一定是悟錯了。明知道人家悟錯了，死後會下地獄，他竟然都不講話；這表示他的悟也是有問題的，否則一定會有悲心，一定會出面救護那些悟錯的大師們。

六祖接著說：「**其道清淨，亦無諸相。**」眞實的道絕對是清淨相，不會像離念靈知那樣，被人家罵一句，心裡面就生氣了，可是表面還裝模作樣說：「**你講得好啊！我都接受，你對我眞好，肯跟我直講。**」其實心裡面氣得要死，那就是離念靈知的特性。可是眞正的道—直心道場—從來都沒有這回事；祂連你講什麼都不聽，可是從來都是直來直往，毫不造作，因此說祂沒有諸相。可是，離念靈知一定會有諸相：「**老爸來了。**」趕快站起來，趕快去扶他。還是離念靈知啊！心裡面並沒有說：「我先看一下，來者是誰？」然後心裡面再生起文字說：「這個是我的老爸，應該過去扶他。」然後才站起來扶他。都沒有言語啊！一看見就立刻過去扶持了，依舊是離念的靈知，但是都分別清楚、了了分明啊！是有諸相啊！待會兒，兒子揹著書包回來，開口就罵：「你這個不肖子，今天又跟我考零分了吧！」你看，才剛一見了面，還沒有語言在心中出現時就準備要開口罵了，這也還是同一個離念靈知，還是有諸相，怎麼能說沒有諸相呢？可是直心道場一向沒有諸相，這才是眞實的清淨。六祖這樣交代，這是他走前特地作的交代。

然後六祖就吩咐說：「你們大家要謹愼，不要落在觀淨的狀況裡面，也不可想著要空掉自己的心。」爲什麼這樣交代呢？這表示在六祖的年代，北宗神秀一直都這樣弘揚的——要空掉一切思想煩惱而保持清楚明白。北宗神秀是武則天皇帝拜爲國師的大師，可是他所講的，都只是教人家要觀察能覺能知底自心，要讓自心清淨，不要讓自心染汙。這都叫作對治法。六祖就交代說：「愼勿觀淨，但也不要想把自己覺知心給空掉，百物不思、萬事不想。」不可以這樣。把覺知心空掉了，智慧要從哪裡生出來呢？得要有自己意識覺知心存在，來觀察法界中的實相，才能夠出生智慧。把自己覺知心給空掉了以後，就成為白癡一個。如果有人說離念時才叫作開悟，有念就是離開悟境，你就要教他說：「你這是白癡的開悟者。」也許他會跟你抗議：「你這個講法違背邏輯。」你就告訴他：「那你也違背邏輯。」對嘛！接著你就告訴他：「你違背邏輯，就不能責備我違背邏輯。因為你在那邊百物不思、萬事不想，就跟白癡一樣啊！什麼都不懂啊！並沒有智慧啊！你這樣若是可以叫作開悟，那我說你是白癡開悟者，道理也就成立了，因為都是同樣的道理。開悟了就應該是有智慧的，結果你開悟以後還是一念不生的愚癡狀態，所以你這個開悟的聖僧是愚癡的聖僧，我當然也可以講得通啊！因為你的邏輯跟我的邏輯是一樣的，我用你的邏輯來套用，你就不能說我錯；可是，白癡的開悟聖僧是我才能說的，你不許說；你如果說有開悟的白癡聖僧，我就說你錯，因為我的開悟跟你不一樣。」

所以六祖開示說：不要空其心，也不要觀淨。因為空其心的時候，能空所空是同一心；觀淨的時候，能淨與所淨、能觀與所觀，也都是同一個；那就不對了，那就是落在五陰自己之中，我見未斷啊！又是哪來的智慧呢？但如果是眞正的開悟，能悟的是覺知心的你自己，而你所悟的這個直心如來藏，祂是本來就清淨的，不是辛苦修行以後才清淨的。請問：那些大師們，他們講《六祖壇經》時是怎麼講的？他們是不是要說：「我們這個覺知心本來就清淨，因爲被染汙了，所以變染汙了。現在修行就是要把已被染污的覺知心，修除染污而回復清淨。」眞的如此嗎？覺知心是本來就清淨的嗎？無始劫以來覺知心沒有本來就清淨的，否則就不會輪迴生死無量劫了。

儒家所謂的人性本善或人性本惡，都是落於一邊。如果要從事相來講，人性是既善亦惡，因爲善人有時候造惡事，惡人有時候也造善事，兼有善惡二性。可是聖者所悟的第八識眞實心是從來就淨，祂自己的體性永遠不會被染汙，以前也不曾被染汙過，此心本淨。而且，這個心對於一切的六塵境界相、對山河大地等等，無可取捨，而你對祂一樣是無可取捨，你無法選擇說：我不要這個如來藏，我要另一個如來藏。你不能這樣選擇，因爲你是被祂生的，你怎麼能選擇祂？你離開了如來藏，你就死翹翹了；連命都沒了，你還能選擇、還想要離開祂？我勸你不要背叛祂啦！祂對你那麼忠實、那麼寵愛你，你竟然忘恩負義要背叛祂，若依世俗人的說法：祂當然得要叫你死了。

但祂永遠都不會要你死，所以不論是對你或者對萬物，祂都一樣沒有取捨。也許有一天你找到了如來藏，那時你說：「蕭老師！你這句話可能有問題呵！」哪有問題？也許你說：「有啊！因爲死後這如來藏就會捨你而去。」聽來好像有道理呵！因爲命根盡了，祂就捨你而去，那你就不再稱爲人了，就稱爲屍體。這樣看來祂好像有取捨，但其實沒有；祂就像在執行程式一樣，這個程式的年歲只有八十一年；好，八十一年滿足了就讓你走人，你想要多活一天還作不到呢！除非有特殊的狀況，否則時候到了一定要你走人，祂只是去執行而已。祂並沒有加以取捨，就是時間到了，令一個功能發動，咱們就捨身，就走人了。所以對祂而言，祂也無可取捨；你對祂，你也無可取捨。懂了這個道理，好啦！六祖說：「各自努力，隨緣好去。」

這個時候不要感傷，因爲菩薩道的行道過程中，本來就是一世又一世全都如此，這有什麼好感傷的呢？應該說：期待下一世再相見，暫時說再見。菩薩本來就如此，所以走的時候不必哭哭啼啼。哭哭啼啼的人，表示他落在五陰中看這一世。菩薩的看法不一樣，菩薩的看法是：這一世的這些人是我的俗家眷屬、我的法眷屬，可是下一世我的俗家眷屬、法眷屬也在等我，我不依照既定的時間去，他們不是要悶死了嗎？難道要他們繼續苦苦等著嗎？那你到底要怎麼取捨？所以你照那個時程去作就好了，因為未來世的眷屬也在等你，這就是菩薩的心境。

這意思就是說，在佛菩提道裡面想要入門——入門就稱為見道，一定要先把正知見建立起來。可是，建立正知見才是最困難的事，因為到了末法時代，邪師說法如恆河沙，這是 佛陀早就預記的。在猶如恆河沙數的邪師之中，你要去找到正法，是很困難的；不論是從書本上、從各大道場的消息上，或者你要從網路的資料上面去尋找，正法的訊息永遠都如同萬沙之中那一小顆水晶一樣，你很不容易找到。如果我們大家有悲心，該怎麼作？我們要想辦法把這一顆很小很小的混在細沙裡的小水晶，把它磨得可以發出、可以反射出各種光芒，人家看到一堆細沙裡有那一點特別亮，注意去看：「**原來正法在這裡！**」這就是大家要作的工作。所以，我只是在設計：這一小顆水晶要怎麼切割、成什麼模樣，讓它能夠散放出最廣泛、最強烈的光芒。我設計好了，你們就去磨，大家一起來作。這就是正覺同修會作到今天，被海峽兩岸佛教界不得不注目到的原因。但是，我們已經作多久了？二十年了。到明年就滿二十年（編案：這是二〇〇八年夏天講的），算是有成績了；但是還要繼續作，要打磨得更亮，遮掩所有細沙的光明；希望那些土沙被我們的光明照久了以後，他們也能變成水晶。這就是我們要作的工作。

今天到了講堂才想起來，我忘了把我要講的經文帶來。好在我們講堂電腦裡也有，經文本子這裡也有，所以就不是問題。就是不曉得在忙什麼，應該說是瞎忙、窮忙或者是有功德地忙，我都不曉得、沒理會，反正就是忙。因爲這兩三個月來，接受建議，開始進行所謂的健康管理；然後又趕了很多的資料，因此今天還在列印一些東西，忙到要出門時就忘了帶經文來。好在講堂這邊還是有資料，所以就沒有問題。我們上週講《實相般若波羅蜜經》，補充的部分講了《景德傳燈錄》惠能大師在理上的開示，接下來是要說宗說的部分：

《景德傳燈錄》卷四：【有僧從牛頭處來，師乃曰：「來自何人法會？」僧近前叉手，繞師一匝而出，師曰：「牛頭會下，不可有此人。」僧乃迴師上邊，叉手而立。師云：「果然！果然！」僧卻問云：「應物不由他時如何？」師曰：「爭得不由他？」僧云：「恁麼，即順正歸原去也！」師曰：「歸原，何順？」僧云：「若非和尚，幾錯招愆。」師曰：「猶是未見四祖時道理也！見後通將來。」僧卻繞師一匝而出，師曰：「順正之道，今古如然。」僧作禮。】

搞什麼鬼嘛！對不對？一般人讀了這個禪宗的記錄時都懷疑說：「搞什麼鬼？」老實說，禪宗祖師還真的是個個會搞鬼。因為鬼是由著人搞的，然而鬼呢？事實上，每個人都有鬼；若要說誰沒有鬼，我才不信。祖師的所見，假使說沒有鬼，那麼請問：為什麼這麼多有智慧的高官貴人們求之不已，又為什麼禪宗裡這麼多很有智慧的禪師們，自古以來一代又一代，不斷地傳下香火，一直都在維持著？雖然宗門血脈往往是如絲如縷，可是終究不曾永遠斷絕；這些人又不是傻瓜、白癡，為什麼願意為了這個「鬼」而出家，安貧樂道弘揚這個「鬼」的法？可見這個「鬼」不簡單。但是我說，不管哪一個鬼找到了這個「鬼」，他就會成為鬼王。所以要是說禪師之間沒有鬼，那是不可能的。問題是，兩個禪師當著眾人面前搞「鬼」，大家都瞧不見「鬼」，就只有他們倆看得見「鬼」。當他看見了「鬼」，把鬼耍得團團轉，他就成為眞正的禪師，所說都可以符合人天至尊所說底經論。所以，在大乘法中想要進門，第一件事情就是要學著怎麼樣搞「鬼」；學會了搞「鬼」，天下人不奈汝何，扶起放倒都由著你。那「鬼」到底又是怎麼回事？今天這個公案可有文章了；不過大陸牛頭山古刹的繼承人聽了，可別不高興，因爲今天要講的也是事實。

有一位僧人來到嵩嶽破竈墮禪師處，遞了名刺。名刺知道嗎？現在好多年輕人不懂什麼叫作名刺；刺殺的刺，姓名的名。日本還是用名刺這兩個字，到現在還如此。所以，台灣老一輩都說：「**你有名刺麼？給我一張。**」有沒有聽過？現在年輕人就叫作名片，是一張小小的卡片。爲什麼古人要把它叫作名刺？因爲古時候，凡到一個道場或者要拜訪上位者，或者臨時突然去到那邊，沒有預先通知，那要請門房通報，你得要預先準備一張紙、一個信封，然後那張紙上寫上自己的大名、來此想要幹什麼，簡單地兩三句話要寫一下，放在信封裡面。古時候的信封都是蠻大的，寫好了先派人或親自去，就從人家大門的縫裡投進去，這動作叫作刺。名刺的刺字就是這樣來的，就是從門縫裡刺進去，然後明天就準時前來拜訪，這就叫作名刺。有時候大戶或大官人家有門房，既有門房就不會把大門關著，你就不必從門縫刺進去了，就可以直接遞給門房，請門房進去通報，但是這個東西仍然叫作名刺。

這個僧人從牛頭山來，遞了名刺，那麼嵩嶽禪師就接見了。接見了以後，禪師例行之問：「**來自何人法會？**」問他是從什麼人說法的聚會中來到這裡？這句話不懷好意。這個僧人他也知道這句話不懷好意。禪門中說泥中有刺、土裡有砂，要有慧眼才能看得出那根刺在哪裡。同樣底道理，在這句話裡面，什麼處是不懷好意？要瞧得出來、聽得出來，那可不容易。這個僧人是修習過禪宗的，他聽了這句話，馬上就快步走近禪師面前叉手。這樣子叫作叉手，不是這樣的叉手（導師作了雙手插腰的示範動作），又不是潑婦罵街。這樣子叉手，表示恭敬的意思。叉手完了，他只在禪師面前轉了一圈，就走出去了。如果這是二十年前提出來講，或者是在十五年前提出來講，人家都會說：「**你這個人可能學禪學到腦袋壞掉了。**」現在已經沒有人敢這樣罵我了，因為我已經寫了七輯《公案拈提》流通於世間了。

這個從牛頭山來參訪的僧人繞師一匝而出，破竈墮禪師一看，覺得不對勁，他就說：「**牛頭山法會之下，不可能有你這樣的人。**」為什麼這樣講呢？因為牛頭山的人一向都沒有開悟，牛頭山從開山的堂頭和尚法融禪師下來，連續三代的住持，根本就沒悟，他們的法座下怎麼可能會有證悟的人？可是，有時候也許有例外吧！或者說這一、兩年人家剛剛開悟了也不一定，總不該未經勘驗就把那僧人封殺吧！所以，破竈墮禪師就故意遞出了探竿，試試看那僧人的智水是深是淺。這個探竿又是個影草，要讓他弄不清楚，但是並不會洩漏密意，所以他就說：「**牛頭會下，不可有此人。**」是說當時牛頭山的法中不可能會有這種證悟的人。爲什麼「牛頭會下，不可有此人」？那當然也有來由。你們讀過《宗門正眼》沒有？讀過的請舉手！我看看，這麼少呀！我的《公案拈提》第一輯寫得那麼棒，你們都沒有去讀。如果以前有舊版的《禪門摩尼寶聚》，請記得要帶來換；免費換成新的《宗門正眼》，好不好？記得要帶來換。

牛頭法融禪師很善於修定，他的定境很好；他就在牛頭山那邊，每天打坐入定。因爲定境很好，所以他的光芒就一直不斷地發射出來，有天眼的人就會看得見。那麼，這個風聲漸漸傳了出來，都說牛頭山有個大修行人。也因爲定境很好的緣故，就會感應到一些鳥獸來供養他。有的鳥咬了一朵花來供養他，有的野獸或者咬著花、或者採了菓子來供養他，有這些神異的現象。後來四祖道信聽到這個傳說，就刻意要去度這牛頭法融。他早就知道說，這個人是沒有什麼貪著的，但是問題是沒有智慧，所以要去度他。因此，有一天就上了牛頭山，在半路上遇見一家寺廟，就問說：「聽說牛頭山有個大修行人，請問住在哪個地方？」那個僧人也愛賣弄，就跟四祖回說：「你眼前所見，不都是大修行人嗎？」結果四祖就訓了他一句話，然後那個僧人才老老實實說：「有啦！後山怎麼走；那邊有一個大修行人，都有鳥獸啣花供養。」四祖就繼續走上後山去。

好了，到了那邊就問：「法融禪師是哪一位啊？」「我就是啊！」然後，四祖就開始要機鋒了：「請問禪師，您在這裡有沒有侍者啊？」法融禪師說：「有啊！」四祖就說：「何不請出相見呢？」那法融不懂，還以爲是要見他的徒弟，就拍掌：「啪！啪！啪！」拍了掌，然後老虎就跑了出來：「吼！」原來他的徒弟是一隻老虎。然後，四祖慣會使機鋒，並且使得很自然，讓人瞧不出來；所以他一看見老虎來了，就故意豎起兩支白掌說：「呵！」那法融根本就不懂，竟然對四祖說：「你還有這個在？」瞧不起四祖，他誤以爲四祖當時是在害怕，四祖就知道牛頭法融根本就不會佛法。然後，法融突然走開去作什麼事，四祖又把握機會，拿起毛筆在法融坐的那個磐石上面，寫了一個斗大的「佛」字。這牛頭法融走回來正要坐上去，一眼看見是個「佛」字，差點就坐上去了，不禁嚇出一身冷汗：「還好沒坐到！」這回可換四祖說話了：「你還有這個在？」假使不是四祖這種有身分的人，一般人若不是說：「你在裝神弄鬼啊？籠罩我啊？」要不然就是說：「你是腦筋有問題啊？」因爲這是我以前被罵過的話。

然後四祖只好爲牛頭法融說法，就爲他講了一大堆佛法；因爲一整座的金山送給牛頭法融，他瞧不見、要不到，四祖只好弄一卡車黃銅給他，所以就跟他開示一大堆。開示完了以後，法融還是沒有眞的聽懂，誤以爲四祖告訴他說，要把那個定境放下來，不要再執著定境，要什麼都空掉。這就好像一般人在讀《金剛經》一樣，一般人讀《金剛經》總是以爲什麼都要空掉。沒想到四祖浪費了一堆口水，法融還是誤會了。

那麼，四祖離開以後，法融就不再顯現他的定境了，一切光芒都不再現前。那些鳥獸一看說：「怎麼現在跟個平常人一樣？不值得我供養了。」所以自從四祖來見過牛頭法融以後，牛頭法融身邊開始鳥獸絕跡，不再來供養他了，這個轉變的消息後來也傳出來了。傳出來之後，當人家來問禪師時，所問的如果是還沒悟的境界而自以爲悟了，那禪師最後就會丟下一句話給對方：「**猶是牛頭未見四祖時。**」也就是說，你根本連禪都不懂啦！一天到晚都還住在定境裡面混，愛現！你懂什麼？那對方就要問：「**牛頭見了四祖以後如何？**」禪師就說：「**鳥獸不來也！**」那到底什麼意思？呀！好多自以爲悟的大禪師，就把這幾句話拿來在那邊分析，就當作是說文解字一樣。如果公案是用說文解字可以講得通的話，那朱熹、王陽明早就是大禪師了，爲什麼還要去講什麼格物致知而落在意識中呢！所以在那邊說文解字的結果，禪師就笑稱這些人是鋸解秤砣，鋸解開了還是文與字。

那麼，不管是牛頭見四祖前，或者牛頭見四祖後，都是沒有悟的境界。一般人看不出蹊蹺，以爲說那牛頭禪師見了四祖以後應該就是悟了。哪裡是悟了？牛頭山到了第三代都還沒有人開悟，好像是第四代法持禪師才悟的。第三代是慧方，慧方那一代都還沒有開悟。爲什麼呢？因爲四祖臨行前就交代五祖——五祖是六、七歲就被四祖度了，所以五祖弘忍住世時間非常長久；那麼，四祖臨行時先告訴他：「**將來牛頭山，**」牛頭山又叫作雙峰山，或者破頭山，因爲山頂崩掉了就像個牛頭；牛的頭中間有一點點凹下去，像這樣子，然後才是角；是因爲它破了頭，山頂崩塌了，所以中間缺了一塊，才叫作牛頭山，或者叫作雙峰山。四祖就交代說：「我走了以後，將來這破頭山要是有人來到你座下開悟了，還要算是我的傳承。」那麼和尚都交代了，五祖當然要遵守。所以那個法融以下的第四代繼承人法持禪師終於來見五祖了，就在五祖座下才開悟的。那麼他悟了以後，五祖吩咐他說：「你不是繼承我的法脈，你是繼承四祖的法脈，所以你也是禪宗第五祖。」是這樣子的背景。五祖與法持其實是情同父子，結果四祖這麼交代，表面上就變成兄弟了。

所以眞正知道內情的人都知道，牛頭見四祖前是沒有開悟的，終日顯現定境，引來鳥獸啣花、啣果供養他；等他見了四祖以後還是沒有開悟，是誤會了四祖的意思而把定境收起來而已，從此以後過凡夫般的生活；都因爲他錯會四祖的意旨，他以爲自己有開悟時就是這樣子什麼都沒有顯示出來，就耽誤了一世的道業。到了末法時代，一般人都不知道這個內情，都誤以爲牛頭見了四祖以後就已經是開悟了。其實牛頭禪師從頭到尾一直到死時都沒開悟。眞悟的禪師都知道這一點，所以嵩嶽的破竈墮禪師才會說：「牛頭會下，不可有此人。」因爲師父若是沒有悟，徒弟怎麼可能開悟？如果徒弟眞的開悟了，而師父還沒有開悟卻繼續自稱開悟，那麼這個師父是該被徒弟來評論的；因爲這徒弟眞悟以後如果有悲心、有孝順心，就得要評論師父；總不能夠明知自己的師父沒有悟，卻在那邊裝悟籠罩人，縱令師父繼續在那邊大妄語。大妄語業是很重的大罪，那是犯了菩薩十重戒之一。如果捨報前不懂得當眾懺悔，這是不通懺悔的罪業，捨報必下地獄。

佛法中這個開悟，眞的叫作「毫釐有差，天地懸隔」；只要一點點錯了，就是整個悟錯了，那他宣稱開悟就是大妄語，死後得要下地獄。徒弟知道師父悟錯了，卻示現悟者的身分在誤導別人，罪業就重了，那徒弟當然要向師父指正了。如果私下指正沒有用，徒弟就得公開指正，要逼著師父求開悟，這樣的徒弟才是有悲心的徒弟。如果這個徒弟悟了以後，心裡面還想說：「**管他的，別人家的孩子死光了都跟我無關，我師父算什麼，讓他繼續大妄語、誤導眾生，死後如果該下地獄就下吧！**」那我告訴你，這個徒弟一定是悟錯了的人。因爲眞悟的徒弟絕對不會這樣作，一定要指示他師父的錯悟所在，讓師父有機會在死前懺悔，下一世重新再來過，這才是有悲心的人。但是愚癡的人看不到這裡邊的利與害，就在那邊罵：「你這個蕭平實，你以前從哪裡出來弘法的？你竟然還罵你的師父悟錯了。」中南部有一句俗話叫作「好心被雷吻」（導師是以台語說這句話），是說心腸好，特地去救人，結果竟然還要被雷公吻上了。被天雷吻上了，好受嗎？

所以，這意思就是說，世間人都只看表相，他們都喜歡婦人之仁：「沒有關係啦！我師父那個離念靈知雖然是識陰的境界，我還是算他開悟啦！」他們喜歡這樣當濫好人。如果我哪一天書上寫出來說：「某某法師，我『算』他開悟。」把那「算」字用引號標示出來，那某一山的徒弟們一定很高興。可是，依舊會有少數人來向我抗議：「悟就悟，爲什麼要說是『算』？」但是自古以來眞悟的禪師們從來不和稀泥，即使只是一個「算」字都不肯用；所以眞悟的禪師絕對一絲不苟，對就對，不對就不對，這其中是不許打混的，一定要非常清晰，因爲這牽涉到各人法身慧命的大問題；所以眞悟的禪師們都知道，牛頭會下沒有開悟者。不過法傳久了，風聲總會傳到牛頭山去，所以古時牛頭會下有些僧人也會學著禪機的表相。那麼，表相學了以後，當然一定是眞妄不分、混成一團；因此來到禪師面前，繞師一匝而出，禪師當然說：「**牛頭會下，不可有此人。**」

因爲師父沒有開悟，徒弟怎麼可能悟？在錯悟的禪師座下，如果徒弟悟了，而這個徒弟又跟他師父一樣，互相都可以印證而沒有異議，那這個徒弟一定也是悟錯了。可是在牛頭會下，並沒有傳出說哪個徒弟眞的開悟以後被師父否定，然後出來說他的師父悟錯了；那表示師徒同一所墮，因此破竈墮禪師當然要說：「**牛頭會下，不可有此人。**」意思是牛頭山的法會之下，不可能有這麼一個開悟者；這句話，當然是那個僧人走到門口即將步出門外的時候，往他身後丟下的一句話；這個僧人聽了當然知道是講什麼，因爲眞妄不分的人或者眞悟的人都同樣懂得這話裡面有機關。所以這僧又迴身來到破竈墮禪師的上邊—也就是他的右邊—叉手而立。這僧來到禪師的上邊而跟禪師同一個方向叉手而立，是什麼意思？這是兩個意思：一個就是說，認禪師爲師了，願意當禪師的徒弟；就是當禪師的侍者，隨時等候差遣。另一個意思是跟禪師一樣搞鬼，讓禪師知道說：**我這裡也有一隻鬼**。破竈墮禪師看了就說：「**果然！果然！**」

「**果然！果然！**」是什麼意思？當然是延續前一句：果然是沒有開悟

啊！因為天下野狐無數，學著人家證悟者的那一些機鋒，那誰不會？不過就是進前、退後、繞幾匝、奪門而出或者踢門而進，不過就是這樣。因為聽久了、流傳久了，大家都會，又不是小嬰兒剛出生走不得路。所以，禪師還是不能馬上就跟他印可，凡是勘驗都要再三。那麼，破竈墮禪師說了「果然！果然！」逼得這個僧人就只好問一問：「**應物不由他時如何？**」也就是問：**隨緣應物的時候卻不依祂而為，這是什麼意思？**隨緣應物是禪宗裡面的一句名言，說如來藏是隨緣應物；可是禪師從來都不解釋隨緣應物。如何隨緣、應什麼物？真悟禪師們向來都不解釋，因為這個不可以解釋；等到你悟了以後，也不用跟你解釋；你若是真的開悟了，你自己也知道了，不必問人。所以這個最單純了，像這樣當禪師最好當。如果人家問說：「**如何是隨緣應物？**」就把他耳朵拉過來：「**我跟你說呵！不可以跟人家講呵！三十年後有個多嘴阿師就會告訴你。**」

「**隨緣應物**」這一句話是禪門的名言，這個僧人提出來問：「**應物不由他時如何？**」說這個如來藏感應於物的時候（他不是問如來藏的所在，他問的是說，我們的心應物而運作的時候不由祂——應物不由祂），這個時候是什麼境界？請問諸位，你們找到如來藏的人，應物能不由祂嗎？（此時無人應答，平實導師再問一遍）能不由祂嗎？所以這僧人這麼一問（因爲被破竈墮禪師這一講：「果然！果然！」這僧就想：「哎呀！原來我這個不是眞的開悟。」因爲禪師前面已說：「牛頭會下，不可有此人。」是說牛頭會下的僧人既然不該有人能懂這些機鋒，那麼這僧看起來好像是懂，那就是模仿來的，只知其然而不知其所以然啊！所以這僧迴來上邊叉叉手而立時，禪師就說：「果然！果然！」果然牛頭會下是不應該有這種人），那就是說這僧眞的沒開悟，已經被人家勘破手腳了，只好提出來問：「應物不由他時如何？」這句話已經充分證明這僧只是依樣畫葫蘆，並不是眞懂其中的奧妙。

於是禪師告訴他說：「怎麼可能不由他？」這裡面的玄機，只要你眞的破參了，這都是很親切的話。不要期待我解釋它（大眾笑…），因爲眞正破參了以後，我不用解釋，你也會懂。但我公開解釋了，正覺就關門了，我也同時犯了**法毘奈耶**，這是比十重戒全部都違犯更嚴重的事。因爲大家都聽懂了，眞正的般若密意就到處流通了，以後大家都不可能有參禪時的一念相應慧，也不可能斷我見以後再來參禪；所以知道般若的表相密意以後智慧絕不可能生起的，於是心中不免懷疑就會毀謗，正法再也無人肯信受，也就不免漸漸滅絕，那正覺還開門幹什麼？不能再開張了，那麼佛教正法到此也就提前九千年滅絕了。

禪師反問說：「**怎麼可能不由他？**」應物時一定是「**由他**」。這僧到這一下子似乎有一些弄清楚了，可是仍然眞妄不分，就回答說：「**既然是這樣，那麼我就該順正歸原去了。**」也就是說：「**我現在的狀況是錯悟了，所以應該要順著正道回歸到本原去。**」這時候禪師又說了：「**既然歸原了，那你以什麼爲順？**」你想要順於什麼？這一下，這僧人終於懂了：「**啊！原來要歸順祂。**」這才知道應物必由他，一定是恆順眾生的，哪有可能應物不由他？這時候終於懂了表相密意，就感謝說：「**如果不是和尚您慈悲，這樣再三開示，我幾幾乎乎就錯招愆了。**」眞的幾乎悟錯，就會招來愆尤。可是這時禪師依舊不肯他，因爲他到底是眞的懂了？還是繼續誤會呢？破竈墮禪師就跟他說：「**你這樣仍是牛頭還沒有見到四祖以前的道理。牛頭見了四祖以後是怎麼回事？通報過來。**」這個僧人於是又到禪師面前繞了一匝才出門去。他正要出門前，禪師就說：「**順正之道，在今天和古時都是同樣這個道理。**」

這個僧人這時候知道說：「**哎呀！被印證了。**」所以就向禪師禮拜。

這讓我想起來，我在一九〇年破參了，報告遞出去，很久沒消息。過了半年以後，偶然見了聖嚴大師，他正要出門去環亞百貨公司演講，招手把我叫過去，他說：「**你這個境界不可以跟人家講。**」我心想，那就是當眾爲我印證，所以我當眾就跟他禮了一拜（沒辦法禮三拜，因爲他急著要離寺），我的禮拜當然還是頭面接足禮。後來才知道：原來那個印證是無效的印證，我那個禮拜也是無效的感恩，因爲他根本就不懂禪，也是沒有開悟的凡夫。我在那篇報告裡面講的是什麼，他完全讀不懂；他當時只是裝模作樣，作個印證的樣子。後來他還是藉一個幹部會議的機會—以幹部聯誼會的名義，其實是幹部會議—把我騙去參加，他只是不想幹部們被我影響以後個個都想求悟，於是他就當眾否定我所悟的如來藏妙法了。當時我心中沒有任何語言文字，可是現在我心裡面就想說：「**果然！果然！**」（**大眾笑…**）當然再也不會有第二句話了。

所以你看，宗門下事爲什麼要這樣搞鬼？都因爲遵照　佛陀的告誡不許明說，因爲明說會害人。凡是明說密意的人，都是公然違犯　世尊的**法毘奈**

耶，也就是違犯了 世尊的法戒。我弘法將近二十年，從一九八九年就開始在弘法了，可是到現在這樣十九年累積下來的經驗是：明說般若密意眞的是害人。佛陀早就知道這一點了，但是因爲我這一世沒有師承，我是自己參出來的，當然沒有師父告誡我不許明說害人；那時候我對經典也還讀得不多，佛陀告誡不許明說的經典，當時我還沒有讀到，因此明說了會害人的事情，我並不曉得。所以我們前三次禪三──第一次到第三次的禪三──到第三天傍晚、第四天中午，如果有人還參不出來時，就聚集到小參室來，我就爲他們明講了。結果呢？我明講了以後沒幾年，他們的法身慧命就死掉了；因爲難信啊！聽聞了又變成難解，那就退轉了，退轉以後就開始謗法，成就無間地獄業；我早期這樣作，眞的是：聚集九州精鐵，鑄成天下大錯。

我早年是自參自悟，沒有人教導我 世尊開示不許明說的聖教；當年我爲了幫大家開悟而明講，後來讀了經中的 世尊聖教才知道不許明說，才開始轉變。但是我的例子可以成爲大家的前車之鑑，所以常常說出明講而導致有人再三退轉的糗事，不顧面子，就是告訴大家說，禪師們必須要這樣搞鬼；因爲 世尊嚴厲規定不許明說，否則就是違犯法戒；禪師們只好把這隻鬼抓過來抓過去，讓人家看；可是眾生看不見，因爲這隻鬼並非常鬼。普通的鬼，如果有陰眼或是陰陽眼，他就看得見。可是縱使有陰陽眼、天眼，來到佛教禪門裡也沒有用；因爲禪師耍弄的這一隻鬼，連天眼都看不見，何況陰眼？陰眼只能看到鬼道，天眼是可以同時看得見天界的；連天眼都看不見禪師弄的非常鬼了，何況是陰眼呢！你如果問：「**那是什麼眼可以看得見？**」我就告訴你：「**慧眼才能看得見。**」慧眼很難得，中國自古至今有留下記錄的，有慧眼的人就這麼一千七百則公案。學禪的人千千萬萬，但一千多年下來就這麼一千七百則公案，而且裡面還有許多魚目混珠的錯悟者。並且，一代又一代的記錄下來，這某甲禪師往世其實是某乙禪師，這類同一人重新受生再悟入的公案還要再扣除；那你想，實際上有多少人能看得見這隻鬼？所以說這隻鬼非常鬼。可是禪師善會搞鬼，這隻鬼很難看得見，有慧眼的人才能看得見。可是當你看見了這隻鬼，你就抓著祂應物現行，由著你用，所以眞是「**應物由他**」。這隻鬼還很乖，不會像人家養小鬼，養到後來反而被小鬼給報復了。祂絕對不會報復你，祂乖得不得了，拜把子的兄弟都沒有祂好。你看，這個公案裡面，破竈墮禪師不就是搞鬼嗎？禪師慈悲，把這隻鬼耍來耍去，要到讓這個僧人看清楚了，所以最後這僧作禮。

講過實相的關節了，現在回頭來看看《實相經》中原來的經文：「一切世間貪性清淨、瞋性清淨，那麼一切世間垢性就清淨，罪性就清淨；一切世間垢性清淨、罪性清淨的緣故，一切世間法性清淨，眾生性也清淨，一切世間智性就清淨。一切世間智性清淨，波羅蜜也就清淨了，這才是眞實的智波羅蜜。」那麼 世尊講這些話的時候，祂要給眾生看的鬼在哪裡？這隻鬼，世尊是時時都抓來示現的，那到底跟剛剛講的牛頭會下來的那個僧人，以及禪師之間的公案，是不是有些契合的地方？這就是諸位要下手的地方。如果那個公案通了，那麼你就證得「一切法平等性觀自在智印實相般若波羅蜜法門」，從此以後，把《般若經》請出來一讀：「哎呀！原來是在講這個心！我以前怎麼讀不懂？眞夠笨的。」眞的夠笨，但現在知道以前笨，就表示現在有了智慧。凡是不知道自己笨，老是以爲自己很厲害，老認爲自己大悟徹底的人，其實才是眞的笨；因爲都是用意識思惟的，沒有眞正的體悟。

所以，一切世間的自性清淨是要從哪裡來？要從你證得如來藏而觀察祂開始。當你觀察祂以後知道祂是萬法的根源，知道祂本來自性清淨、本來涅槃，知道祂是一切世出世間法的根源，知道三乘菩提從祂而出；那麼，你對禪宗的公案就通了，《般若經》的大意也通了，唯識系列的經典你也可以讀一些了，那麼你就是觀自在菩薩。這樣，不曉得大家有沒有什麼會處？很奇怪呵？「明明講的是『世間智性清淨』，明明講的是『般若波羅蜜清淨』，都是在講實相般若；爲什麼禪宗祖師們在那邊搞鬼，各個搞來搞去，你蕭平實又把這些給湊在一起？」其實我不是用湊的，而是因爲這些法義本來就是一體的。這些公案跟《實相般若波羅蜜經》的意旨，就如同一張紙的兩面，是同一體的。當你找到了這一面，你就能夠找到另一面，只要找到其中任何一面，你就找到這張紙的全部了，你就會兩面都具足了。

可是，到底應該要怎麼樣找？這才是個難處。也許有人說：「哎呀！你這蕭老師手頭很儉，都不肯放手。」可是我卻要勸告你說：「你可別冤枉人呵！我手頭很奢呵！我已經放了很久也很多給你了。」你說：「哪裡？我都沒有聽到你講什麼密意給我知道啊！那你說的放手，到底放在哪裡？」眞的想知道？那我就告訴你吧！我就明著講好了：「回去家裡佛堂世尊聖像面前，或者觀世音菩薩聖像面前，你就開口請問：『到底今晚蕭老師的密意講在哪裡？請您指導我！』」嚇！答者不如問者親！

【爾時世尊說此法門已，復告金剛手菩薩言：「金剛手！若有人得聞此一切法平等觀自在智印實相般若波羅蜜法門，受持、讀誦、正念、修習，是人雖在五欲塵中，不爲貪欲諸過所染。譬如蓮華雖在淤泥，非泥所著；乃至疾得阿耨多羅三藐三菩提。」爾時如來復說咒曰：

咭利！（短呼）】

講記：這時 世尊說完了這個法門以後，又告訴金剛手菩薩說：「金剛手啊！如果有人能夠聽聞這個一切法平等觀自在智慧所印證的實相般若到解脫彼岸的法門，而能夠受持、讀誦、正念、修習，這個人雖然是在五欲等六塵之中，也不會被貪欲中所產生的種種過失所染汙。就譬如蓮華雖是處於淤泥之中，又是從淤泥之中冒出來的，可是卻不被汙穢的淤泥所附著；乃至依於這朵妙法蓮華可以快速地獲得無上正等正覺。」這個時候如來又說了咒：咭利！

這咒很短呵！聽清楚了沒有？「咭利！」就過去了，不到一秒鐘就過去了，諸位有沒有聽出什麼來？佛陀凡有出語，都不妄語。祂爲了讓大家懂得這一段開示的道理而說了這個咒，一定有祂的用意；但是密意不容易理解，我們不妨先來依文解義看看，最後再藉著宗說讓大家瞭解 如來所說這個咒的密意。世尊說完了觀自在智印實相般若波羅蜜法門以後，接著又說：「金剛手啊！假使有人能夠聽聞這個一切法平等觀自在的智慧所印證的實相般若到彼岸的法門，他能夠受持也能夠讀誦、正念與修習，」前面已經講過受持、讀誦、修習，只有正念還沒有講。正念，就是說正確的憶念而安住下來。也就是說，對於所證的這個法門能夠正確地憶念，不會忘記，然後住於這個正確的智慧之念裡面不退轉、不改變，就這麼安住下來，然後繼續更深入地修學以及熏習；世尊說：「這樣的人，雖然仍然有五陰住於五欲裡的六塵中，但是已經不會被貪欲所產生的種種過失所染汙。」

這是眞正的在欲而離欲，這眞的很難，菩薩卻是必須要這樣實證而永遠這樣子安住下來，才能在人間自度度他乃至成佛；也就是火中生紅蓮，非常難得。對於阿羅漢而言，視五欲如毒蛇，離欲不難。阿羅漢是要即生出離生死，這一世過完了就要出離生死的。假使被欲所染，那已經是退轉得很嚴重了；因爲被欲所染時，那是退回二果去的。從阿羅漢位退回二果，是很大的退轉，可是仍然有人曾經這樣退轉；當這個慧解脫阿羅漢退轉而說他要還俗去了，因爲家裡有個漂亮的妻子，很美麗，所以他又回家去了。眾阿羅漢都苦勸他：「你不要還俗啦！」但是勸不轉，只好去請求 佛陀救他；因爲如果把 佛請出來，鐵定可以讓他不退轉。但是 佛陀說：「你們不用著急，他回家以後，三個月之中極盡五欲之樂，就會厭惡，覺得膩了，他自然就會回來。當他回來以後就回復爲阿羅漢，永遠不會再退轉了。」好啦！大家就在算日子，一天、二天、三天、四天……，果然三個月才剛滿，他就回來了，這一下不再退轉了，人家問說：「你爲什麼那時候堅持要還俗？現在爲什麼又回來出家？」他當然私下會講：「五欲之樂不過爾爾。」說是不過如此啦！所以，這就是貪沒有永斷；由於慧力的緣故，使他離了貪；因爲他離貪的那個作意不夠堅固，所以又被拉回去；可是他三月之中極盡五欲以後，發覺最多就是這樣子了，於是厭了，又回來出家就永遠不退了。這在講什麼呢？這就好像世間法所講的浪子回頭金不換，因爲一般人都還有可能會犯過，可是他那些過失都在回家重新體驗以後，以他的解脫智慧來判斷，也會知道那有很大的後遺症，所以他不再犯了，是因爲他看清楚了：表面看來是得到利益，其實得不償失。

那麼，說一個重要的知見給諸位聽聽。這裡講五欲，五欲就是財色名食睡。錢財人人愛，好名聲也沒有人願意拒絕。如果是男色女色，當然是英俊漂亮的男色女色，也沒有人會拒絕。一般人沒有亂搞一場，沒有金屋藏嬌、沒有紅杏出牆，是因爲法律或善良風俗不允許這樣作；或者說學佛了，因爲戒律不允許這樣作；所以財、色、名是人之所愛。那麼吃呢？食不厭精，膾不厭細；一定要吃好吃的、健康的，但是若不能兩全時，寧可不健康也要吃好吃的。接著就是睡，明明睡八個鐘頭就夠了，偏偏要賴一賴床，因爲賴床的滋味好舒服，所以再賴一賴。這就是世間人之所欲。

但是五欲卻會障礙禪定的發起，假使有一個人，他不是在舞廳陪人家跳舞賺錢養家，卻又每一週都要去舞廳跳舞好幾趟，請問這個人是不是初禪人？絕對不是。他花錢每天去跳舞，是因爲他喜愛摟著年輕女人跳舞。可是，有可能在舞廳裡面，每天陪人家跳舞賺錢的人，卻是個初禪人，因爲她對跳舞其實沒有喜愛，只是藉它賺錢養家。難料吧？眞的難料！有很多人研究聲聞道，並且宣稱自己已經證得三果，他很聰明而沒有宣稱證得阿羅漢，算他聰明；可是他自稱得三果以後，我們有些書寫了出來了，他很聰明，於是又追補功德而自稱有得初禪；因爲他終於知道—偷偷讀了我的書就已經知道—得三果的人一定要有初禪，他已經知道了。但問題是，初禪的經驗，他爲什麼不敢講出來？因爲才一講出來，狐狸尾巴就會撩向半天高。他如果不講，那條狐狸尾巴還只是短短的，只是在身後稍微閃一下，稍微露出一點點，別人還無法評論他很多錯誤。但他如果講了對於證初禪的體驗時，越講得多，就使狐狸尾巴撩得越高。因爲這個事情騙不得人，縱使我講過幾次初禪的體驗等等；可是有一些內容爲了將來要作爲勘驗之用，我還是不會全部講出來的；所以哪個大師要是想來矇我的話，我會一一問明。他如果講錯了，我就罵他是狐狸，因爲這個要有眞的體驗才能講得出來。

所以南洋不可能有三果人，因爲那些被推崇爲阿羅漢的人，連我見都還具足存在呢。台灣也還沒有三果人，除了我們同修會裡。可是我沒有意味說誰是三果人，因爲要作這個印證也很難；不是我難，而是被印證的人難。所以我在《阿含正義》不是寫了嗎：有證得初禪的凡夫，沒有不證初禪的三果人與四果人。因此，以前有人討論說自己是不是得三果，用什麼來作爲一個認定的標準呢？私下在討論這個標準說：要依什麼來認定已斷五下分結、已離欲界愛？心想：這是不是應該要有初禪的發起才算數？或者說已經很多年來，在日常生活中都沒有欲貪就可以算數？於是就來問我，我說：「**並不是你下定決心離欲了，就算是已經離開了欲貪；因爲下定決心是意識的事情，意根還沒有接受，初禪就發不起來了。這得要意根也認同了，初禪才能發起，才是眞的離欲。**」然後，有人心裡面有恐懼，就說：「**那我又還沒有出家，如果初禪現起了以後，那我怎麼辦？那我先生會不會找我麻煩？**」我說不會，因爲妳並沒有散失閨房的能力，妳只是沒有那個貪愛而已。意根已經接受，是從深心中離欲的，初禪就會發起了。

所以可能有人—因爲我還沒有聽說過—可能有人在說法的時候，私下會講：「**初禪人是不會住於五欲境界中的。**」我相信一定有人這樣講過。可是，請問：**不論阿羅漢或者菩薩，在人間安單時能住在五欲之外嗎？**假使去托缽，人家今天家裡有喜事，供養了一缽非常精妙的食物，入口即化，色香味俱全，阿羅漢是不是要馬上把它丟掉？不必啦！照樣吃它啦！吃的時候一樣是很好吃，也領受了色香味的樂受，可是沒有貪愛的現行。假使因爲人家布施了好吃的，阿羅漢就要把它丟掉，一者不符聖教，二者不符正理。因爲阿羅漢們吃或不吃好吃的食物，跟他是否有貪欲是無關的。而是說，他吃的時候，他就只是吃；吃的時候有樂覺，也是繼續住在那個樂覺中，可是他沒有起貪。而這個沒有貪，不是嘴巴講，不是在意識層面無貪，而是意根也接受了，這樣才算數。在意根已接受離貪的狀況下，初禪就會發起；但是有個前提，是要先有未到地定的定力。未到地定的定力，你只要無相念佛的功夫修得好，未到地定就有了，因爲初禪的定力不用很深厚。

因此，菩薩一世又一世在人間，照樣隨順於世間五欲之法而不壞世間法，跟人家一樣婚嫁而不妨礙。不過菩薩對眷屬有沒有很深的執著？沒有！其實菩薩在人間一世又一世、一劫又一劫這樣度眾生下來，菩薩的觀念很簡單，從兩個方面來看：第一、從實際理地來看，所依的眞如法相以及成佛之道是離欲貪的，可是爲了在人間弘化，卻必須要去取得這個人身，而人身是從五欲淤泥中來的；人身不是從水晶宮裡蹦出來的，而是從五欲淤泥中生存下來的，因此得要住在五欲之中而不被五欲所牽，所以菩薩這樣看待五欲。

第二、如果生在沒有佛法的年代——例如預先受生於人間等待如來的降生，或者發願末法時代以後還要接引眾生，那時菩薩該怎麼辦？要繼續度眾生修十善業道，要想辦法度眾，能度幾個算幾個。在沒有佛法的年代，想要出家也不可能，因爲全都是外道，出家修行沒有意義；那時該怎麼辦呢？那就隨順世間法，又有什麼關係？該娶妻的娶妻，該出嫁的就出嫁。可是這樣一世又一世，那是經過幾劫呢？修到第十迴向位的如夢觀成就，總共是幾劫？大聲一點！對嘛！一大阿僧祇劫。這時候有如夢觀了，有了如夢觀以後，菩薩對一般眷屬的貪愛就沒有了。可是菩薩心中沒有對眷屬的貪愛，必有一項很重要的原因，諸位都沒想到，那只有四個字；在那些言情小說裡面，其實也常常讀得到，有時候甚至被人家拿來作歌曲的歌名，想不想聽？就只有四個字：眞愛難尋。

在人間結婚的大部分時候，菩薩以如夢觀一世又一世觀察下來，何曾有哪一世的配偶是你眞正喜歡的人？這是很簡單的道理，可是沒有人知道。所以呢，父母說某一個對象如何地好，菩薩就說：「**可以啦！沒關係啦！您看中意就好了。**」往往是這樣子，不會自己說一定要挑個什麼樣的對象，除非他遇到幾劫以來常常共同生活的眞愛了。告訴你，眞正你要去挑的話，你又挑不到了，因爲你的眞愛可能現在這一世還跟你常在一起，但已經垂垂老矣，已經是雞皮鶴髮的老婆婆，而你如今卻是個年輕人。過去無量世以來，有好幾世是有眞愛，與同一位眞愛常常共成眷屬，這個不可否認，因爲這個可能性是不可否定的。但是也許再過三十年，換你雞皮鶴髮的時候，冒出了你前世的眞愛，卻是個三歲娃兒，需不需要再抱來親一親啊？人家看起來說：「這個人好喜歡兒童喔！好有愛心喔！」其實不是，他知道這是過去世最親密的眷屬，但是沒有因緣共同生活了。

我說的都是眞實話，也許有一世您有如夢觀而終於出來度眾了，佛陀授與重任開始度眾，難免也會有這種情形啊！可是你到那時該怎麼作？是不是要像一貫道的劉□□一樣？好多人還不知道劉□□是何許人也！三、四十年前，一貫道有一位點傳師很有名，叫作劉□□。那時候好像還沒有電視機吧？報紙登得好大的報導，好像是說他有二十六個前世的妻子，剛開始只是他的道親，後來都一起住到他的道觀裡面去，全都成爲他這一世的妻子；因爲那些都是他前世的妻子，後來聽說一貫道總壇很反對他。如果他說的都是眞的，那麼我就要問啦：「你前世那麼多的父母，爲什麼不找回來供養？」對嘛！應該要一視同仁嘛！「**那你也得要找一找你往世的子女，他們如果生活不好，你也要一一周濟啊！**」一定要周濟啊！一個都不許漏掉啊！這個觀念諸位要弄清楚，這一個知見要深深地種入腦海裡面視同平常，這事情本來就是菩薩道中的平常事；可是你在人間弘道度眾，遇到很多往世的親人時，依舊不應該毀壞世間倫理法則。話說回來，菩薩在人間弘法度眾，以人身生存於人間，當然不離色聲香味觸，不離財色名食睡，但是心中無貪。眞要是心中無貪的話，初禪就會發起了。

這就是說，其實身爲法主，在度眾的過程中，想要找幾個好徒弟也不容易。你要找好徒弟來幫忙，還是那四個字：眞愛難尋。你最疼愛的那個徒弟，他會不會世世跟著你？不一定，也許你最疼愛的徒弟遇到你的時候，他已經八、九十歲了，那你對他該怎麼辦？還是要幫他開悟啊！雖然很可能他今年悟了，明年他就走人了，你還是要幫他悟啊！你不能夠說：「**現在才來，我度了你，你能幫我作什麼事？都無法像往世一樣爲我分擔如來家業。**」你不能這樣想，因爲他曾經是你最疼愛的徒弟，有那一分情在，你還是得幫他。

你總不能夠說：「**上一世，他那麼孝順我；可是這一世沒有辦法孝順我，我幫他幹什麼？**」不能這樣子，因爲上一世的情分還是在的，不能夠把那個情分抹殺掉，所以你對他沒有任何的期待，只是幫助他繼續回歸正道。但是身爲菩薩，你必須知道這些事相一直都會存在的。

這就是說，當你有了如夢觀，你會看見很多的事情。這個時候就是常住人間自度度他的時候，雖然住在五欲六塵境界中，卻不爲貪欲諸過所染，你就只是去幫助往世的有緣人。佛門中，特別是禪宗門下，祖師們常常問徒弟：「**佛法有無親疏？**」有時候反問：「**汝還知佛法親疏麼？**」就是在談這個道理。因爲你在人間不可能離開五欲，你行的是菩薩道而不是聲聞道，你不能夠說：「**我開悟了，接著要趕快入涅槃。**」遇到這種人，我就罵他是聲聞人。我最早期度的有一個人，他怎麼樣呢？禪三完了以後，他要考驗自己所悟究竟是眞的、假的？於是跑到大樓頂，站上女兒牆，看自己會不會害怕。我心裡面很氣說：「**又是一個聲聞人！急著要出離三界生死，白度了他！**」也就是說，他想要斬斷一切，死後就要出離三界生死。但這是不對的想法，這是聲聞人的想法，菩薩不應如此；菩薩是要把往昔無量世與眾生結下的所有因緣，全都要繼續保持著，但是對有緣的眾生並無所求，就只是去幫忙大家證道；緣深的幫忙多一點，緣淺的幫忙少一點，而自己心中無欲無求。

如果是過去世的惡徒弟或者惡夫妻，這一世遇見了，該怎麼辦？是不是要把他趕出去：「你不要來我們這裡修學佛法！」不行，你還是得接受他，繼續觀察他的證法因緣，「但是他就比較生分一些」（台語）。生分，聽懂嗎？南部人講台語叫作「青份」啦！你如果告訴他說：「你過去世跟我結下了惡緣。」他也聽不進去，他會辯解說：「哪有？哪有？我對你好崇拜喔！」其實崇拜是在這一世，在過去世卻毀謗而結了惡緣。結了惡緣以後，他嘴裡說崇拜，其實心裡面沒來由地見了你就煩。懂嗎？你見了他，也會感應到：「哎呀！怨家來了。」無數劫的菩薩道中，什麼樣的怨家親人都會遇見，所以諸位要記住這一點：在欲而無染。這樣來走成佛之道，就會比較順利一點。在《維摩詰經》裡面不是也講在欲而行禪嗎？還記得嗎？有沒有？有啊！這才是菩薩，住在五欲之中而不被五欲所染污。如果出家了，去修行而證得初禪，並不稀奇！在家之人於五欲之中打滾，而能證得初禪，這才稀奇，因爲這種初禪人對五欲的免疫力很強。譬如說，人家怕得小兒痲痺症，去打預防針。

有的父母爲孩子打一針以後說：有抗體了。有的父母爲了保險起見，說：我等過個幾年，再爲子女打一針。那就絕對是抗體超強，因爲已跟那個病毒接觸過，不受牠害。

同樣的道理，具有菩薩性的你們來到正覺同修會，走的是菩薩道，不是聲聞道，因此你們將來弘法時也都一樣。你們親教師要聽清楚了呵：這對你們是最重要的，因爲也許下一輩子，我不在地球，被派去另一個星球去也不一定啊！那時候誰要來住持正法，那就看 佛陀怎麼安排，我沒有說自己一定要在這裡。就是說，當你開始進入到攝取佛土的過程，所攝取的佛土或多或少，總是已經開始了。比如說你當了親教師，這個可能性就增加了，比一般的同修就增加了。可是在人間弘法，一定是以人身住在人間，不離五欲的境界；在人間弘法時要怎麼樣能夠在欲離欲，這就是菩薩的重要課題，因爲你不可能離開人間來成就佛道。既然常在人間，過去無量劫以來的眷屬都會相遇；這一世沒有遇到，下一輩子也會遇到。不可能沒遇到，只是時間遲早的差別而已。

那麼一旦遇到了，可別像以前一位同修說：「你趕快還俗，我們就住在一起。」然後就繼續前世的夫妻生活了，就是會有這樣的人。人家出家成爲比丘，是何等的殊勝，爲什麼要把人家弄到還俗了呢？這就是說，菩薩如何處世？遇到這個狀況，菩薩不是逃避，而是去面對。面對了以後，定中見了或夢中看見了往世的情境，記起這一分情，但沒有關係，不壞世間法而繼續成就佛道。沒有任何瓜葛，但是有親疏的關係，你就去幫助他，這是你應該作的。你們當親教師的人要記得，你們遲早都會遇見往世的世間眷屬。一世又一世，當你度的人多了，這個狀況就會出現——越來越多。但是，在欲離欲的最重要的關鍵，就是說服意根斷貪。如果沒有說服意根，都有可能會被境界所轉；被轉的時候，才知道那個種子多麼厲害。

你想，好端端的一個出家修行人跟一個女眾，雙方才一眼瞧見了就無法制止，只好還俗了。而這種事情是所在多有，很多欸！你如果想要避免這種情況，要避免道業的退轉，就得有很強的定心才能當場超越。如果沒有很強的定心而違背了世間法，回家以後就會鬧著說：「**老婆！我們離婚吧，我們現在不相應了。**」現在通俗的話說什麼？好像是說：「**我對你沒感覺了。**」那就壞了世間法呵！記得我剛剛講的：眞愛難尋。當你自認爲找到了眞愛，但對方是不是你的眞愛，還是有問題！因爲也許你只看到表面，往往等到離婚後重新與那位眞愛結婚了，才知道還是舊鞋好穿。這是事實，而且是一個行菩薩道的人遲早都不能避免的境界。你們看看，佛陀成佛以後，耶輸陀羅不也還是繼續糾纏　佛陀一段時間嗎？可是全都影響不了　佛陀，這就是菩薩應該要學習的地方。

但是，說到這裡，我要強調說：初禪發起了就沒事嗎？還是有事，雖然你已經說服意根不再貪欲，但是仍然有事。以前，我在增上班裡面講過，初禪天離他化自在天很近——離魔天很近。據《阿含經》說的，他化自在天中還有一個魔天，現在且不說它；因爲未到地定功夫深厚的人，他如果沒有辦法離欲，死後就是往生到欲界頂，欲界頂就是他化自在天。如果生到他化自在天以後，這個人是善惡不定的，不是具足善心所的，他就會生到魔天去；特別是已被邪見所干擾，硬要說離念靈知是常住的等等，那他死後就會往生到魔天去。所以，智顗大師也講：「魔是未到地定果。」他這句話講得有道理。成爲魔子魔民或者天魔，就是邪見者修得未到地定的果報，因爲他沒有斷五欲而無法生到初禪天去；可是他又有大福德——一生努力在修大福德，又有未到地定，那就是生到欲界天之頂，欲界天之頂就是他化自在天。如果他沒有邪見等等倒也還好，就是生在一般的他化自在天中。如果他有嚴重的邪見，就會生到魔天去。

魔天的有情最怕的是什麼？最怕的是欲界的人離開了他們的掌控。《狂密與眞密》第四輯後面，我有寫到這一點：如同一個牧羊人弄了幾百公頃的大片草原，然後弄了一些鐵絲網或者電網圈住，其餘地方是高山峻嶺擋住了，然後弄來一些羊在那邊生活，他從來不去管，因爲那是他所有的，都在他的土地中生存繁衍。如果哪一天出現了一隻羊一直往外走，那牧羊人也只是看著，不會干擾那隻羊，因爲知道牠走不出去。假使有一隻羊很有智慧說：「這裡是一個境界相，把我們拘限在這裡，使我們無法到達外面的廣大世界。」這一隻羊很聰明，一直往外走，當牠到了邊界的時候，天魔還是不太想管牠。天魔會想說：「這傢伙大概會成爲跟我一樣，來幫我一起牧羊。」沒想到牠竟然突圍而出。喔！那可就不得了，這時候天魔就要想辦法，就來勸說：「這裡有好香的肥美好草，你趕快回來喔！」那香美的肥草是什麼？就是俊男美女。

所以，如果有人在房間貼了一堆的電影明星海報（我們小時候那個年代，最英俊的明星叫作馬龍白蘭度，最漂亮的女星叫作伊莉莎白泰勒），假使有誰專門貼那一些影星的大海報，那表示他離不開欲界，只要遇到了俊男美女就受誘惑了。縱使他發起初禪了，這個天魔又拿了香美的草來了：「**在這裡啊！在這裡啊！趕快來嚐一口啊！**」也就是說，他就化現作俊男美女前來了，那你得要經得起考驗，那才叫作魔考啦！一般學法上的障礙都不叫作魔考，只是障礙、業障；譬如往世曾經謗法、謗賢聖等等，或者福德資糧不夠，那都只叫作障，並不是魔考。魔考是天魔派了魔子魔女來了：如果妳是女性，他就派來俊男；如果你是男性，他就派美女來誘惑。

這不是說著玩的，因爲我也經歷了三次。過去世不談，這一世就經歷了三次。不過，因爲我有正知見，而且早就破參了，所以他也無可奈何。前後的三個美女也不一樣，第一位是很大方的洋女人、白皮膚，那眞的可以當世界小姐，來到我的定境中，可是有什麼用？我說：「**妳又不能來人間跟我共住，妳來找我作什麼？回去啦！**」沒幾分鐘就走了。然後，又來一個很端莊很有氣質的、黃皮膚的女人。奇怪！他怎麼知道人間也有三種皮膚。但我還是用這一招，我說了話以後就不管她，我就冷眼旁觀——看妳怎麼樣，妳無可奈何！當然只好走人了。最後一個，那個應該是黑白混血的女人，比前兩個更漂亮。但是，她的誘惑手段就比前兩個更露骨，到最後根本就是脫光了，說：「來啊！來啊！」我說：「妳沒有用啦！妳騙不了我。」她不死心，在那邊跳舞還有挑逗，好久好久，最後才終於走了。然後我說：「不會再來了吧！」眞的還沒有再來過，那時候是剛發起初禪不久的事情。記得我以前有一個筆記本，就是修行日誌，裡面還有記錄初禪發起的過程。奇怪？那筆記本不曉得哪裡去了，我還要回老家再找一找。

這一些表示什麼？表示說，你雖然說服了意根，你眞的離開了欲界，還是不保險啦！有時候他們還會來引誘你，你如果透不過去，那就只好再退回他化自在天的境界中。這就是說，已經無法在欲而離欲。這是阿羅漢作不到的事，但菩薩一定要作到。阿羅漢們很恐懼，怕自己退轉，特別是慧解脫；俱解脫阿羅漢不怕這個，但慧解脫阿羅漢很怕這個，所以視欲如讎、視欲如毒蛇。因此，有人供養好吃的食物，都儘量跟人家交換一般的食物，這是不堅固的慧解脫阿羅漢的習慣。可是，成爲菩薩就不管它了，菩薩說：「沒關係啦！好吃的，那也沒關係啦！不然我三大阿僧祇劫要在人間行菩薩行，難道五欲中的這個小欲也要拒絕啊？那不是純苦而無樂了嗎？將來那三大阿僧祇劫不就很難行道？」所以，菩薩就苦中作樂，父母親說：「不行喔！我就只有你這麼一個兒子，連女兒都沒有，你不許出家喔！你也不許說要獨身修行喔！你得要跟我娶個妻子來，讓我能夠傳宗接代喔！香火斷了，我可不許喔！」那就娶嘛！怕什麼？「但你喜歡什麼樣的女孩啊？」「沒關係啦！老爸、老媽！你們看中意就行了。」就這樣，這就是菩薩，本來就應該是這樣。因爲：你要哪裡去找眞愛？你說：「我如果要結婚，一定要尋得眞愛才行。」那我告訴你：眞愛難尋。也許你當了阿公的時候，出生了一個孫女，那時你感嘆地說：「這位才是我往世的眞愛，偏偏現在當了我的孫女。」就是這樣啊！這就是菩薩一定會遇見的過程。

但是你要好好去理解法的眞實理，也要能夠懂得這一些事相上必然會遭遇的狀況，施設各種方便善巧，你如何不壞世間法而使自己成佛，要設法怎麼樣在維護世間法的狀況下，不壞世間法而度化眾生共同邁向成佛之道，這是菩薩必須要具備的觀念。可是，現在誰有這個觀念？全球佛教界，你找不到誰有這個觀念；因為這是要身歷其境走過來了，你才會知道，不然你哪能知道。你們有沒有人想過這個？我相信沒有。不說百無其一，還說萬無其一呢！但這卻是一個很重要的課題，在五欲六塵中不為貪欲諸過所染，這才是最難的；因為你要入地的最大障礙就在這裡，這是第一個關卡。不幸的是，這個觀念很難突破，突破了以後得要遠離這個關卡，不要太近。你若是衝過了關卡以後還在關下逗留，那關卡上的士兵就拿箭射你，還是可能沒命。就是這樣。你要趕快遠離，過了關就要趕快遠離。也就是說，你要趕快取證二禪，他們就到不了你的境界；你一入定，天魔也看不見你在哪裡，因為那不是他的境界。連他都看不見你在哪裡，何況他派的魔子魔女怎麼能夠看見你？那他就干擾不到你，就永遠不再有魔考了。這才是眞正的魔考，而我說的是定中所見的魔女，我不是說夢中所見。我是入定的時候她們來的，如果是夢中的所見，那個魔考的層次又比較低了；將來能夠入定的時候，可能她們還會再來，那時可就抵擋不住了！

這意思是在告訴大家說，一個證得平等觀自在—於一切法都能平等而觀自在—的智印實相般若波羅蜜法門的人，他在受持、讀誦的過程中，在正念、熏習的過程當中，仍然是常在五欲汙塵之中，但是不會被貪欲的種種過失所染汙，因爲他的心性已經轉變了。可是，他爲什麼能轉變？能轉變的原因就是從受持開始，受持決定時就是不退轉了。退轉的人就不是受持，他們往往自以爲證量更高了，其實已經是退轉了，不是受持了；但他們並不知道那是退轉，以爲是證量比以前更高。

如果能夠不退，繼續延續下去，這就是受持。受持以後還要讀誦。讀誦是指什麼？讀誦就是你要深入了義經典中，去瞭解眞實的內涵，然後再加以深入體驗，瞭解其中的眞實內涵。正因爲你已經明心了，就能讀誦；讀懂以後，你深入去瞭解；瞭解以後，現前加以觀察，這個就是讀誦的目的。瞭解以後，你就一面讀、一面比照，把你所悟的眞如去比對了義經中所說，看看是不是這樣。比對正確了，你就保持那個正念；也就是把這個觀察所得而引生的智慧保持著，然後於歷緣對境當中要去修習——修學以及熏習。也就是說，歷緣對境當中，有很多的境界是你要去面對的。那你面對了，也突破了，就往上再跳躍到上一層級。你若無法面對、無法突破，就只能繼續在那個層次裡面逗留。

那麼，能夠這樣的話，修習的過程完畢了，你就有了如夢觀。然後，你就可以看見說，往世到這一世都一樣，都只是一世又一世的人生大夢；全都是在人生大夢中修行、利樂眾生、弘揚佛法、住持正法。如夢觀成就了，當然可以在這個人間的五欲中繼續受生；捨報時候到了，再去五欲的淤泥裡面投胎，繼續出生；下一世又繼續不被五欲淤泥所染汙，這才是「**非泥所著**」。這樣才能夠迅速地獲得無上正等正覺。如果像聲聞羅漢那樣去逃避五欲，不能面對而突破，那麼此人乃至難得無上正等正覺。

爾時　如來復說咒曰：「**咭利！**」你若想要證得無上正等正覺，就從這個咒入手，無妨每天就唸這個咒，不論走到哪裡，嘴裡就是唸「**咭利！**」撞到了電線桿也「**咭利！**」遇見了狗也說「**咭利！**」持之以恆，當時節因緣到了的時候，你一定會開悟實相般若智慧。

《實相般若波羅蜜經》今天要講事說之二，但是，有一些話還是要先講一講。可能我們在上週二講的，高雄講堂也已經放映了；那麼，高雄講堂有個人，是會外人士來聽經的，剛剛我才接到，他用三張明信片寫來；本來可能是想要寫在一張裡，因爲寫不完就寫第二張，然後再寫第三張，就釘在一起寄了來，也沒留下地址，所以我們也沒辦法回覆他。那麼，接到這明信片，我就想到說，上週不是有位比丘尼也坐不住就走人了嗎？我記得我曾經跟諸位講過，可能是在增上班講的。我說：我講的東西眞不是東西，因爲我下的法雨不是那種毛毛細雨，而是大法雨，所以如果是小草，承受不了，一定沒頂。但是這個現象，二十年來我已經看得很習慣了；因爲從我出來弘法以來，不曉得被初機學人罵了多少了，罵得更難聽的也是所在多有。至於是寫信來抗議，或者有人中場退席，這都是小小案件——不算案件的案件。

我也常常說：如果不是個菩薩根性，要承受我所說的法是很困難的。並且就像那位寫三張明信片一起寄來的人，他好像說是二十四號那天，他是「到高雄講堂聽白衣說法」；對於我評論某一些僧眾，他很不服氣。他說他沒惡意，但就是提出他的看法。其實他只是淺學、初學者，出家了一樣是新學菩薩而帶有濃厚的聲聞心態；這是不懂黑衣與白衣的聲聞人，想要他眞的理解大乘菩薩僧，是很困難的事。但因爲他沒留下地址，我們也沒辦法回覆，只好交給編譯組，那就以後在《正覺電子報》的〈般若信箱〉來回覆，只能公開回覆了。其實他沒留下地址，倒是好的，我們才有機會公開回覆；不然私下回覆就了事了，同時也就失掉了一些提升佛教界知見水平的機會了。

這意思就是說，其實我所說的法，且不說在增上班中說的深妙法，即使是在這種公開對外所說的法，都不是一般道場可以聽到的。甚至於有一些法，即使是一般的明心見性菩薩，對他們而言，依然是還不知道的勝妙法。所以這種法，如果不是根性很好的話，聽不進去，聽了就會起煩惱；起煩惱了，就要走人。走人了，就與實證的佛法無緣，終其一生只能與表相佛法相應。但這卻是正常的，因爲這裡是五濁惡世，又已經是末法時期了。那麼，就像《法華經》裡面　佛陀講的：能夠留下來的人都是「純有貞實」。表示那個稻穀是飽滿的，裡面不是空心的，叫作貞實；就是說，能夠在鼓風機吹拂下而仍然留下來的稻穀，每一顆都充實飽滿，沒有空心而無虛假。所以，要眞的能夠聽我說法而不起煩惱的人，還眞的是少。所以，我們現在會員加上學員大概就只是三千個人，目前就只能這樣。弘法快二十年了，這種很勝妙的究竟法、可以實證的法，也才只有這麼一點人。這三千個人要是投到台灣佛教界裡面去，幾乎都瞧不見了，因爲台灣佛教界號稱是幾百萬人，乃至有人說是八百萬人、一千二百萬人。但其實能夠進到這個層次來，都是不容易的；而這也是正常的現象，不但現在是正常的，古時候就已經是如此的，這是大家應該要接受的一個現狀。

那麼，接著還是回到這一段經文來；因爲剛剛講的似乎是題外話，卻跟這段經文有一點關係，所以就順便講了。也就是說，菩薩的不可思議是眞正的不可思議，並不是淺學菩薩能想像的，更不是一般人所能想像的；不但在所證的法義上面，乃至在事相的見解和心量上面也是一樣，世間俗人沒有人能相信。因爲，眞能相信的人就會繼續留下來進修，不能相信的人，他心裡面想：「你不過跟我一樣是個人類，又不是三頭六臂，有什麼稀奇？」因此，追隨到某一個程度以後，他也就跟你說再見了，當然那個「再見」的意思是不會再見的，所以菩薩的智慧與心境是世俗人無法信受與想像的。同樣的，菩薩的不可思議是跟外道所知、跟凡夫所知截然不同，我們今天在這段經文裡也會說到這個部分；因爲這一段經文是講菩薩處在五欲中而不爲五欲所染，所以這一段經文說：「**受持、讀誦、正念、修習，是人雖在五欲塵中，不爲貪欲諸過所染。譬如蓮華雖在淤泥，非泥所著；乃至疾得阿耨多羅三藐三菩提。**」這當然應該要去探究一下：在欲而離欲，這是什麼境界？

也就是說，在欲行禪是很難得的。如果出了家以後，在清淨的環境下證得初禪、二禪，我覺得不稀奇；但菩薩就是要在染汙的環境下，自己修行而發起了初禪、二禪，這就比較稀奇。不過這話應該放在五、六百年前開始說；因爲自從明末—明朝中葉開始—就已經是雙身法大弘的年代了。所以在那個年代裡面，其實已經有不少寺院被染汙了。如果以現在的佛教寺院來講，被染汙的就更多了。所以有很多人受不了，心想：「**我乾脆去外面自己建立一個精舍清淨自修，我不要看著你們那些堂頭和尚率領下面徒弟在搞雙身法。**」所以現在出家人自立的精舍不是很多了嗎？這也是其來有自。

那麼，出家二眾若是不願意跟人家同流合汙，那就只好離開，不然能怎麼辦呢？你看，現在大山頭不搞雙身法的，還眞的是屈指可數，眞的是如此！所以我剛剛說的話，應該從五、六百年前開始說，不是只說現在；因爲現在大寺院裡面，也沒有什麼清淨的環境可說，也已經都被密宗給滲透了，若不是六識論的常見外道法，就是密宗的雙身法，出家人想要清淨修證初禪是不可能得。哪一個寺院不跟密宗的喇嘛們往來？社會上私底下的傳說，有的人去參加某些寺院的活動而學習世間法的插花等等，都會聽到一些消息；甚至於你去泡溫泉時都會聽到人家傳說某某山如何、如何，總之就是不外於雙身法，因此現在出家了跟在家時是一樣難修初禪的；所以現在如果出家人能修得初禪，我也很敬佩他；因爲現在的出家環境就是這樣染污的，很少有道場不在暗地裡搞雙身法的。所以我剛剛講的那個條件，是在五、六百年之前的出家人來修初禪、二禪，是比較容易證得禪定的。

當出家人住在大山頭裡面，左單、右單、上單、下單都在修雙身法的時候，他如果眞的可以修得初禪，這也是很厲害的僧眾，這跟在家人的在欲行禪一樣地厲害，我一樣是很佩服他們的。可是到目前爲止，全球的佛教界或外道之中，有沒有看見哪一位出家人或在家人，把他證得初禪、二禪的體驗內容以及發起的過程講出來的？到目前爲止都還沒有。台灣南部有人宣稱他有得初禪或二禪，其實也是沒有，是誤會後的禪定，依舊是未證言證。爲什麼實證禪定這麼難？原因就在於不懂禪定的修行——不懂修證禪定的方法與原理。最重要的是不知道它的原理，對於方法倒也還懂一些；雖然只是一知半解，畢竟也還懂了一些，但是最大的問題就是對原理不懂。那麼，在欲行禪極爲難得，所以稱爲火中生紅蓮；美麗的紅色蓮花本是生在水中的，而菩薩這朵清涼的紅蓮卻是在淫欲大火中出生的。但是在欲行禪而能夠實證，它的原因就是因爲他心中對五欲的貪愛斷除了，而不是在身行上面斷。這就是最難證的禪定，因爲繼續保有身行的時候，就不免會起貪，但是菩薩竟然能夠在其中離貪，這就難了。（編案：密宗所謂的初禪都是騙人的，是以自己施設的雙身法境界當作初禪來騙人，都是嚴重貪著淫欲的。）

這就是說，禪定的發起是會使你離開欲界心的。而欲界六天之中都有欲，這是不可避免的。欲界六天以下，包括人間、畜生道、餓鬼道乃至地獄都有男女二性。到了色界天，是中性身而沒有男女之分了，如果想要生到那邊去，就必須從深心中斷除對於男女二性的貪著。眞的斷了，表示他心中一定是不再有男女之差別存在了，離了欲界法的貪著以後才能夠生到色界天去。這意思就表示說，想要發起初禪、二禪的境界，必須是離欲的人；對欲界男女觸已經厭離，才能夠發起初禪而生到初禪天去。這就是初禪離欲的道理，就是禪定發起的道理。但是，光修定能不能生起初禪？不能！修定而不證三乘菩提智慧的人，他們得要伏惑；是把欲界愛降伏了，是藉著修定的方法把欲界愛降伏了，因此欲界愛不會生起了，才能發起初禪，但不是像三乘菩提中的聖者一樣斷欲界愛。

那麼，這個要加以說明，我上週也說明了不少；因爲上上週也正好有人寫信來問這個問題，我就不用覆信，這封信也是交給編譯組在《正覺電子報》的〈般若信箱〉中去回覆，但是在這裡還是可以先作個說明。也就是說，有一些人認爲說，他在解脫道上已經得三果了；因爲自從我們《阿含正義》出版以來，現在有很多人都知道，凡是證得三果的人都必須是離欲的；因爲我在書中有特別在某一節的一開始就寫明說：有證得初禪的凡夫，沒有不證初禪的三果人和阿羅漢。所以，這兩年也開始有人宣稱說他已經得初禪了，他的目的是要顯示說他是個三果人，並不是要顯示他證得初禪，因爲我說沒有不證初禪的三果與四果人。既然有人宣稱他得初禪，他就應該要瞭解初禪是怎麼證的，實證初禪的方法與原理也應該要爲人說明，但是他有沒有說明？不論是在原理、修證的方法、發起初禪的過程，全都沒有說明，就這樣大剌剌地宣稱他有證得初禪。由此證明他是說謊欺世，只是想要讓人誤認他已證三果罷了。

這就是說，解脫道中的三果實證，有兩個部分要說。第一個部分，證得三果者是必須有初禪作爲證驗的標準，那不能叫作三果人。因爲三果人是離地，初果見地、二果薄地、三果離地，離地是離什麼的境界？是離欲界愛，就是離開欲界的境界了，這是第一個部分。第二個部分，就是說證得初禪的人，才有資格說他是離欲的，否則只能夠說他是薄地，也就是欲界愛很淡薄，貪著淡薄了，他只能這麼說。至於是不是已經到達離地呢？那就要以發起初禪而且不退失，作爲驗證的標準。

這是有驗證標準的，不是沒有標準的；所以想要宣稱說自己已證三果，是不能隨便講的；必須要每一個條件都符合，才能夠說他已經得三果，否則不免大妄語業的果報。因此離欲的實證，必須以初禪爲驗。除了發起初禪以外，平常還可以用夢境來作爲檢驗；如果發起初禪以後，還是不能通過夢境的檢驗，仍然在夢境裡行淫，那還是不算離欲的，他若宣稱發起了初禪可就是謊言。也就是說，一腳跨在初禪的境界，另一腳還跨在欲界的境界裡面，這個人只是退失初禪的人。眞正的離欲是前腳跨到初禪境界以後，另外後腳也離開了欲界，也同樣踩進初禪境界中了，這樣才算是眞正的離欲。所以，如果夢境裡面還會有淫欲的境界，就表示他的初禪還不夠堅固，禪定已經退轉了，因此我說還要以夢境為驗。這兩個都具足了，才能夠說他是眞正的離欲者；這樣來說他斷了五下分結才是正確的，否則空口白話，宣稱斷五下分結是不足爲憑的。

那麼，在理上是這樣，在憑證上面也是如此；可是在禪門宗門裡面又是怎麼來說悟後起修的？我們就用禪門大師的三則開示來作爲說明，來說悟後除欲之行。第一個部分：

《景德傳燈錄》卷六：【百丈懷海禪師　僧問：「如何是大乘頓悟法門？」師曰：「汝等先歇諸緣、休息萬事，善與不善、世出世間一切諸法，莫記憶、莫緣念，放捨身心令其自在，心如木石無所辨別，心無所行；心地若空，慧日自現，如雲開日出相似。俱歇一切攀緣，貪瞋愛取垢淨情盡，對五欲八風，不被見聞覺知所縛，不被諸境所惑，自然具足神通妙用。是解脫人，對一切境，心無靜亂，不攝不散，透一切聲色、無有滯礙，名爲道人。」】

禪門裡面祖師有一些開示都講得很好，問題就出在他沒有把前提告訴大眾，或者記錄的時候沒有把前提記錄下來，導致後代把禪師悟後起修的開示，拿來當作悟前用功的方法。所以，那些凡夫大師們拿了禪師悟後起修的開示說：「你看，禪師教我們進了禪宗就是要這樣修行啊！」可是人家講的是悟後要這樣修行，悟前卻是要去找那個眞心如來藏；但他們不懂，弄不清這個前提，就把悟後起修的開示拿來當作是悟前應該用功的方法，那就差得很遠了，那想要眞正進入禪門，也就沒機會了。

那麼，有僧來問說：「如何是大乘頓悟法門？」他是要問頓悟的法門，百丈禪師卻不跟他講這個，因爲他開悟的條件還不夠。想要求頓悟，也要有基本的條件；這基本的條件是除欲之行，可是悟後一樣是要除欲，但是這兩者的層次是不相同的。百丈禪師說：「你們大家把種種的緣給休歇下來，種種的事情也都放捨了、停息了，乃至善與不善、世間出世間的一切諸法，都不要再去記著，都把它放掉，不要去攀緣，也不要去想念這些法，把身心都放捨了；」不是單單放捨身體，是要把覺知心也給放捨了，「這個覺知心不要有任何的負擔，要住於自在的境界之中，」這意思就是說，除了對於禪宗的所悟內容有興趣以外，其他的都不要去掛念。也就是放下一切，「要心如木石，什麼都不要去辨別，」管他天崩地裂也跟我無關，都不要管它，「覺知心要住於無所行的狀態裡面，當你可以把覺知心也放下了，那色身也就沒什麼可以牽掛了；整個都空掉了以後，智慧之日自然就現前了。」

但這也是最難的，其實這種求悟的方法，就跟默照禪一樣。默照禪就是默照著自己心中有沒有起妄念，有沒有攀緣什麼。默照到後來什麼都不攀緣了，一切都放開了，然後突然間有個因緣出現，就知道原來參禪要悟的就是這個眞如心，那時就會知道了。所以默照只是個方法，默照不是證悟的目的，不是證悟的內涵。這裡百丈禪師講的也是這個道理，因爲什麼都放下以後，什麼都無所謂的，突然間發覺到有一個東西是你有所謂的，不能不理祂的。那你就去檢查一下說，這個東西是不是三界中的法。檢查過了，發覺到這不是三界中的法，你就知道你是不是眞的開悟了，就把《心經》、《金剛經》統統請出來檢查，《維摩詰經》也都請來檢查，結果發覺都對，那你就有把握說大概是眞的開悟了。這個把握大概可以到九成了，接下來就是要去見見善知識，看看到底對不對。因爲世俗話說：「失之毫釐，差之千里。」禪宗也有一句名言說：「毫釐有差，天地懸隔。」所以還是不可兒戲。

如果有把握了，大概九成、九成五把握了，這時候「如雲開日出相似，」接著就是要作什麼？要去讓善知識在你腦後再補上一槌。這一槌很重要，因爲這一槌補了上去，就整個都通透了，公案你就全都通了。這時候要「俱歇一切攀緣，」也就是說慧日開了——雲開了、慧日出現了，要把一切攀緣都停歇了，「貪瞋愛取垢淨的這一些看法知見觀念，全部都要把它斷盡了。」爲什麼斷盡？爲什麼要叫你斷盡？明明那是如來藏所住的境界，你覺知心明明還在這裡面，爲什麼要斷盡？因爲要轉依。若沒有轉依於如來藏，光是知道如來藏的所在，那還不算是開悟；因爲沒有未到地定而無法眞實的確認說：「我已經依止如來藏，決定要這樣來改變自己。」也就是說，他的轉依沒有成功，知道如來藏的所在時依舊只是常識、知識而已，不是眞的開悟。所以要轉依成功了，才不會退轉；否則會退轉，還會謗法；至於轉依成功與否的關鍵，則是次法的修學圓滿以及深厚的未到地定。

這時面對五欲八風的時候，不會被見聞覺知所繫縛。五欲從五塵來，在五塵中才會有財色名食睡。八風也是依五塵上顯現的法塵才有，八風還記不記得？利衰苦樂稱譏毀譽，這八個。人家讚歎你的時候，心裡有沒有高興起來？高興了——喔！被譽風所動了。當人家讚歎說：「蕭老師！您眞的是『不世出』的高手。」心裡面就想：「喔！眞的很高。」那就是被譽風所動。當人家罵一句：「你其實不懂佛法啦！還寫那麼多的書出來。」心裡面有沒有不悅？不悅喔！已經被毀風所動了。被人家一句譏笑的話所動，這八風裡面就有兩風了。這就是說，只要落在六塵中，那就會被五欲、八風所動。悟後想要完全去轉依祂，實際上並不容易；要怎麼樣才比較容易呢？歷緣對境去歷練，歷練到被人家罵慣了，那就好了。要被人家罵慣了，以後去幫助眾生的時候，眾生一再地懷疑說：「你為什麼對我這麼好？你是不是對我有企圖？」然後他就處處提防著你（其實你根本沒有企圖，因為你已經超過欲界境界了），可是眾生心裡面會想：「你為什麼對我這麼好？」然後心裡面就一直在提防你。但是你要接受別人提防你，因為你是過了欲界境界，人家還住在欲界境中，還不能超過欲界。

人們總是會用自己的境界來衡量善知識的境界，對住持正法的菩薩而言，這是天經地義的事。眾生又不是跟你一樣超過了欲界，你憑什麼要求他們不懷疑你？所以當善知識不容易喔！然而要這樣才能算你有智慧。因為眾生的境界還在欲界中，他用欲界的境界來衡量你，那是再正常不過、再正當不過的事情。你要能接受，否則你這位菩薩不就跟眾生一樣了嗎？這就是善知識不同於眾生的地方，但是眾生很難想像善知識的境界。他們沒有辦法想像，因爲他們所知道的就是那個世俗我所執著的境界；當然他們用那個境界來衡量你，你要能夠接受他們用那個境界來衡量你，這絕對是正當的。所以，你被人家用欲界的境界來衡量時，也是正常的；你要能夠接受，因爲他們是一般的眾生，而你是住持正法的證悟菩薩。

那麼，這意思就是說，能夠不被見聞覺知所縛，不被諸境所惑，那是已經實證般若了。可是，這也可以拿來用在一般眾生身上，教他們把什麼都放下，把自己也放到什麼都無可放的時候，那不就是如來藏的境界了嗎？所以我常常說：要自殺，不要被人殺。你們讓我來殺，都是很痛苦的，我見總是藕斷絲連而斷不盡。願意自殺的人就很痛快，自己把色陰殺了，把識陰殺了，把受想行陰給殺了；殺到最後無可殺了，一定還有東西在，因爲不是斷滅空，那不就是如來藏了嗎？所以，這個悟後起修的方法，若是有智慧的人，也可以拿來在悟前用。只是眾生與凡夫大師們一樣，都是正知正見不足，都不知道說，把一切都殺掉、都放掉以後，到底是要幹什麼？全都不知道，問題就出在這裡。因爲，若是說到明心見性，到底要明什麼心、應見什麼性？都不知道啊！但菩薩知道：當他們放到什麼都無可放的時候，那不就是如來藏的實相境界了嗎？

所以百年來的佛教界大師與學人，修學佛法幾十年以後依舊渺渺茫茫，不知如何下手實證，最根本的問題都是落在五陰裡面，然後才是般若的開悟究竟應該是證得什麼。百年來的佛教界，有誰講過禪宗的開悟就是要悟得第八識如來藏，而如來藏就是阿賴耶識？有沒有誰講過？都沒有啊！廣老找到了眞心，他不知道眞心又叫作如來藏、叫作阿賴耶識，因爲他不識字，沒法子讀書，也就沒讀過經論。可是，奇怪！我剛悟了，我在度人的時候，我也沒有去讀到經或論中說這個眞心就是阿賴耶識；可是，有一天人家問我說：「老師，我們找到眞心，這個眞心是不是阿賴耶識？」我說：「是啊！你爲什麼問這個？」可是，我回家以後想一想：「奇怪！我也沒有讀過說，這個眞心就是阿賴耶識，但我爲什麼會很肯定地直接答他『是』？」我當時就從心裡面直接回答出來：「是啊！」所以，有些東西是從心中的種子直接就流注出來的。譬如以前有人來問我說：「老師！有沒有內相分？」我不假思索就說：「有啊！」可是，我也沒讀過內相分三個字，以前也沒聽過，那是第一次聽到；但因為是往世的種子直接流注出來，就這麼直接答覆了。

也就是說，我解說的許多法，大部分是從往世的智慧種子裡直接流注出來的，這是往世很久以前就實證過的，所以我捨棄聖嚴法師教我的錯誤知見以後，自參自悟的過程很快，不必半小時就把明心與眼見佛性全部解決了；然而很多人在佛法上面修不好的原因，就是因為善知識沒有告訴他，明心時應該要明什麼心：「**你明白眞心時，眞心究竟是什麼心**？**就是阿賴耶識，就是如來藏。**」善知識都沒說過，所以大家一天到晚參禪時說要明心、要明心，可是都找不到一個方向，都往妄心的方向一直鑽進去；從妄心的方向直鑽時，鑽到最後無可轉身，那就像老鼠入了牛角，再也迴轉不過來，法身慧命就活不過來了。所以，老鼠入牛角，是最不好的現象；可是有位大師講禪時卻說：「**老鼠入牛角，**」還學人家講台語說：「**穩當當！**（台語）」如今我卻說：「**穩死欸！**」（台語。大眾笑…）正是死路一條啦！根本就沒有轉身處，結果大師們還讚歎呢！你說要不要命？所以問題不是在於祖師的開示不好，而是在於當代沒有人去指點大家說：你把五蘊全都休了、歇了、了掉以後，剩下的就是如來藏。

從來沒有人這樣講，如果有人這樣講過的話，大家去把三轉法輪的經典請出來一讀：如來藏、阿賴耶識離見聞覺知，從來不思量、不作主。那不就容易找了嗎？所以，說來說去都是那一些瞎眼阿師誤人，大約都是這樣。我們弘法初期就是見不得那些瞎眼阿師誤人法身慧命，所以才要去作不指名道姓的辨正，救護所有學佛的人。可是寫了幾年以後，不指名道姓根本就沒有用。那該怎麼辦？他們要繼續誤導人，那你看不看得下去呢？問題就在這裡。偏偏我就是看不下去，因為他們自己少數人要大妄語、要下地獄，也就算了，偏偏要印證一堆人跟著他們大妄語，拉著一大堆弟子們一起下地獄，還反過來說我們的第八識妙法不是佛法，那我沒辦法接受。我可以不救他們，但是我不能不救他們座下那些被印證的徒弟們。可是呢，那些誤人法身慧命的大師們已經夠愚癡了，沒想到被錯印證的徒弟們更愚癡；那些大師雖然愚癡，也還沒有出面公然罵我，但我要救的那些被錯印證的徒弟竟會公然罵我，你說冤枉不冤枉？這就好像說，消防隊員看見狗落在坑裡面，坑裡面火已經在燒了，他不忍心看見狗被燒死，就伸手下去救，沒想到那隻狗還咬他的手呢。就是這樣啊！這就是愚癡的眾生。

可是你當了菩薩，得要接受這種眾生；你如果不能接受娑婆有情就是這樣的眾生，就無法在娑婆世界弘法，因為你會覺得很痛苦說：「這些眾生忘恩負義，不知好歹，不來了！」就走人了，下輩子不投生在這裡了，生在極樂世界裡享福去，就住到極樂世界的實報莊嚴土，這些娑婆世界的眾生只好繼續可憐吧！他心裡想：「那不叫作可憐，叫作可惡，我救他們還要被他們狠狠地咬好幾口。既然他們自己要作孽，就自己死吧！因為天作孽猶可違，自作孽就不可活了。」他就那樣想。那我告訴你，他就不配當善知識。所以，被人家罵才是應該的，只要不會影響到正法的弘傳，眾生要怎麼罵，你都不理會，只管繼續弘法。因此，眾生開罵了，你就當作沒聽到，當作是東風在吹，有一點暖暖的，都不寒了。要當作這樣，這才能夠當善知識，否則一定馬上厭倦。

可是話說回來，要論到眾生參禪無法開悟的原因，還是要怪那些大師們：明心、見性是明什麼心、見什麼性，都不曾講清楚。雖然大師們都不講清楚，其實學人也要原諒他們；總歸一句話，要怪自己法緣不好，才會遇到那些大師。所以不要怪那些大師們，因為他們也不是故意不講出正知正見；

他們眞的是不懂，不是懂而故意不講，所以仍然是情有可原。我們學禪的人應該怪自己說：「我自己的法緣不好，才會遇到那樣不懂禪的大師。」所以，我當年也是怪自己說：「我的法緣不好，沒有遇到一個善知識教我說，開悟就是悟得如來藏。」如果有人早早這樣講的話，我早就開悟了，我還需要去苦參那十九天嗎？因爲那十九天都是用人家教的錯誤方法在參禪，那怎麼參得出來？後來丢了，自己整理明心見性四個字，半個鐘頭內就全部解決了。因爲自己去思惟整理，去弄清楚說：既然說是要明心，那一定有一個眞心，一定不是現在所知的覺知心自己。然後就直接知道應該要找到如來藏，當時立即知道如來藏是什麼心，覺得沒什麼稀奇，很平常、很現成；那麼就解決明心的問題了，這麼一句話就解決了。那，接著探究到底要見什麼性？當然是見佛性，難道還是要見識陰的覺知性嗎？當然不是，那覺知性就是凡夫所知的佛性，既然佛性是開悟才能看見的，當然不是凡夫們都看得見的識陰六識的覺知性。於是自己探究佛性究竟是什麼？也是立刻在心中知道了佛性意涵，當下就在六塵境界中看見自己的佛性了。於是明心與見性二關全解決了。

所以說，參禪是要悟得什麼？有沒有明眼人指點一句話，就是能否開悟的最大關鍵所在。如果有人指點一句話說：「**明心就是要找到另一個眞心，不是現在所知的覺知心。**」那你要明心就容易多了。今天告訴你們了，你們明天就應該明心了。因爲我自己去思索說：「**明心絕對不是明白了現在這個覺知心。**」那我當時就知道眞心的所在了，就開悟了，就這樣而已。也許你說：「**你是菩薩乘願再來，我們不行啊！**」若是不能像我弄清楚了就當場解決，不然，我就給你三年時間，你也該弄明白了吧！你們來聽我講《金剛經》、《實相經》這麼久了，對不對？那也沒關係，明不了心，我們還有辦法，去到禪三期間再來幫大家找出來，這也可以啦！反正每年有四個梯次的禪三，怕什麼！

這意思就是說，你明心時所悟的不是這個覺知心。如果是落在覺知心裡面，你還能夠悟得什麼？終究不能離開識陰六識的範圍。覺知心是你本來就知道的，你悟得祂以後又能生起什麼智慧？悟前與悟後所知的心既是同一個，那麼悟後與悟前的所知所見就沒有差別，證悟的賢聖與未悟的凡夫就同樣了，那你就沒有必要去悟祂。所以，所悟的一定是離開六塵的，是與覺知心不一樣的眞心；既是離開六塵的心，就不會落在五欲八風裡面，祂跟五欲八風不相應。不信，你們可以去問問找到如來藏的人，我們會裡面有很多同修找到如來藏了，你問他們：「你找到這個如來藏，假使你稱讚祂，祂會不會高興？」他一定告訴你：「不會高興。」「那，不高興就是會生氣了？」他也告訴你：「也不會生氣。」你就應該講：「喔！祂修養一定是很好的。」可是，這位師兄還會告訴你：「祂沒有修養。」奇怪！沒有修養的人，竟然也能夠不歡喜也不生氣，這是什麼境界？那位師兄也許會告訴你：「是無餘涅槃境界。」事實上是這樣。所以，即使眞的知道密意了，也不等於是開悟；因爲轉依是很重要的，已經轉依眞心如來藏了才算是眞的開悟。

那麼轉依了以後，不被識陰六識的見聞覺知所縛：「誰要罵，由著他罵去。如果他寫了信來，弄成文字或出了書，那我正好又多一個機會來作佛事。」我們有很多佛事就這樣來的，不然我哪會有那麼多書？我寫那麼多書大多是因爲這些緣故。因爲人家告訴我說：「印順法師指責說如來藏是外道的神我。」所以我就寫了《眞實如來藏》。有人說：「佛性是不可能眼見的。」那我就寫了《平實書箋》。也有人亂說：「阿含之道就是成佛之道，沒有大乘佛法。」所以，我就趕快寫了《阿含正義》，證明《阿含經》說的所謂成佛之道，其實只是聲聞、緣覺的解脫道而已，談到菩薩道的內容時是極爲貧乏的，更談不上成佛之道的次第與各階位的修證內容。所以我寫這些書都是有緣故的。

《阿含正義》是我本就想要寫，是想了好幾年、好幾年，但就是沒有時間下手。其實我在讀《阿含經》的時候——悟後重讀一遍的時候，我就把許多地方用鉛筆畫著，這樣子圈著、圈著、圈著，解脫道的重點就全部圈出來了。然後，我要寫《阿含正義》的時候，很簡單啊！一頁一頁翻過去——喔！這裡有圈圈。好，這一段編入某一章。然後，又翻過去——喔！這裡又有一段圈出來，這一段聖教就編在哪一章的哪一節。所以，我寫《阿含正義》時很快，因爲以前都讀過了，讀時也認爲那些部分對眾生很重要，都曾經用鉛筆圈起來了。所以，我寫《阿含正義》時，比那些學南傳佛法的人在讀我的《阿含正義》時還要快，他們一本還沒有讀完，還沒有詳細瞭解完，我第二本就已經寫出來了。所以，現在外面很多人都知道：修十二因緣的觀行，一定要先依十因緣來修觀行。現在這個道理幾乎成爲台灣佛教界的常識了，可是以前有誰講過？沒有啊！以前有講過的，就是 佛陀講的。我們以前那個年代就親耳聽過了，佛陀親口所說就是這樣；所以如果眞要講什麼根本佛法，印順法師等人都沒有資格談，我才有資格談。但是，這樣就很厲害嗎？不厲害啦！還差很遠啦！如果沒有遇到那些大菩薩們，沒有遇到 克勤大師他們，其實也沒有辦法四通八達，這就是鍛鍊。

這就是說：要能夠悟得眞，是很困難的。因爲眞正的善知識少，古來那麼多善知識，願意留在這裡的也少；因爲很多人要到琉璃世界，或者要到別的世界去、要到彌勒內院去。在那裡過得很輕鬆，不必被眾生給糟蹋。可是，我說他們不聰明，傻瓜才是眞聰明；因爲要繼續被人家糟蹋，自己的進步才會快。假使我這一世還穿僧衣，誰會糟蹋我？我看很少，絕對不到現在的百分之一；但是在修除性障，轉變習氣種子上面，進步就會很慢，因爲沒有機會讓習氣種子現行。可是，我這一世以白衣之身來弘法，本質上其實仍然不是白衣；可是那些不懂的人當我是白衣，所以他們在罵我的時候，說話都是無所忌憚的。那也很好啊！今天聽一個王什麼蛋，明天加一個渾蛋，後天再加個邪魔，大後天再加個外道等等，反正你能想到的罵人的渾話，他們都會罵出來；我聽了很多，如今都覺得很習慣了，根本不會生氣。當你聽習慣了，表示說你這一部分瞋的習氣種子就除掉了。所以其實傻瓜才是聰明人，在佛法裡面很奇怪，剛好與世間法顛倒，聰明人反而是笨。他聰明，要去諸佛淨土過好日子，可是他的習氣種子要等到什麼時候才能斷除？沒什麼機會。那邊是淨土，住的都是諸上善人，誰來給他們惡境界流注習氣種子出來斷除？沒有機會。那麼，在娑婆就是有這個好處。

言歸正傳，你不要被見聞覺知所轉，就是要把覺知心識陰再加上你的意根，都要轉依你的第八識如來藏。而如來藏是不被見聞覺知所繫縛的，實相心如來藏從來不跟五欲八風相應；你若是能夠這樣轉依，就不被諸境所惑，自然就具足神通妙用了。這神通妙用當然也有二個說法：第一個說法，是說你的如來藏在六根之中互通，那不就是神通了嗎？你也可以把如來藏拿來運作而成就很多事情，那不就是妙用了嗎？也許有人心裡懷疑著，那不然，龐蘊居士怎麼說神通兼妙用的呢？他說就是搬柴與運水，對不對？就只是這樣而已。也許你說：「**就只有這樣，那有什麼用？我才不要悟那個東西。**」可是，你不悟那個東西，你在成佛之道的修行上，可就永遠入不了門。

而且，當你悟得實相心如來藏，繼續努力進修以後，未來到了十迴向位時，你又有如夢觀了，可以知道過去世很多事情；雖然這不是宿命通一類的神通，卻遠勝過人家的宿命通。別人的宿命通可以拿來炫耀：「某甲！你今生這麼有錢，就是因爲你過去世跟蕭平實布施了。」他可以看得見，可是你若想要問他三世以前，他就看不見了。但是，你的如夢觀雖然不能像他那樣作：看見某甲，就馬上知道他上一輩子幹什麼。可是，你可以看見自己過去無量世的事情，是跳躍很多劫而跳來跳去看到很久以前的事情；有時候是看見很多、很多、很多劫以前自己的事，有時候你也可以看見某一個同修因爲過去很多劫以前的某一種緣故，所以今天能進得了同修會。

能進入正覺同修會證悟，都不是沒有來由的，能進同修會的人都不簡單。外面的人聽了，也許又要罵：「這蕭平實講話多麼誇大！」因爲他不知道如夢觀，那你就要原諒他，他就是那個樣子。世俗話裡面說：「每一隻雞，牠們一生之中的一飲一啄，莫非前定。」牠在地上啄一顆米，在水裡面喝一口水，都是有牠過去世的福報在，否則還沒有辦法有那一啄一飲的福德，我曾經看見往世的某些事情，所以我相信這種世俗說法。世間法尚且如此，在出世間法裡面能夠明心，那當然要有過去世的因緣。過去世的因緣若又加上這一世的一些什麼因緣，他這一世跟善知識可能就相應或者不相應。

如果過去世曾經罵過這一位善知識，這一世開悟的因緣就是會拖到後面一點，就是悟得比較辛苦一點；但也是可以悟入的，因爲至少這一世跟善知識並沒有結下惡緣；或者說雖然這一世曾經結過惡緣，但已公開懺悔了，善知識接受了（善知識之所以叫作善知識，就是他不會記恨。會記恨的都不是眞正的善知識，會記恨的人，一定是假名善知識；因爲眞的善知識轉依了如來藏，而如來藏從來不記恨；所以他只會去觀察你適合什麼時候悟入，他只會觀察這個），他會選擇一個最好的時機給你悟入。第一次悟入若是最好，就第一次給你；第二次最好或者第五次悟最好，就給你第五次開悟，他就這樣觀察。

這就是說「**不被諸境所惑**」，一定是要轉依於遠離六塵的眞心，轉依眞心如來藏而遠離了六塵以後，覺知心漸漸清淨了，繼續次第修上去以後，雖然你不修神通，也能有某些神通妙用。你看，有哪一個人的宿命通能夠知道自己多少劫以前幹了什麼事情？有哪一個有宿命通的人能夠這樣子看得見？都沒有啦！那一些有宿命通的人，大部分是依命盤來算的，更多的是唬人的，不是眞有宿命通；假設有人眞的有宿命通，不論他是自己有通，或者背後是神、鬼告訴他的，他們能夠看見前三世就算很厲害了，大部分都只能看到前一世。更多的所謂宿命通，是用你的生辰八字來算的，是推論出來說你上一輩子幹了什麼，所以這一世如何、如何，並不是眞的宿命通。但是你有了如夢觀時，雖然並沒有宿命通，卻可以看見過去世很多劫以前的事情，那有什麼不好？何必一定要去追求神通？這種智慧才是最好的。所以有的人說：「我來找某一個有宿命通的人幫我看看：我應該怎麼辦？」那個有宿命通的人卻說：「我還要等你的蕭老師來度我呢，你怎麼還來找我度化？」有時候就是說，事相上跟法義上面，固然是有所區隔的；但是法義的通達，修道的層次高了以後，有時候是會跟事相上的事情互通的，這就是禪門講的神通與妙用。

那麼能夠這樣，當然就是解脫人，因爲他對於世間法上的榮辱並不在意，不在意就是解脫於世間法的榮辱。面對一切境界的時候，心中無所謂靜也無所謂亂；因爲靜與亂是兩邊，是覺知心的所墮。既然轉依了如來藏，無妨在靜亂之中而離靜亂；該爲眾生作什麼事、該說什麼法，那就去作、去說，不必在靜亂裡面去計較，這樣就能「不攝不散」。爲什麼不攝呢？因爲如來藏不攝取諸法，祂在諸法中運作卻不去攝取。轉依了如來藏以後，就像如來藏的體性一樣也不攝。什麼叫作不散？散就是不斷地攀緣種種的煩惱，所以心裡面有一大堆的妄想，因此心就散亂。如果轉依於如來藏的時候，除非爲眾生處理事情，否則沒事在椅上一坐，心中自然就沒有妄想。不知道你的人就說：「**你怎麼坐在那裡半天，也沒有一句話，也不是在作什麼，你在想什麼？**」你說：「**我沒有想什麼啊！**」人家一定會覺得你很奇怪，但你就是這樣啊！這才是菩薩。

記得我這一世小時候就是這樣，常常站在店門口，靠在牆壁那個柱子上面，瞧著馬路上，什麼事情也沒有想；不像人家都會想著今天、明天、明年或這一世要幹什麼，我是什麼都不想。然後，老人家就罵：「**又擱佇遐戇神戇神，創啥？**（台語）」可是，我也沒有覺得我有什麼過失啊！難道一定要作什麼、要想什麼，才算是聰明智慧嗎？就是這樣啊！那麼在學校讀書的時候，我眞的不是好學生；我看著老師在上面，覺得他好好笑，可是我心中也沒有想什麼。老師在講什麼，我並不想聽，我也不知道，所以後來只好用混的。可是，如果我有興趣的書，就會一直很有興趣；把課本在書桌上豎著放，裡面再放一本自己喜歡的課外書，就是這樣子混日子。所以當「學生」，我眞的不是好學生；可是如果要當「學死」，我絕對是個好「學死」；對於「善逝」，我是很有興趣的。就是這樣啊！因爲多劫來已經習慣於那樣。後來我也跟著世人一樣開始攀緣，是什麼時候開始的？是當兵回來以後才開始攀緣。因爲也不知道退伍以後的前途是要幹什麼，我自己也不知道。我這一生到底要追求什麼，自己也不知道啊！那麼退伍下來當然先要找一個安身立命之地，那我應該要作什麼？當然要去謀生啊！就這樣子。

可是走到今天，其實跟我原來的構想都不一樣。我小時候的構想是：我應該學得治好病人的醫療技術，然後我就弄個四公尺平方的磚頭小房子，有人來了，我只要幫他治病就好，就這樣過一生。眞是胸無大志，只想這樣子。可是，心裡面老是想說：「**到底我來人間是要幹什麼的？**」就是這樣子疑著。所以退伍以後到台北來謀生，日子稍微好一點了就開始尋求；我曾換了很多種興趣，在世間法各種興趣中，走到最後，我的最後一個娛樂是什麼呢？是收集古錢幣。爲了收集古錢幣，所以我就知道一部分新疆話；譬如有的善書裡面寫著「阿克蘇」，我從錢幣收集的知識中，知道新疆話的阿克蘇，意思就是白水。所以，人家在善書裡面寫到阿克蘇時，連字都弄錯了；我當時在松江路的行天宮裡面看到人家寫錯了，就把那本善書拿來修改，重新排版印好了再送回去，讓人家再去翻印。所以我這一世的最後興趣是收集古錢幣，最後也都放掉了——在我遇到了佛法以後。當我這一世又重新遇到佛法時，又引起小時的疑團：人來世間出生以及活在人間，究竟是爲了什麼？人又是從哪裡來的？死後又會去到哪裡？於是當我最後遇到佛法時就驚喜地想：「**哎呀！這個才是我要的。**」就這樣子歡喜起來，然後一頭栽進去；這樣一頭栽進去以後可就沒完沒了，但一開始也沒想到會走到今天這樣子。我眞的沒有料想到，因爲我這個人從來就沒什麼企圖心，我只是隨順著因緣去作，而如來藏只是隨緣流注出來往世對佛法修證的種子，祂卻是不會主張要我學習佛法的。

這個就是說，如來藏的體性就是這樣，你就隨順著如來藏；如來藏應物隨緣，那你就應物隨緣。所以，以前有人告訴我說：「**我們要到國父紀念館去辦幾場大型的佛法演講，才能度得很多人。**」我說：「**免了！免了！**」因爲沒有想要度很多人而當大師。那麼後來會去台南、高雄演講，是因爲那邊當時是台灣佛教界的新疆，所以我得要去講幾場。在台南公開講過一遍，接著在高雄也公開講一遍，我就不想再作公開演講了。至於台北呢，台北是舊土，也不需要作什麼公開演講。這就是說，我們是隨緣，我們並不想去弄什麼大道場，那眞的沒意義。我們對於硬體道場的看法，我認爲只要足夠弘法的需要也就夠了，而我們從來沒有欠缺過，所以我對硬體的道場很滿足。假使能夠這樣子，就是說已「對一切境，心無靜亂，不攝不散」，不會起煩惱說：「爲什麼我們弘揚了義的正法、究竟的正法，到現在才只有度得這麼些人？」不需要那樣想，你就隨緣嘛！眞的要像姜太公釣魚一樣，你才會快樂。姜太公釣鯉魚是直鉤釣的，不像人家是彎鉤；不但這樣，他的直鉤還離水三寸，願者上鉤：「你願意給我吃，願意供養我，你就跳上來咬住，不要放嘴，讓我拉上來。」我們度人就是這樣啊！所以我們以往都不去推廣，我們就只是把訊息傳給大家。但是我們應該要推廣什麼呢？要推廣正知見，讓大家把邪見消滅掉，這樣正法才會有空間，大眾的法身慧命才不會繼續被邪師毀壞。

這是我們要作的，但我們推廣正知見，目的不是要度很多人。因爲，自古以來，能在佛法裡面證悟的人，永遠都是金字塔頂端的少數人。自古以來證初果的人很多，但是證悟菩薩道的人一向很少，古來就已經如此，是從 佛陀那個年代就是這樣的，這就是大家要建立的正知見。因此，我們不必設定要度多少人證悟，我們也是來者不拒、去者不追。當你轉依了如來藏，你就隨緣而行，隨緣而行的時候就能「透一切聲色、無有滯礙」，那時聲是聲、色是色，你也知道那是聲、那是色，可是六塵對你沒有障礙。既然不會有障礙，你也還是要安住於自己實相心的心性狀態中；百丈禪師說，這樣就稱為道人。所以，道人的意思是什麼？是要把那一些對世俗有為法的追求都要丟掉，所以修得越好的道人，在世間法中就越窮；因此，自認為修行好的人都會自稱貧道，從來沒有人自稱是富道。那麼，從另一方面來說，菩薩也可以稱為富道，因為廣有法財，非阿羅漢之所知，但是身貧、心不貧，這才是眞正的菩薩。菩薩有時也自稱為貧道，是因為菩薩縱使廣有世間資財，心中卻沒有貪著，不起世間有為法的思念，所以從世間法來說也可以稱為貧道。這樣來說明，大家就知道說悟了以後該如何安住其心了。

那麼凡是想要找到如來藏的佛弟子，又該如何呢？一樣要安貧樂道。所以，出家菩薩還沒有開悟以前，也無妨自稱貧道。貧道自稱久了以後，每一次見了人就知道說：「**我不應該去追求世間的財富，我應該追求法財。不然，**

我自稱貧道的時候，耳朵應該就會發熱。」所以悟前自稱貧道，我們也歡迎、也鼓勵，因爲那等於在提示自己說：我現在是貧道了，可不要再貪世間有爲法，對於世間法得要遠離了。這也是好事。好，那麼再來看看，宗門裡的第二個公案是怎麼說：

《景德傳燈錄》卷六：【百丈懷海禪師云：「若垢淨心盡，不住繫縛、不住解脫，無一切有爲無爲，解平等心量，處於生死其心自在，畢竟不與虛幻塵勞蘊界生死諸入和合，迥然無寄，一切不拘，去留無礙，往來生死如門開相似；若遇種種苦樂不稱意事，心無退屈；不念名聞衣食，不貪一切功德利益，不爲世法之所滯；心雖親受苦樂，不干于懷；粗食接命，補衣禦寒暑；兀兀如愚如聾相似，稍有親分。於生死中廣學知解，求福求智，於理無益，卻被解境風漂，卻歸生死海裏。佛是無求人，求之即乖理；是無求理，求之即失；若取於無求，復同於有求。此法無實無虛，若能一生心如木石相似，不爲陰界五欲八風之所漂溺，即生死因斷，去住自由，不爲一切有爲因果所縛；他時還與無縛身，同利物；以無縛心，應一切心；以無縛慧，解一切縛，亦能應病與藥。」】

《實相經》的經文說「**是人雖在五欲塵中，不為貪欲諸過所染**」，這好像是為我們這個年代說的。因為我們這個末法的年代資訊發達，何處無欲可見？到處都有五欲在引誘。也許有人說：「**那倒不是大問題，等我年老了，我就離欲了。**」然而年老就能離欲嗎？如果這樣的話，所有的老人都有資格生初禪天了，不是嗎？眞的不是這個道理啦！年老了，是心有餘而力不足，只是身行離欲，心行可是不曾遠離的，所以並不是眞的離欲。因此說，欲之所以能不能離，是在心而不是在身。

同樣的道理，法能不能證，也是在心而不在身。所以在 佛陀的年代，也有婆羅門外道本來是來挑戰 佛陀，但是見了面，聽完 佛陀說了一席法以後，他開悟了。悟了以後，他馬上返觀：「**我的祖父懂不懂這個道理？**」他們認為大梵天是他們的祖父，自稱他們是從大梵天的口中所出生的，所以他們就稱呼大梵天為祖、為父，或祖或父，後來乾脆就叫作祖父。但是當他聽佛陀說完解脫道以後，他就斷了我見，證得初果或者二果以後，他馬上返觀：我的祖父有沒有斷這個身見？因為從他們的經典去看，一定會發覺：「**我的祖父沒有斷我見，原來還只是一個凡夫天神。**」他馬上就改了歸依，當場要

求　佛陀讓他成爲優婆塞，然後盡形壽受持五戒；他就這樣提出請求，佛陀當場就接受了他的三次自歸、三次自受五戒。

可是如果有人說他證得初果了，或者宣稱已經開悟般若了，竟然還要歸依他的祖父（台灣也有一貫道老師自稱開悟被我印證了，竟然還繼續歸依明明上帝老母）（編案：詳見《正覺電子報》〈佈告欄〉），那就表示他還沒有斷我見。因爲他的疑見還沒有斷除，對於他的祖父或母娘有沒有斷我見，他依舊看不出來；疑見沒有斷的人才會如此，疑見已斷的人一定會判斷出他以前所信仰的教主有沒有斷身見。如果他看得出來，也公開宣示外道天神沒有開悟而且遠離了，那才表示說，他的疑見確實已經斷除了。佛門裡也是一樣，我的看法也是很簡單：外道來聽聞佛法時，我照原樣宣講，不會因爲有外道來了，我就少講一些。我還是照原來的樣子繼續講，他如果眞的能悟入了，他就會有慧眼，有慧眼的人一定會離開外道。如果他自認爲開悟了，竟然還沒有離開外道，就表示他悟錯了，這顯示他的慧眼還沒有發起，還沒有能力去檢驗他原來信仰的天主或母娘有沒有開悟，這是很簡單的道理。

所以，外道來聽我公開演說佛法，沒有關係，我們還是照樣講；但是在法上必須要說出正確的理，人家服氣或不服氣，都不必管他；因爲我們要度的是眞正的學人，我們不是要度俗人。所以我說法的時候，有時候讓初機學人生起煩惱，都覺得這是正常的。也就是說，我們不當一個鄉愿心態的人：對就對，不對就不對。即使是我的至親，他的說法如果錯了，我還是照樣指說他的錯誤；不會因爲他是我的至親，我就不討論他的錯誤，讓他繼續誤導學人。我絕對不會這樣作人情，我還是照樣討論。因爲若是願意去當鄉愿的人，他那個心一定不可能是已經轉依如來藏的人；轉依如來藏的人都不會鄉愿，這才是眞正的菩薩。如果要賣人情說：「**因爲他是我的師父，所以他講錯了法，誤導很多弟子四眾，我也不能講出他的錯誤。**」「**因爲他是我的老爸，所以他講錯了，我也不能指出來。**」那就表示他的心不直，落在鄉愿心態裡頭。落在鄉愿裡頭的人，表示他對實相心如來藏的轉依是沒有成功的；縱使他已經知道般若的密意，仍然不能稱爲開悟者，因爲他還沒有轉依成功。這是我的看法，也是經教中說過的，那麼我們就來看百丈懷海是否也這樣講。

百丈禪師說：「**如果會落在汙垢或落在清淨境界的心已經除盡了，**」也就是那個習性已經改變掉了，那麼「**不住於繫縛之中，也不住於解脫之中**」；覺知心—離念靈知心—能這樣嗎？不可能啊！覺知心一定住於繫縛或住於解脫之中，一定落入其中的一邊。但是，如果轉依了如來藏以後，親見如來藏不住在這兩邊，而他轉依於如來藏了，自己也就不住繫縛、不住解脫了。這時候，從如來藏的立場來當作自己的立場而安住其心、而生其心，就是「**沒有一切的有爲與無爲可說，這時候就懂得什麼是平等心的現量境界，就可以處於生死之中而心得自在，畢竟不會跟虛幻塵勞的蘊處界等生死法和合。這時候，心是離開諸法的**」，是在諸法中而離開諸法，這時「**迥然無寄**」。所以，菩薩悟後應該是住在自己的心境之中，不會再努力去追求世間法。

也許有人悟了以後，回到家裡面，結果陪著家人看看電視（因爲虧欠家人太多了，好長好長一段時間都在參禪，這叫補償心理），好啦！現在心安了，陪家人看看電視，然後家人突然問說：「**剛才他講那句話，你覺得有沒有道理？**」那時你卻要問一下：「**你是說哪一句話？**」因爲剛才心不在焉，就是這樣啊！這就是說，不住於這一些蘊處界相應的境界之中，因爲他還在禪悅之中，眼睛跟著家人看著電視，可是心裡面在思惟這個如來藏如何、如何……；也許他的眼睛是看著電視裡面那個主角，正在看著那主角當時的如來藏如何、如何……，也在看他的覺知心在幹什麼，並不是在聽那位主角講什麼。所以，他都沒有注意主角、配角們的對白，因此，當人家問一句話說：「**那個某人講那一句話，你覺得怎麼樣？**」他一定要先問：「**你是說哪一句話？**」因為他當時心不在焉，是住於實相法界自心的內境。如果能夠這樣，那就是「**迥然無寄**」，心都在法上；所以這時是不會被欲界境界所繫縛的，因此說他「**一切不拘，去留無礙**」。

因此，如果這個算命仙把他的八字排一排，說他後年就得捨報，說他的壽算到這裡為止。他就想：「**那也沒關係，我就為眾生辛苦多作一點事。**」作到三年後說：「**咦！我怎麼還沒有死？**」因為他的心地改變了，壽算也就跟著變了，那時算命仙也算不出來了。也許反過來，當別的地方有需要時，他就提早走人了；因為　佛安排了，說哪個地方需要人，那他就提早走人了。到那時，家人若是去責怪算命仙，其實是不對的。這就是說，命運會轉變。因為這個時候，他已經是「**去留無礙**」了，他根本沒有想要再多活幾年，也沒有想要早幾年走人。可是沒有想要多活幾年，事情還沒作完時，就得要多活幾年；不作完就不能走人，他想走也走不了，就是這個道理。這個時候，他對這些世間法和壽命的長短，根本不關心；關心的只是說：「**我這一世來人間的使命有沒有完成，我該作的事情作完了沒有。**」如果作完了，該走了，say goodbye 就沒事了。這並不是在說很少見的事情，在我們同修會裡，這種事情也是平常事。

這就是說，「**往來生死如門開相似**」，該走的時候，那門開了就離開這個色身。什麼時候入門呢？投胎時就叫作入門。就這麼簡單，一世又一世，一直換五蘊，一直換下去，菩薩道就是這樣來行的。因爲當你看見過去世的事情，而有今生這樣的結果，那麼你看今生也就等於在看過去生，這就是夢境中的生與死。菩薩道其實就是在夢境裡的生與死當中，一世又一世的作人生大夢，這樣去完成你的佛道，因此說「**往來生死如門開相似**」。「**到了這個地步時，如果遇見種種苦樂之中不稱意的事情，你也不會退屈。**」如果有一天眾叛親離，大家都硬要說阿賴耶識不是如來藏，大家走人，全都走光了，那我正好繼續修證我想要爲自己修的內涵，不必再爲大家辛苦了，那不是更輕鬆了嗎？有什麼好苦惱的呢？所以那時就不需要苦惱了。

反過來，如果有人謗法，而且無根毀謗你以後，走人了；他走掉了，後來他又發覺是自己錯了，回來懺悔時，你說：「哎呀！好！**我又多一個人支持正法了，這也不錯啊！**」所以，走人、來人都沒關係，菩薩本就應該這樣嘛！這就是正覺同修會清淡門風的由來，叫作來者不拒，去者不追。但是所有已去者，我們會通知他：「**你還是可以回來的，沒問題！**」他若是不回來，我們就不再派人去找他，也不會派人去說服他，全都由著他，看他自己要不要回來，由著他自己決定。這就是我們的門風。也許有人覺得說：「**你蕭老師會不會太無情了？**」我說：「**你就是因爲有情，所以才會痛苦嘛！有情就會有痛苦。**」假使哪一天妳先生走了，那個先生是妳痛恨得要死的人，那時他走了，妳還要拍掌叫好呢：「**走得好！我解脫了。**」如果那個先生是妳愛得要死的人，有一天他突然走了，妳一定痛苦得不得了。對不對？多情就是會痛苦。

這就是說，不要落入有生有死的蘊處界的心行當中；「**迥然無寄**」，那你對苦樂之事也就無所謂了。到這個地步，「**不念名聞衣食**」，名聞與我何干？名聞是誰所有的？是五蘊所有。可是，名聞只有一世的五陰能得，你在未來世能得到那個名聞嗎？假使上一輩子，譬如二千五百年前，算你是維摩詰大士好了，那可是大大有名，阿羅漢們都是如雷灌耳，都怕他怕得要死；可是如果這一世再來，你說你是維摩詰，人家說：「放屁！我才不信，別唬人了。」那個名號已經不是你的了。換句話說，那個名號只有那一世有用，到這一世來就沒有用了。而且，說句老實話，當人家在求名聞，你看一看說：「二千五百多年前，我是阿羅漢們個個懼怕的人物，那個名氣夠響亮了；我對那個名氣都不看在眼裡了，這一世的小小名氣有什麼好顧慮的？」那你對於別人的毀譽也就無所謂了，因爲你根本不想求名。所以到這個時候，你根本就不想提出來說：「二千五百多年前的我，就是維摩詰。」你根本不會講，因爲那個名聲你都看不在眼裡，全都如夢中的事情一般，有什麼好在意的呢？所以，名聲好與壞，都由著它去啦！如果這個名聲的好與壞不會影響眾生的道業，你就不管它了。

所以，網路上人家在罵我，聽說罵得很難聽，我也都不管他，我也懶得上去看，因爲我也沒有時間上去看；到底上網時是要怎麼上，我也還不懂，我現在會的就是寫書、編書，電子信件 mail 來 mail 去，就只是這樣子；

可是上網是要怎麼上的，我還不知道，目前也不想知道，我也沒有多餘的時間，心裡也沒有興趣。請問：用 google 搜尋資料，算不算是上網？（有人回答：算。）喔！那我也會上網，因爲有時候搜尋資料，人家幫我把 google 弄在電腦上面，我只要一點就進去了；但其他的上網，我就不懂，也不想瞭解；至於在網上發表言論，那我就更不懂了，而我也沒必要懂它。這意思就是說，你對名聞利養沒有興趣了。如果你還對名聞利養有興趣，那表示你是新學菩薩，你在成佛之道裡是剛悟不久的人；就算過去世曾經悟過，也就只有一、二世，那就稱爲新學菩薩，才會在悟後繼續追求名聞利養。

你如果是久學菩薩，根本不把名聞與利養看在眼裡，這個時候「**不念名聞衣食，不貪一切功德利益**」，不是因爲作某一件事情有大功德才去作，而是因爲你爲了眾生而必須要去作，就只是這樣子想的。到這個地步，也就「**不會被世間法所滯礙**」；這時雖然覺知心中還是有苦樂，因爲如果一直爲眾生作事，作到過了吃飯的時間，肚子餓得荒，手也開始抖了——因爲血糖太低而抖起來了，那時你也會接受的；那就讓它繼續抖嘛！抖到什麼時候？只要還不會倒下去，那就讓它抖，就繼續講法。眞的不行時，就找一些糖水喝一喝，也就算了。我就是這樣子弘法的啊！所以，這個時候覺知心中雖然「親受苦樂，不干于懷」，除非抖到身體很虛了，快躺下去了，就趕快找點糖分補充一下血糖，那就可以了。那時也不必說：「我現在不講了，要先吃飯去，你們休息吧！」不會這樣嘛！這就是說，這個時候對那一些都不關心了。

那時的心境是「粗食接命」，不再求精細的食物，只要是可以吃的食物就隨便吃一吃，只要能延續性命就夠了。衣服，也不用再去找很好的衣服；現代人因爲衣服破了而補衣，這是不可能的，因爲現代人的禮貌就是要穿沒有破洞、沒有補丁的衣服。以前的人大約是「補衣禦寒暑」，我們小時候還穿補丁的衣服，可是現在你要找一件補丁的衣服，還眞的難哪！如果你哪一天眞的穿了補丁的衣服出現了，大家一定都會詫異地看著你，因爲你好特別。所以，百丈禪師這句話，到現在要解釋說：現在不追求好的衣服了，只要有普通的衣服，能夠穿著不失禮，能夠禦寒暑也就可以了。又說「兀兀如愚如聾相似」，說這樣才是「稍有親分」。眞正親證的人，應該有的本分是什麼？他應該顯示出來的身口之分是什麼？就是「兀兀」。「兀兀」就是說好像枯掉的木頭一般，立在地上動也不動，什麼都不想。「如愚如聾」，就好像個白癡坐在那邊呆呆的，什麼都不想；又好像是耳朵聾了，人家讚歎他什麼好話，他也不在意；百丈說，得要像這樣子，才說是「稍有親分」，才能說是與解脫之道稍稍有一點兒親近的分；還不是具足親分，是稍有而已。

這也就是說，悟了就要像這樣去修行，知道是這樣的一個境界，可是卻要反過來「於生死中廣學知解」。「廣學知解」之目的不是為了自己要廣學知解，而是為了眾生；因為你得要當善知識，才能廣泛利益眾生。當眾生來談某些世間法的時候你也懂啊！哪個人講了一大堆的氣功要來籠罩你，你也知道一些啊！對方說他會針灸，你也可以跟他談一點。若說他懂得草藥，你也可以稍微講一點。但是，這是為了攝受眾生的需要而學的，目的不是為了這些世間知解的本身；如果只是為了廣學世間的知見，那就不對了。所以，菩薩五明之學，有很多是世間法，是為了眾生而去學。但是，如果只為了世間法而去學世間法，那就是處於生死之中的人，他是在生死中來廣學知解，這樣的人就會在世間法裡求福求智，不會在出世間法中求福求智，對於真實解脫與法界中的真實理的取證是沒有利益的。

關於求福求智，你到外面去，何處看不見？一天到晚說：「我們修福也修慧。」可是他們修的是什麼慧？其實只是世間慧，卻掛個很好的名稱叫作出世間慧，外面都是這樣子。若是這樣的話，「於理──於實際理地──對於法界實相的親證有什麼利益？都沒有利益，」因爲全都落入識陰之中，等而上之，也只是落入意識境界中，只能修得世間福而沒辦法修得解脫與實相的智慧；所以如果是求這一類識陰之法的人們，「全都會被境界風所轉，落入情解之中，都是在有情覺知心所知道的範圍內去尋找、去理解，就被這一些瞭解境界時引生的八風所漂流，仍舊還回歸在生死海裡面，而自稱說他已經跳脫生死海了。」

「佛是個無求之人，」沒有任何所求，對所有人都沒有一絲一毫的所求。有的人也許不信，就說：「你們看，那些經文後面，佛陀都交代誰要作什麼事，那不是有求嗎？」請問，佛交代某些菩薩、某些阿羅漢們以後要作什麼事情，是爲祂自己嗎？都不是欸！都是爲眾生欸！以佛地的境界，入涅槃前還爲了末法時代的眾生流下兩行清淚，是爲了什麼？不是爲祂自己，而是爲了末法之事；因爲末法時代，天魔會派出魔子魔孫來佛門中出家，身體住在寺院裡面，嘴裡吃著如來之食，口中說著如來之法而破如來之法，就是這樣啊！所以你們看，現在寺院中出家的人能夠進入正法的人究竟有多少呢？眞的不多欸！所以能在正法出家受學的出家人，眞的是很可貴。但是在一般寺院中出了家以後，學習眞實的正法往往比以前更困難，因爲大多會被道場所拘束，他們會限制你，不許你來正覺修學最勝妙的法，會強行要你住在原來被印證的識陰境界離念靈知裡；你最後只好出來自己建立一個精舍，那就沒有人管你，可以好好地來正覺學法了。

佛眞的是無求，祂從來都不求什麼。如果眞要說祂有所求，就只是求眾生安樂，求眾生得解脫，求眾生都能成佛，這就是 佛陀的所求。可是，這個求都不算是求，都是無私與無我的，所以百丈說：「**求之即乖理。**」凡是求福求智都是乖理，與理相違；因爲如來藏是從來無求的，要轉依這個無求的理；如果有誰去求什麼，就失去了正理。也就是說必須要以一個親證的目標去學，可是所要證的那一個目標，祂是無求的，而你要轉依於祂的無求。如果所證的是離念靈知的自己，而自己是有求的，那就永遠落在有求裡面；有求就不得解脫，還是會落生死海中。但是，如果有的人說：「**我要去找一個無求的。**」世間法中其實沒有一個無求的心，只有出世間法的如來藏才是無求的；你只要去找到如來藏就對了，不要去找一個離了妄念、離了煩惱的覺知心而叫作無求；那是不對的，那還是有求的心。所以說：「若取於無求，復同於有求。」

「禪門之中所悟的這個法，沒有實也沒有虛，轉依祂的沒有實與沒有虛以後，如果能夠一生都心如木石相似，不被欲界的五欲八風所漂溺，依於如來藏而住，就這樣子努力去進修，生死因就斷絕了。」生死因既然斷了，何妨再起一個心念說：「我爲了正法，爲了眾生，爲了續佛慧命，何妨再去入胎，不一定要生到天上去，也不一定要到諸佛淨土去。諸佛淨土的眾生自有諸佛度，不需要我。這些眾生沒有諸佛來度，我就要繼續幫助他們。」你何妨這樣子再來人間，可是你來人間的時候「去住自由」；當你選擇要到什麼地方去入胎時，沒有人能跟你競爭的，這個因緣就該你的，所以就「去住自由」。這個時候「不會被一切有爲的因果所繫縛，」因爲你是乘願而去入胎，不是被業風所飄而去入胎的，那麼這樣子，也就是說，「到下一輩子，還是以這個無縛身一樣地去利樂有情；然後以無繫縛的心，來感應一切眾生心；以無繫縛的智慧，來解開一切眾生的繫縛，這時候當然對眾生就能夠應病與藥了。」能夠悟後這樣子修行，你才能夠成爲眾生眞正的善知識。

如果能夠作到這樣，不必很多世，世尊自然會安排你到某一個星球去當法主。這就是說，悟後應該要確實依止於如來藏，這才是悟後起修之道。從來沒有哪一部經典或者哪一部論、或者哪一位眞悟的祖師告訴你說：「你悟後一定要求大名聲，要去廣聚徒眾，聚斂大筆的錢財。」從來沒有！因爲如果有人這樣作，他就不是眞的證悟者。如果悟了以後發願說：「我要蓋世界第一高的佛寺，我要建世界最大的道場，我要成爲佛教界度人最多的人，我要成爲學術界第一的大道場。」總之，就是有各種的第一。有的人追求第一高，有的人追求第一大，有的人追求學術第一，有的人追求在全球蓋的寺院最多，也是第一。求種種的第一，是什麼心態呢？都是求名求利，都是因爲落在意識心裡面才會想要追求第一。不信的話，你們問問自己的如來藏說：「如來藏啊！你要不要第一？」祂根本不回答你，連答覆都懶得答覆。祂從來沒有想過要什麼第一，因爲你告訴祂各種的第一，我說句老實話，祂也不懂什麼叫作第一。所以，凡是要去求世間名、世間利，或者求廣大的眷屬等等，那都不是眞悟的人，眞悟的人不作這種事情。再來看，悟後除欲修心：

《佛祖歷代通載》卷十：【二祖惠可大師……及少林歸寂，師繼闡玄化。嘗至北齊，遇一居士，不言姓氏。且曰：「弟子身纏風恙，請師懺罪。」師曰：「將罪來，與汝懺。」居士良久曰：「覓罪了不可得。」師曰：「與汝懺罪竟，宜依佛法僧住。」曰：「今見師，已知是僧。未審何名佛、法？」師曰：「是心是佛，是心是法；法佛無二，僧寶亦然。」曰：「今日始知罪性不在內、不在外、不在中間。其心亦然，佛、法無二也。」師器之，即爲剃髮云：「是吾寶也，宜名僧璨。」授具戒畢，乃告之曰：「達磨大師來自天竺，以正法眼藏密授於吾；吾今付汝并達磨信衣，汝當護持無令斷絕。聽吾偈曰：『本來緣有地，因地種花生；本來無有種，花亦不曾生。』汝受吾教，宜處深山；未可行化，當有國難。」曰：「師既預知，願聞示誨。」師曰：「昔達磨傳般若多羅讖記云：『心中雖吉外頭凶。』吾校年代，正在汝身。當審前言，勿罹世難。然吾亦有夙累，今要償之。」師於鄴都隨宜行化，經三十四年；乃晦跡混俗，或過屠門，或入酒肆。有怪而問之者，答曰：「我自調心，非關汝事。」最後於筦城縣匡救寺三門下談無上道，聽者雲集；有辯和法師者，於寺中講《涅槃經》，學徒聞師說，稍稍引去；和不勝憤，興謗于邑宰翟仲侃；侃惑其說，

加師以非法，遂怡然委順。年一百有七，識眞者謂師償債。】

這是二祖惠可大師的事情。自從達磨大師歸寂以後，他就繼承了禪宗的法化；可是那個年代是很難弘揚的，一直到六祖之前都是如此。他曾經到了北齊，遇到一個居士，那個居士也不講他姓甚名誰，就直接開口說：「弟子身上被風恙所纏，」也就是感冒了，「請師爲我懺罪。」奇怪了！感冒爲什麼要懺罪？這都是有緣故的，他們故意這樣講，然後二祖惠可就說：「你把罪拿來，我就幫你懺。」這居士找罪找了好久都沒找到，就說：「我要找我的罪，畢竟都找不到。」二祖就說：「我已經幫你把罪懺完了，你從今天開始應該要依佛法僧三寶而住。」這居士又問：「我現在看見師父您，我已經知道什麼是僧了，可是我還不知道什麼叫佛、法。」二祖惠可大師就開示說：「這個心就是佛，這個心就是法，法與佛其實不二；因爲法從佛說，而佛從法來；法就是這個心，所以法、佛無二。僧寶也是一樣，僧也是從這個心來，而僧所弘揚的也是這個心，所以僧寶亦然。」

這居士聽了懂了，就說：「我今天才知道罪的體性不在內、不在外，也不在中間。原來這個心也是這樣，佛與法眞的是無二。」惠可大師很器重他，就爲他剃髮。幫他剃了頭髮就當場開示說：「你是我所度得的寶貝，你是僧中之寶，所以應該叫作僧璨。」在僧人之中很傑出的人，智慧光明很強盛而很容易被人注意到，就是僧璨。這就是禪宗在中土的第三祖。然後二祖接著爲他授具足戒，具足戒授畢了，就告訴他：「達磨大師是從天竺來的，他以正法眼藏祕密地傳授給我，我今天就傳給你；並且把達磨大師的信衣也傳給你，你應該要護持這個法，不要讓它斷絕。可是眼前也還不能廣爲傳弘，」意思就是說：「這個法在你身上，你不能輕易就捨報。」「要讓這個法於將來傳給適合的人。」所以，僧璨三祖連什麼時候想要提早死的權力都沒有，這就是他的任務，他必須要把這個法繼續維持下去，一直到將來得法的人來到。

禪宗的二祖惠可比較輕鬆，他先把法傳了，然後就沒有任務了，這時他自己要什麼時候走都可以；所以他就這樣子作，先把任務交卸了再說。然後他說：「你就聽我說一偈：本來緣於有情的境界中，在因地的種子種下去以後，花開了就會再有出生；本來若是沒有種子，將來的花也就不曾出生。」也就是說，一定是有情才有可能受生而再出生，無情沒有有情的各種功能的，當然不可能死後再度去受生。在佛法中的開悟也是一樣，一定要有那個法種，你才有辦法今天可以悟入；也要有這個法種眞實存在，法才能夠傳得下去，不可能想像某一個本來不存在的法而把它傳下去。三祖僧璨也懂得這個道理，可是他當然會想要去弘法；二祖就交代他：「**你要聽候我的教誨，應該要住在深山裡面。現在還不是可以出去化度眾生的時候，這個法現在還不適合廣弘，而且將來還會有國難發生。**」所以三祖不可以廣傳這個宗門開悟的妙法。

弘法要看時節因緣，要懂得怎麼判斷。在唐代之前想要廣弘這個法是不可能成功的，在唐代初期必須要從法義的建立先下手，要先把大家對正法的知見都建立起來，一定要先用勝妙法義把俱舍宗給降伏了；當那些專學二乘法的高層佛弟子全都被正法降伏了，這個大乘了義法才能傳。如果沒有唐代初期先弘揚唯識正義，後來宋代的禪宗一定弘揚不起來，根本不可能那樣興盛；假使沒有北方的玄奘大師建立正法於不敗之地，南方的六祖惠能的法義就會被扳倒而無法生存。因此在唐代初期，得要等北方的玄奘大師大量譯經，也在長安城門掛出法義辨正無遮大會的宗旨「眞唯識量」，震懾了俱舍宗與外道而無人敢來辨正，弘揚第八識眞如心的禪宗六祖才能立足於南方而不被扳倒。佛陀這樣安排，菩薩們就依照 佛的安排這樣作，因此三祖僧璨心中當然會有疑問發生。至於他是怎麼提問的，那就等下回分解。

《正覺電子報》本來很薄，後來漸漸增加篇幅，也都維持在五十頁左右，可是你們會發覺到這一輯又再度變厚了。從剛開始發行，我們希望每一期不超過五十頁、六十頁，但是情勢的演變，就使我們不得不一再地增加頁數，到這一期又增加了一個部分，是關於印順、昭慧的部分；但這個不是我計畫中的事，因爲我一直不希望去評論昭慧法師，希望將來可以度她；所以不管誰來找我，說他要寫什麼書破昭慧法師的什麼錯誤，我總是隨口回應說：「**不要啦！不要啦！再給她機會。**」但是到這一回，我是沒有理由可以再阻止了，如今已阻止不了，那就只能隨緣了。《正覺電子報》這裡面所登載的文字，可以說都是必要的；因爲這是末法時代，才會有必要這樣作。

也許有人想：「**那《中觀金鑑》又不是針對什麼人，那有必要嗎？**」我說當然必要啊！因爲這是我們長期規劃中的一個很重要的部分。我從出來弘法，一直就是沒有講中觀，不想在般若上面來著墨。我是從弘揚禪宗的法以及實相念佛的法開始的，然後因爲大家不信受而不斷地毀謗（因爲我們講的跟人家的意識境界都不一樣，不是標新立異，而是因爲他們修的都跟經典不一樣；我們的法是只此一家，沒有別人同樣弘傳第八識法，所以大家不認同），我只好拿第三轉法輪的經論來證明我們的修證才是正確的，因爲他們一直說我們的法不對。證明了以後，這唯識方面的法義就不斷地寫出來、印出來。然後，又因爲密宗不斷地把唯識的法義全面曲解，所以我就必須要把密宗的內情寫出來，讓大家瞭解：密宗的法義跟唯識增上慧學是完全相悖的。然後，那一段期間就有人很好奇說：「**這蕭平實到底是什麼人物？怎麼唯識也懂，禪宗也懂，密宗也懂。**」有人就在猜測。但我根本不去解釋這個問題。

然後，就是那些南傳佛法的人就開始放話：「**他不懂阿含啦！**」意思是我們的法不是眞正的佛法，不可能會通一切佛法。其實他們不曉得我這一世初學佛時是從阿含下手的，我在往世也是自己先懂《俱舍論》以後才去求大乘法的。然後我就想：「**既然密宗的法義，我們也全盤托出；雖然攝受密宗回歸大乘正法的事情還沒有大事底定，得要一步一步去教育社會大眾，但是法義上畢竟已經解決了；那麼接著就是阿含了，也要讓他們知道阿含的眞正義理是什麼。**」因爲印順在他的書裡面說：「**阿含這個原始佛法還不究竟，**

要根本佛法才究竟。」他說的所謂根本佛法就是從 佛口親聞。但是我想，他們都沒資格來講根本佛法，我最有資格，因爲我曾經親聞過。於是就把後來發起的一些印象，跟《阿含經》作一個結合，開始利用零零星星的時間，也只用了一、二年就寫完了七輯，都是撿一些零碎的時間來寫。

四大部阿含諸經的眞實內容已經寫出來了，讓阿含專家聞一聞看：這是不是眞正阿含的味道。那麼《阿含經》中的正義已經確定了，所以他們不敢講話。但我們一直是還有一環欠缺，其實這一環是我在寫《阿含正義》的時候就已經有規劃的，但我沒時間，就請孫老師寫。可是由於交付給她的工作也實在非常的多，她也只能用零零星星的時間來寫，所以寫了一、二年，差不多了再開始登載出來；因爲建設禪三道場的事情很多，她得要忙著一大堆的事情。這樣子，中觀的法義終於也有了，那麼正覺弘揚的佛法就全面都函蓋了，這就是我們規劃中的事。

那麼，接下來就是一些佛教事相上我們該作的事，是針對那些繼續在誹謗正法的大山頭，我們漸漸認爲不能不說說他們了；因爲他們十幾年來都沒改變，始終一貫以言語毀謗正覺的第八識法義不是佛法，私下不斷地抵制，所以我們就必須挑明了說，因此才會有《學佛的覺醒》。然後，對治密宗滲入顯教裡面非常嚴重的一部論，叫作《菩提道次第廣論》，因爲他們還以這部常見外道的邪論，藏身在顯教裡面繼續毒害佛弟子，所以《廣論》的常見外道與雙身法本質也必須讓大家瞭解；但這些都是四、五年前就已經規劃的，現在就這樣作出來。如果有了偶發事件，那就立即在《正覺電子報》中增加篇幅來應對，不然也沒辦法處理。

所以〈滅除大妄語業〉的文章連載，雖然是一個偶發事件；這個偶發事件，我們也處理了兩年，但始終得不到正面的回應，所以才會改成一個單元在電子報裡連載。至於各位同修們自動組成的「破印、昭小組」，那就不是我所規劃的事，不在我的規劃中；而且是我兩、三年來一直排斥的，想要繼續留給昭慧未來證悟第八識而發起般若智慧的空間；但是因爲演變到這個階段，她已經對我公開放話了，我也沒有正當的理由再阻止你們評論她。我如果再要阻止同修們這個行動，理由就不正當了；而且不正當的理由，我也講不出口，所以現在增加了破印順、昭慧的文章以後，電子報就變成這樣大的篇幅。等以後偶發事件的內容連載完了，可能篇幅會再降下來。目前電子報的情況大概就是這樣。

這意思在表示什麼呢？表示說，越到末法的時候，弘揚了義正法的工作將會更困難；如何化解這種越來越困難的情況發生，就是我們大家要努力去作的事情。如果這一回，我們在二十世紀末、二十一世紀初這個年代，把正法的各部分都作了全面的整理以及定位，將來的佛弟子們就對三乘菩提可以有很明確的大概認知，不會再被人誤導。至於悟後的菩薩們對於「八、九、十識」的老問題，我們在這一世也把它解決掉了，以後沒有人可以再來炒這一盤冷飯了；因爲我們在二〇〇三年就藉著否定第八識的人發起的法難事件，乾脆把它全部炒了、全都吃掉了，後代就沒有「八、九、十識」這個淆訛題目可以再炒了。那麼這樣子，正法的基業應該可以再維持一千年，是絕對沒有問題的。能不能延續到二千年、三千年後，就是看我們大家如何繼續弘揚正法了。如果沒有辦法把第八識的正義延續到二千年後，那麼未來快到二千年後，我們再齊聚一堂，像這一世一樣再來奮鬥一遍。我們就是要作這種事，這種事情不可能仰仗那一些大法師、大居士們，他們都不可仰仗；這要靠諸位在背後幫我支撐著，然後我才有力量來作這件大事情。

閒言表過，回到《實相般若波羅蜜經》。上一週補充資料講到二祖惠可大師的事情，說到二祖交付衣法於三祖的時候，交代他說，應該要住在山裡面，別出來弘法。這是二祖交付給三祖時，因為禪宗如來藏正法弘揚的因緣還沒有成熟，所以如果貿貿然就出來弘法，可能會被人家刺殺。善知識在正法還沒有建立深厚基業之前，就大力弘法、大力破斥外道而被刺殺的事情，在佛教史上是很常見的。那麼，古時很有名的提婆菩薩，其實是被六識論的經部師那一派僧眾們假藉外道的名義刺殺，刺殺了以後推說是外道殺的，這種情形是很平常的。所以如果你所弘揚的法跟一般的大法師、大居士們不一樣，那你要破斥他們之前，必須善於拿捏分寸，要不斷地測試他們的底線；因為你如果作得太過火，就會被他們買通殺手藉著外道的名義來刺殺，你就會沒命。沒命了，什麼事都幹不了，還能利益眾生、護持正法於不墜嗎？所以要測試那個底線，然後一點又一點地去增加你的表面張力。善知識一定要懂得這樣作，我們弘法將近十年的時候，也一直在注意這個底線；所以即使一開始就破得很嚴厲，也還是不能超過那個底線。得要保住這一條老命才有辦法繼續作事，因為還有很多大事還沒作。那麼現在弘法將近二十年，這了義正法的基業算是已經鞏固了，所以接下來就是我們在事相上可以大力救護眾生的時候了。而事相上救護眾生的事，主要就是針對社會大眾，提升他們的佛法知見水平：不是要度他們來學佛，而是要讓他們不再落入密宗的陷阱，以免捨報後墮落三惡道中，這就是我們現在事相上要作的事。

那麼同樣的，達磨大師、二祖、三祖、四祖、五祖，那些年代也都一樣；一直到六祖得法的時候，五祖還要三更半夜親自駕舟偷偷送他離開，然後稱病三天、假裝生病。因爲假裝生病也不好過，要在床上一直躺著，那也不舒服欸！他就躺在床上撐了三天，才承認說他是假的生病，說「衣、法」已經南行。經過惠明法師追趕六祖而在途中得法的「不思善惡」事件以後，六祖回到南方，還得要在獵人隊伍裡面混十五年；要讓人想不到他會混在獵人之中，否則他也會沒命。這就是說，在那個時代，宗門正法還不到可以大爲廣弘的時代，要等到北方玄奘大師開始把正法建立於不敗之地了，然後禪宗才能廣弘，所以二祖交代三祖說：「**宜處深山；未可行化。**」因爲那個時候不單正法勢力尚未建立，國家也很亂，他如果勉強出來弘法，命不久長，又如何能讓單傳下來的宗門正法繼續綿延流傳呢？所以這時候保命才是最重要的，命在，法脈就在；命不在了，法脈就沒辦法繼續流傳了，所以這個時候不該出來弘傳。

那麼，三祖僧璨聽完了就說：「師父您既然已經預先知道會有這些事情，希望師父您在這上面再爲我開示一下。」二祖惠可就說：「以前達磨大師傳下了般若多羅的讖記說：『心中雖吉外頭凶。』」也就是說，入了宗門以後心中是吉祥的，因爲對於佛法的實證已經非常地踏實，沒有虛幻的感覺，也沒有茫然的覺受。「已經非常踏實的時候，心中當然是吉祥的，可是外頭的環境還不適合弘傳；所以，我在計校這個年代時，知道這個『心中雖吉外頭凶』的時節，正好應在你僧璨身上。因此你應該要記住，般若多羅祖師傳給達磨大師，一代一代流傳下來的預記，你千萬要小心，不要因爲國難而被人家藉機殺害了。你住在深山裡面把法留住而不失傳，我呢，還有過去世的業緣所牽累，我也沒有辦法順利弘傳；但是你得了法以後，我還是會藉著弘法而隨緣把舊業了掉，我得要去還債。」

法脈有人傳承而不虞斷絕，這樣子交代完了以後，二祖惠可就在鄴都隨著當時的情況，就去弘揚宗門正法；當然是沒有把般若密意傳授出去，但是至少要建立大眾的正知見，這也是為三祖僧璨、四祖道信等人先打下基礎。因為了義正法弘傳的基礎不是短短一、二十年就可以完成，尤其大家都還沒有宗門正法的正知見時；所以他就「隨宜行化」，總共有三十四年之久。在這三十四年之中「晦跡混俗」，雖然他依舊把頭髮都理光了，卻常常穿著在家人的衣服、戴著帽子，不讓人知道他的身分，然後混雜在俗人之中過生活。有時候經過人家屠宰之家就故意要一塊肉，經過酒肆就故意要一杯酒等等，就這樣子過日子。後來人家知道他是出家人，見了就說：「你既然出家了，為什麼作這個裝扮？又是吃肉又是喝酒？」他說：「我自己調伏我的心，跟你是沒有關係的。」意思是說：「你別管我，我只是喝酒來試我的定力；我只是吃肉，試試看我的貪著習氣種子滅了沒？這是我自己在修行的事情，跟你無關。」但這樣子就被某些人藉口援引，其實是貪得不得了，就借題發揮說：「我喝酒吃肉跟你什麼關係，祖師也這樣子啊！」其實祖師是祖師，他是他，證境根本不一樣。

最後在捨報前，惠可是在筦城縣的匡救寺三門下公開來談無上道；因為準備要走人了，被殺也無所謂，而且也預先把傳人度了等著，不怕法脈中斷了，所以就直接談無上道，專談宗門正法了。三門，大寺院都有內、中、外三個山門。所以我們那個祖師堂不算大，因爲只有一道山門而已；正覺祖師堂只有最外面的第三門，中門、內門都沒有做；不過那只是一個世俗表相，我們不理它。禪宗二祖惠可是在人家寺院的三門外說法，爲什麼要在三門外呢？因爲他若是進入三門內，還不曾進入中門、內門，都已是人家的地盤；如果他膽敢進去三門裡面講法，那就像台灣南部有一句話說的「侵門踏戶」，人家還能忍受嗎？一天都不行。所以惠可只好在三門下講。三門下，那是在外面，又不在對方的寺院中，有人想要聽，寺裡管不著他。他就在那裡開始講演無上道，以當時的時局，當然是捨報前才可以講。剛開始講時當然只有幾位聽眾，後來大家聽出味道來了，一傳十、十傳百，聽的人就越來越多了，如同烏雲一般黑壓壓壓地。

眞要如同烏雲才好，假使如同白雲就不好了，那表示都是老先生、老太太來聞法，傳了法給他們以後能幹什麼？他們馬上就要走人了，比師父都早走，法脈還能延續嗎？所以，我們目前的法眾看起來還是黑壓壓地，這是好事。所以對於年紀太大的人，我都會想說：「**我傳法給他，他還能爲正法再**

作事幾年？」我都不免要這樣子想。所以，以前我對老人家都特別要照顧，現在倒是比較留意年輕小伙子；因爲他們可以爲正法作事很久，也許我下輩子再來時，他們都還在弘法，都已經弘法四、五十年了；這樣我的弘法成本比較划算，邊際效益比較高。我當然要先算一下邊際效益，因爲我不再像二十年前那麼年輕了，爲了法脈的延續，現在度眾時要有一點改變。

惠可也是一樣，當時聽者雲集，表示已經接引很多人了，但就是沒有寺院可以弘法。聽者雲集時一定就會有一些副作用，因爲這些人從各地方前來聞法時，你這裡人多了，別的各個寺院一定都是人少了一些，所以人家就不滿意。就像我們高雄講堂才一開張沒幾個月，有一些話就傳出來了。有的道場傳出謠言說：「這蕭老師病得很重，已經差不多了。」然後過了一段時間，又有人謠傳說：「他們正覺在高雄的講堂已經關門了。」爲什麼會有這些流言？因爲他們那些凡夫法師們感受到很大的壓力。老實說，各道場裡面的學人會想要離開而來到正覺講堂，這些人都是那些道場裡面的頂尖分子；對於那些道場的主持法師們來講，當然壓力很大：「我這裡的老學員、老參們，跟隨我已經幾十年了，竟然還會跑到正覺去。」當然他們壓力很大。

同樣的道理，他在匡救寺三門外講無上道的時候，等於是在人家門前先攔截了，所以那寺裡法眾就稍微少了一些，住持那寺院的辯和法師無法接受。他本來講《涅槃經》講得興高采烈：「你看，我這麼有人氣。」沒想到被這位沒有寺院也不聞名的二祖惠可，在三門外給攔截去了一些人，當然他很不高興。實際上當然也有去觀察，所以說「學徒聞師說，稍稍引去」。就是說，他講《涅槃經》的時候，那些學《涅槃經》的人，有一些人就被引到三門外去聽二祖惠可講無上道，並不是他的大部分徒眾被惠可大師吸引過去，因爲更多人是從別的道場聞風而來的人，不全是他的徒眾；但只因爲這個緣故，辯和法師氣不過，就去向邑宰（大約就是縣官吧？）告狀。這個邑宰翟仲侃也是個傻瓜蛋，迷惑於辯和法師之說，又因二祖惠可沒什麼名氣，就用不正當的手段加諸於惠可大師，就因爲這樣而被縣官殺了。

「怡然委順」是說惠可心平氣和接受這個果報，因爲他知道這一條命是欠他們兩個的。好啦，該還的，反正一百〇幾歲也活夠了，了義正法也傳下去了，不虞失傳，所以「怡然委順」，心情很平靜地接受了，一點點生氣都沒有，因爲他很努力在修除習氣種子。你看，他飲酒吃肉爲的就是斷習氣種子，而習氣種子是最難斷的，一直到八地、九地都還有無始無明上煩惱要斷；而習氣種子是要在七地滿心前斷盡的，那是很困難的。那麼，這樣一來大家就算了，不再計較惠可飲酒吃肉了。後來大家知道是惠可大師，算一算，他有一百〇七歲，懂得他是眞實證道的人，都說他是來償債的。

好，請看看，當年二祖惠可戴著帽子、穿著俗衣、喝酒吃肉，當然不是每天喝、不是每天吃，是有時候這樣子作。如果從這個表相，是不是要說他是嚴重的破戒者？絕對不是，因爲他證得眞實法，並且他的證量高，是可以這樣作，目的還是要除掉對於酒、肉的貪著。在《鈍鳥與靈龜》後面，我也附了眞淨克文的那一首偈，是 克勤大師非常推崇的一首偈：「**手把豬頭口誦淨戒**，」想想看喔！假使我們誦戒的時候，主持誦戒的親教師一手拿著豬頭肉，一手拿著戒本誦戒；還不必整顆豬頭肉，只要一片豬頭肉就夠了，你們覺得怎麼樣？（有人答：很難看。）對啊！一般人是接受不了的，因爲根器還不到那個地方，見地還不到那個地方。

「**手把豬頭口誦淨戒**」以後，眞淨克文還說：「**趁出淫坊來還酒債**；」這是什麼境界？根本無所障礙，什麼都障礙不了他，這才能夠「**事事無礙如**

意自在」，能夠在一切法裡面都圓融自在，正是這樣來的。但是還沒有悟的人，貪嘴就不要學人家這個講法；即使眞是悟了一段時間也都還是不行的，一定要到某一個層次以後，譬如說你如果到了二地、三地、五地、六地，當然可以啊！因爲你是在斷除習氣種子的階段，當然你可以這樣；可是如果連我見都還沒有斷的人，都還落在六識裡面的人，所見無非是色塵，無非是聲香味觸法，他有什麼資格跟人家談這個？所以，這意思就是說，凡是看見口誦淨戒卻是手把豬頭的人，你就要知道這如果不是大菩薩，那就是個混形外道；假裝著佛門大修行人底模樣，其實他的本質都是外道，要瞭解這一點。因爲惠可是早就過了欲界境界以後來調心，也就是說，他不但初禪堅固，而且是過了二禪、三禪以後，刻意要來歷緣對境斷除習氣種子。因爲現行已經斷除了，這個在佛道裡面來講，層次並不高，斷除習氣種子才是難。但是，斷習氣種子不能躲在深山裡面去斷，因爲習氣種子潛藏在第八識中出不來，那你能斷什麼呢？所以要「**晦跡混俗**」，處在貪的境界裡面，每天從市廛中來回幾趟；特別要選在兩個時間，人家吃午餐的時候，那酒樓飯店路旁小攤，豬肉、羊肉、雞肉，什麼肉味道都出來了，去走一走，習慣到誘惑不了你。

然後再挑一個時間，華燈初上以後，去遠翠樓、龍鳳樓走一走；「客官！請進啊！今天小姐美啊！」於是進去瞧一瞧，走一走，順便住下來，訓練自己無動於衷。這是入地後修除習氣種子的正行，但是如果還沒有入地，不要說什麼「**我自己在練心，跟你無關**。」那都是胡說八道，自欺欺人。

這意思就是說，翟仲侃是個世俗人，只懂得看表相；而這個辯和法師也是個世俗人，也是只看表相；所以他們一看：這個僧人既沒有大寺院、沒有大名聲，竟然在這邊搶人家的徒弟。好啊！就把他殺了。雖然是有往世的因果存在，但畢竟還是有殺業；並不是把他殺了都沒業種，還是會有業種存在，因爲所還的債不相等。二祖過去世是凡夫的時候得罪了他們，是該償命，這沒有錯；但是這一世償命時的身分卻不一樣，所以雖然殺了他是由過去世的因果來償命，但是他這一世的身分是證悟的菩薩，因此辯和與翟仲侃二人還是有殺害賢聖惡業的。所以，我說這兩個人是傻瓜蛋，現在還不曉得在哪裡呢！

那麼這裡是在講什麼道理呢？是把二祖惠可的具體行爲讓大家瞧一瞧。你們也把這個種子建立好，未來世如果到了二地、三地、五地、六地，這也是你們要在人間去作的事。那時候人家會怎麼罵，且不管他，心裡根本不在意；罵就由他罵，謗也由他謗，根本不在意。但是希望諸位要記住，我給你的一個附帶的條件，那要在你把正法的棒子交卸了以後才能去作；譬如說如果我現在去作，我常常出現在酒家或者舞廳（我不會跳舞，大概不會去那裡），或者去紅燈戶，那麼正法還要不要再傳下去？這問題大了！如果已經交棒了；假使有機會交棒，大概也八十好幾了，人家說：「那老人家去那邊說說話、聊聊天，幹不了什麼。」那倒也還好。這就是說，你要衡量當時的情況。二祖當時是不一樣，他已經把法交棒了，正法也還無法廣傳，然後在晚年這麼作，也許已經七、八十歲了，也沒有人會講他，這也算是我對大家的一個提示。

也就是說，其實法無定法；能斷現行，這在菩薩道中只是小事，不算什麼；可是要能夠斷除習氣種子，那才是大事，那是很困難的。因爲習氣種子有粗有細，只要不是落入貪瞋癡的現行中，但還有微細的狀態存在，都屬於習氣種子；但是它有粗有細，不是容易斷得盡的；所以要怎麼樣去作呢？要從歷緣對境下手。但是，那是諸地菩薩的事，三賢位菩薩不應該幹這種事情。

這樣子，實相的取證上，已經有一個二祖惠可的例子了；再來看看別人，現在這裡要從另一個方面，從已經實證禪定的人來講，《景德傳燈錄》卷二：

【第二十祖闍夜多　北天竺國人，智慧淵沖、化導無量。後至羅閱城，敷揚頓教；彼有學衆唯尚辯論，爲之首者名婆修盤頭(此云遍行)常一食不臥、六時禮佛，清淨無欲，爲衆所歸。尊者將欲度之，先問彼衆曰：「此遍行頭陀，能修梵行，可得佛道乎？」衆曰：「我師精進，何故不可？」尊者曰：「汝師與道遠矣！設苦行歷於塵劫，皆虛妄之本也。」衆曰：「尊者蘊何德行？而譏我師。」尊者曰：「我不求道、亦不顚倒，我不禮佛、亦不輕慢，我不長坐、亦不懈怠，我不一食、亦不雜食，我不知足、亦不貪欲，心無所希，名之曰道。」】這個公案，想想看，當代有哪一個道場的堂頭和尚敢說這個？當他們講了，他們心裡面一定是一面講著一面擔心：「會不會在座聽眾中，有幾個正覺來的證悟者隨時向我踢館？」他們會有這個壓力。

我們就來解釋這個公案。禪宗天竺始祖是　釋迦牟尼佛，傳給大迦葉尊者，續傳到第二十祖是闍夜多。他是北天竺國的人，智慧如同深淵一般不可測量；他的智慧瀑流不斷地沖激流注下來，都不會斷絕，所以能夠化導無量的眾生。後來他到了羅閱城，專門敷陳、弘揚頓教之法。頓教就是頓悟的法門——頓悟之教。在羅閱城有許多學法的佛門四眾，他們只是崇尚於辯論，沒有實修，其中的領頭者名字是婆修盤頭。婆修盤頭翻譯成中文，名字叫作遍行。他每天都是一食不臥，六時禮佛。一食就是日中一食，晚上則是不倒單。每天至少六個時辰—也就是十二個鐘頭—都在禮佛。他是個清淨無欲的人，因爲生活過得非常簡樸而心境很淡泊，因此大眾都歸附於他。

那麼，闍夜多尊者想要度他。因爲如果要度一個人，要先觀察這個人是不是清淨無欲的；如果是個貪求世間法的人，把這個宗門至寶送給了他，其實是在幫他造惡業；因爲他一旦得了法，一定是廣招徒眾、廣聚錢財，那又如何能使正法久傳？正因爲他清淨無欲，而且很精進修道；雖然喜愛辯論，但是喜愛辯論的人倒也好，表示他如果悟了，誰都辯不了他。所以二十祖就看上了他，故意去找他的徒眾們講一些話，目的是要他們去傳話；闍夜多就問他們說：「**你們這位遍行頭陀眞的能夠修清淨行，但是他能不能成佛，成佛之道他有沒有辦法實證呢？**」當面提出問題來。凡是要提出問題，都要先跟人家讚歎一下，免得談不下去。他的徒眾們就說：「**我們師父是非常精進**

的人，是什麼緣故你說他無法證得佛道？」一般徒眾當然都是這樣想。闍夜多尊者就說：「其實你們的師父，他的修行與成佛之道距離太遠了！假設讓他繼續這樣修苦行，經歷過塵沙劫仍然是虛妄的根本，與佛法的根本正理不相應。」你看，這一句話是從根本把他否定了，這些大眾當然要打破砂鍋問到底：「你既然敢說這種大話，我當然要秤秤你的斤兩，不然我憑什麼就信你。」這些大眾也是有智慧的。

我這個人就是沒智慧、笨，人家說什麼我就信；太容易相信人家，並不好。這二十年來，我是被佛教界的眾生教到乖了，所以現在不論有誰說某某人眞的開悟了，我都不敢相信，我現在都要先檢查一下。以前人家跟我介紹說某人眞的有開悟了，我就相信他：「喔！有悟。」因爲我悟得很簡單，我想這個並沒有什麼難，所以別人也有可能開悟的。也有人介紹說某某老人是八地菩薩，那時我也相信，就拜他爲師。我全都相信，因爲我的想法很簡單：「我先信了再講。假使眞的是八地菩薩，那我不就賺到了嗎？能夠追隨八地菩薩，眞是不簡單欸！」可是後來都證明是假的，全都是冒牌貨。二十祖遇到的這些大眾顯然是比我有智慧，他們先提出來問：「請問尊者，」不要一開始就把人家破口大罵、推翻掉：「你這個愚癡人！」不能這樣，還是要先稱呼他爲尊者。「請問您這位尊者，到底您是累積了什麼樣的德行，竟然來譏嘲我的師父？」這話問起來，當然是理直氣壯。

闍夜多尊者就說：「**我不求道，可是我也不顛倒。**」光這一句話就很有得聽了，因爲一般人是要求道才不顛倒，不求道怎麼也可能不顛倒呢？他說：「**我不求道也不顛倒，我不禮佛也不輕慢佛。**」奇怪！不禮佛者一定是輕慢佛的人，凡是崇敬於佛的人，哪有可能不禮佛呢？但他竟然說：「**不禮佛也不輕慢佛。**」又說：「**我不長坐，可是我也不懈怠。**」一般人說精進的人，都是因爲連續好幾天、連續幾個月、連續幾年，都看他每天不倒單，打坐精進，那就說：「哇！這個人好精進。」可是，有一個人一天到晚掃掃地、抹抹桌子、鋤鋤草，去菜園裡培培土，有時候又摘菜，看他都沒在修行，一定會說：「唉！這個人很懈怠。」在古時候如此，現代依然如此；只有諸位才會知道說：「**這某某師兄在路上走路時東張西望，他確實很精進。**」外面的人聽了會說：「**他根本都沒有攝心，你怎麼說他精進？**」他們可不相信，那時你得要爲他說明：「**他雖然東張西望，過馬路時這邊也看，那邊也看，**

前方也看，可是他都正念分明，淨念相繼。」他們一聽到你說「淨念相繼」，他們也不懂。如果對一般人來講，你告訴他這樣的話，他們聽不進去，他們會覺得很奇怪；對方若是沒智慧的老粗一個，就會破口大罵：「渾蛋！你矇我！」有智慧的人就會私下請問你；等你講完了，他就會說：「大哥！借一步說話。」對不對？應該如此嘛！

二十祖說：「我不長坐、亦不懈怠。」不長坐的人，竟然說他不懈怠，這也不容易理解喔！然後說：「我不一食、亦不雜食。」說自己從來不遵守日中一食的行誼，但是也從來不雜食，都不會因爲餓了就不擇時間而吃。「我不知足、亦不貪欲。」你想世間哪有這種境界？不知足的人一定有貪，怎麼可能不知足又不貪欲呢？「我心中什麼希求都沒有，這就叫作道。」你看，這些是落在離念靈知的人所能夠理解的嗎？凡是落在識陰離念靈知裡面的人，都無法理解這些道理。這就是實相的境界，涅槃的境界，如來藏的境界。當你轉依如來藏的時候，以如來藏爲眞我，這個眞我有沒有求過道？從來沒有求過。金剛實相心從來也沒有顚倒過，即使意識在夢境中七顚八倒的時候，眞我實相心還是沒有顚倒。

所以，從正覺走出門去，遇到人家問說：「你們正覺的人證量好不好？」你說：「好啊！」對方說：「你口氣那麼大，為什麼好？」你就問對方：「你作不作夢？」「作啊！誰不作夢？」你就問他：「你作夢時，有沒有常常顛倒？」「作夢當然免不了顛倒。」你就告訴他：「我從來不作夢。」即使當時正在夢中，夢見這樣的問答時，也說「我不作夢」；就算是你作了一個夢，夢中在度人的時候，你也是說：「我不作夢。我現在正在夢中，正在夢裡面度人，但我還是不作夢。」因為你以如來藏為自我，而這個眞我如來藏從來不作夢。他就想不通：「你從來都不作夢，眞的、假的？」「眞的啊！」等到哪一天對方又來問你：「我聽說你那一天跟某甲講說，你夢見了什麼事情，那你明明會作夢啊！怎麼說不作夢？」你就說：「我有作夢底，也有不作夢底。我告訴你的是不作夢底，作夢底繼續作夢，眞我還是不作夢。」「奇怪！你們正覺的人怎麼講話都七顛八倒，我都聽不懂。」

那時候，你可以把個什麼東西或者拳頭伸出去：「我叫你七花八裂！」從他頭上就槌下去。「啊？什麼七花八裂？」「就是七花八裂啊！什麼七花八裂。」至於他懂不懂，那就是他自己底事了。要這樣子，才能夠通得過二十祖闍夜多尊者所說底道理。你如果轉依了實相心如來藏，既不求道也不顛倒，既不禮佛也不輕慢，因爲如來藏從來不求道也不輕慢。你教祂說：「拜託你啦！千萬拜託，就試一次吧，只要輕慢一次就好。」祂也輕慢不起來，祂從來不輕慢。祂也從來不打坐，你打坐了，祂不打坐；關於打坐用功修行，你有時候懈怠了，跑去爬山玩水，但祂也不懈怠，祂還是一本如故從來離念。你日中一食，或者修了菩薩道所以不日中一食，因此早上起來一齋，中午一齋還不夠，到了傍晚先來個點心，然後到了六點多、七點多鐘，再來一齋；然後爲眾生忙到晚上十二點鐘，還要再來個點心，可是你仍然都沒有雜食；因爲如來藏從來沒有吃到飯，哪有日中一食或雜食可說？如來藏從來不曾日中一食，何況有雜食？

至於說到貪，如來藏從來沒有貪過什麼，過去無量劫以來始終如此，未來仍然將會如此，不會改變祂的清淨性；祂從來不曾起過任何一絲一毫的貪欲，連最、最輕微的貪欲習氣都沒有——從來都沒有。祂也不會知足，因爲祂從來不在六塵中，從來不觸知六塵中的任何境界，根本無所謂貪或知足的問題，祂是永遠都離兩邊的。如果你依著如來藏，這樣來觀察自己的身口意行，你就很清楚應當如何去修行了。這個時候就說你是「心無所希」，那就是正在修定了。禪宗把修道的道理簡約到很簡單——你去轉依如來藏就對了，如來藏之所不欲，你就不要去貪；爲了修道所必須的，你便去取得；除此以外，不多得；這就是「心無所希」，這樣就是悟後修道。

當然，婆修盤頭的徒眾們怎麼猜也猜不出這是什麼境界，他們當然很清楚知道：「我們的師父婆修盤頭是到不了這個境界的。」因爲光看他六時禮佛，六時是十二個鐘頭，你們誰有超過他？假使退休了，沒事幹，每天禮佛八個鐘頭就覺得很厲害了。你如果誇口說：「我很精進，一天八個鐘頭禮佛。」他可是十二個鐘頭——六個時辰。那你看，這麼精進，結果呢？卻被闍夜多尊者所訶斥。因爲他顯示出來的是：我是不精進的，你們的師父是精進的；但假使昨天禮佛十二個鐘頭，今天禮佛只有十一個鐘頭，那就是懈怠了。你禮佛十一個鐘頭，我每天禮佛一個鐘頭，我還算是比你精進；因爲你今天沒有禮足十二個鐘頭，那你就是懈怠了。但我既不精進，也不懈怠。

宗門妙法之所以難理解，就在這個地方；然而能不能進入宗門的大前提，就是築基有沒有築好。一貫道前人說，入道之時要先築基。不曉得他們現在還有沒有講築基？二十多年前，那時都是說要先築基。我們就說佛法，不論三乘菩提的哪一乘，同樣一定要先築基。就是要先建立一個正見的基礎，用什麼作基礎？你是要選用六識論作學道的基礎呢？或是要選八識論作學道的基礎呢？這才是最重要的。因為這個基礎打錯了，學道就會變成空中樓閣。沒有可用的基礎時，那當然是空中樓閣啊！如果基礎打好了，打得完全正確了；後面才會知道這個事實：八識論是紮紮實實，六識論是個空殼子。就在這個基礎上面學道，然後要去證實相心如來藏，這才是大乘入道之門。如果是六識論的基礎，就像用豆腐渣打地基一樣，再怎麼精進學道也是入不了道；連二乘菩提都入不了道，因為必定對於五陰這個外法的否定心生恐怖；並且如果聽說有第八識實相心的時候，對於這個內識不能親證，所以又產生了於內有恐怖的現象，那根本就沒辦法修道，連二乘見道都證不了，何況是大乘的見道呢。

所以，這意思就是說，從一個已經悟得如來藏的人來講，並不是只有「心無所希」就算了。因此，「心無所希」是對還沒有證的人來說，讓他引生一個嚮往之心。但是那些還沒有實證的人，總是仰之彌高、鑽之彌堅而不能證啊！都只能夠景行行止，但是始終達不到。可是，證悟以後不能說：「我超過他們了，我很行了。」那可不行欸！證悟以後還得要「心無所希」。「心無所希」還不夠，你必須要如實履踐。如實屢踐以後，貪欲不起。貪欲不是只有一樣，色聲香味觸、財色名食睡，五個都要兼顧：任何一個都不會生起了，才能夠說是離了貪欲。這其中最難的，有的人在貪名，有的人在貪財，有的人在貪男女色，這三個是最難的。食，對佛門的大修行人來講，食的貪著不嚴重；可是財色名這三個，那就不得了，根本抗拒不了。有的人，財也不要，色也不要，每天勤苦修行，可是單單一個名放不下。名，說白一點就是面皮，很看中面皮，所以爲了面皮，要跟你爭到底。不問是非不問曲直，就是要把面皮照顧好，有一些人就落在這裡。可是有一些人不是如此，他五個統統要。什麼樣的人是五個統統要的人？你們腦海裡面都有數了，不必我來一一屈指而數。

但是，從我們正覺同修會的實證上面來看，這樣都還不夠，光是離開那些還不夠；悟後轉依實相心如來藏而「心無所希」以後，還要一步一步地往前修進。也就是說，將來正覺寺建好以後，我們破邪顯正、救護眾生的工作也差不多告一段落了，算是第一個段落完成了，要進入下一個階段，這個過程中大家就要好好修定，然後好好去觀察五欲的過患，要趕快把初禪發起來。那初禪發起來就算數了嗎？還不算，還要堅固不退。也就是說，不管天魔派了多麼英俊的兒子或者女兒來了，妳（你）都無動於衷。當你對他們都無動於衷，能夠這樣了；在夢境中也都經得起考驗，而你早就斷我見又明心了；這時可以斷除五下分結，也就是你可以證得三果的時候了。

這個很重要，為什麼我要強調這個三果？因為三果的實證若是能夠圓滿具足，也不必一定要到中般涅槃的地步，能夠成為生般涅槃、或者有行般涅槃就已經很足夠了，但是不要去證四果、取涅槃，要發願繼續在人間為正法努力。為正法努力的目的，表面上是為別人，其實並不是為別人，而是為你自己；因為你若想要進入初地，當你有了三果的證量以後，進入初地就不是難事，因為這第一個關卡已經通過了，你已經有能力永伏性障如阿羅漢了。那麼接著，就是努力為正法作事，讓自己的福德快速而大量地增長，也有在同修會中同時精進實修一切種智增上慧學。當這一個地步到達了，你竟然還不想進入初地，這時 佛陀可比你還急。哪一天也許你打坐的時候，或者你在睡覺的時候，祂老人家來了：「**你這個孩子，還在這邊等什麼？為什麼還不趕快發起十無盡願？**」祂還會來催你欸！你不急，祂比你急，因爲你將可以成爲大用。佛法要在天上、人間弘傳，需要很多大根器人，這時候你的根器已經夠大了，可以爲 佛所用了，偏偏你就是在那邊混，十無盡願還不肯發，成佛的增上意樂發不起來，佛陀當然比你更急；因爲你必須要趕快發起增上意樂來，然後於初地的地相中堅固安住；等你年老捨報了，就可以派你到某一個小世界去當了義正法的法主了，去那邊利樂人天，那邊的有情就能獲得大利益。

這個道理，我也沒有知音可以說給他們聽，我就把你們當作我的知音來講。因爲這個道理去外面講，根本不切實際；講給會外的佛子們聽，就等於是天馬行空。但是對你們而言，因爲你們個子已經高了，這天馬行空可以碰觸得到：「**原來天馬可以飛到這個地方，我也摸到了，可以騎上去飛翔了。**」那你就敢努力去用功了。你敢努力用功，我將來要走人的時候，就可以很安心了，所以對我也是有利的。這就是說，其實學佛時最大的關卡，對一般人而言是三乘菩提的見道無法作得到；但是對諸位而言，你進了同修會以後，明心是個關卡，見性也是個關卡，入地是第三個關卡。可是，入地之前最大的關卡，是沒辦法離開欲界愛；因爲欲界愛還會現行，這才是最大的關卡，所以入地的最大關卡在這裡。對你們明心的人而言，增上慧學並不是最大關卡，因爲我們在增上班中已經一直在教導了。

但是對會外的人來講，想要入地的事，可是有說不盡的關卡、數不清的關卡、一大堆的關卡。但是在正覺同修會中，你能夠斷我見，也能夠證如來藏，還有機會能夠眼見佛性，又繼續修學般若相見道位的三品心，接著入地的關卡就只剩下一個，就是怎麼樣離欲而發起初禪，並且使初禪堅固，這是你要達到的目標；而這是個關卡，完全要靠實修，要完全沒有私心的努力爲正法付出，在無我無私所以無貪而成就廣大功德的時候，這初禪也就發起、也就堅固了。這時候來檢討五下分結，看自己還有哪個下分結沒有斷盡？就去斷除它。當這五個下分結斷除了，依我們會中的實修智慧來講，取證阿羅漢並不難；你把《阿含正義》詳細去閱讀思惟以後，最後的一分思惑斷除了就是阿羅漢；那時何妨再迴心行菩薩行，就入地了——那時你只要發個十無盡願而重新生起受生願就行了，就入地了，因爲你有了增上意樂。在我們會裡面，這是確實可行的，所以我就把這些關卡提出來告訴諸位。

如果明心了以後，還在自己的一世利害關係上著眼，這個人其實還沒有進入悟後起修的階段，他還在第七住位原地踏步。所以，這裡要告訴大家的，是說對於初禪的境界不必欣羨；因爲很多人得了初禪以後都是退失的，能夠繼續往二禪進發的人少之又少；一則因爲知見不夠，二則自己不精進。那麼，你要得初禪也不難，其實無相念佛的功夫如果作得很深厚，也不必一定要打坐，那時只要離了欲界愛——意根被說服而離開了欲界愛，自然就會發起初禪了。也許你正在吃飯的時候：「咦！怎麼這樣？奇怪！怎麼這樣？」因爲初禪天身從身中頓時發起了。但是不要驚嚇，你就靜靜地看著它，你繼續慢慢地吃你的飯，不動心地看著它怎麼演變，它不會跑掉的。發起初禪以後，繼續努力爲正法、爲眾生作事；如果動中修定的環境不許可，在作事時繼續修動中定也可以啊！將來我們正覺寺蓋好了，開個枯木禪的班；每到週日，就有一根根的木頭豎立在大殿裡面，不過那些木頭偶爾會晃一晃、會動一動：打瞌睡時就晃了，身子痠痛時就動了。但是沒關係，大家繼續努力，只要能夠堅持下去，一世之中要到初地，並不是不可能的。這一點我們是可以正式宣示的，但問題是，有沒有說服意根眞正離欲了？有沒有具備入地所必須有的廣大福德？這才是最重要。

廣大福德，也就是說你要在短時間裡就有很多的福德收成，那麼請問：**你那個稻子要種到什麼地方？種到沙田嗎？種到水泥地嗎？還是要種到貧瘠田？還是種到肥沃的泥田裡面去？**那你就要選擇一下了。你如果品種好（在佛法中說的品種好，代表什麼意思？就是法好嘛！我給你的法種是好的，你們自己的種性也是好的），然後要種到特別肥沃的不濕不燥的田地裡面去，將來收成就是一大堆。這就是諸位應該自己加以思惟，然後決定應該如何作的課題。這不是我的課題，是你們自己的課題；但是我把這些內容提供給諸位，讓諸位知道要怎麼樣去作。所以，有的人還繼續在種貧瘠田，不懂得專心在勝福田中種植，入地的福德累積就會很慢。

有的人至今還願意繼續停留在欲界愛之中，都爲自己的利益打算，我也都隨喜；因爲他既然喜歡原地踏步享受這一世的利益，那就讓他享受吧！但是有些人是可以如實履踐，眞是努力在作的，佛菩薩都會看到，我也總是會耳聞到；只要你有眞的去作，不必考慮時間長短，總是會有一個適當的時節因緣，你不想破參，我還硬要幫你破參；你不想往前推進，諸佛菩薩還會故意把你往前推進。那是在人間弘法時一定會看到的現象，而我們所看到的也正是如此。

如果會外有人還是喜歡在世俗法上用心，那就不可救了。所以，譬如說我們《阿含正義》出版以後，南部就有會外人士宣稱說：「**我有得初禪，如何、如何……。**」但這個百分之九十九是大妄語，爲什麼說他講初禪就成爲大妄語？因爲他自稱是三果人，他只是爲了建立大家對他的信心而說他有初禪。因爲《阿含正義》出版以後，現在人家會檢查：「**師父！您說您是三果人，可是您有沒有初禪？**」人家會檢查呵！既然前面已經好幾年自稱是三果人了，現在人家問他有沒有初禪，當然得要答有，不然要怎麼收拾局面？這叫作騎虎難下，已經下不了台、下不了虎了，所以他得要繼續堅持下去。那麼繼續宣稱他是三果聖者時，就是繼續大妄語；當他繼續宣稱下去的時候，就變成三罪具足——根本罪、方便罪、成已罪都有了，眞是很可憐的人。

對於這一些次法，我要講給諸位聽的目的，是要你們有智慧能夠如實去判斷所有善知識：什麼樣的人才是善知識？不要被人家講的言語所籠罩，然後就信以爲眞。因此，以後不管誰說他師父是第幾果，你就一個一個來檢驗他。初果，請問：「你師父悟個什麼？」「離念靈知。」「對不起！他還沒進入初果。」你就可以判定了，因爲落入識陰中了。如果說他是二果，你說：「二果，那個是在悟道後起修的，你師父連我見都沒有斷，連初果都不是了，怎麼說是二果？」如果有人講自己是三果，那三果應該斷的五個下分結，就拿出來檢驗他：「你師父離了貪欲沒有？」他一定說：「有！離了，他很清淨，什麼都不貪了。」那就請問：「你師父初禪發起了沒有？」「有啊！發起了。」「他講過初禪的境界沒有？」「沒有啊！我們不知道啊！」那就不行了，所以你要一個一個去檢驗他。

這就是說，對於那一些證果的人，你要一一去檢驗他；但是回過頭來，也要檢驗自己：「我的貪還嚴重不嚴重？」如果不嚴重——斯陀含，還沒有到阿那含位；因爲初禪還沒有發起，或者初禪起了又退失了，那還是斯陀含，仍然不是阿那含。可是，如果能遇到一個善知識，聽他解說初禪時，看他怎麼說明？也得要檢驗他確實是沒有退轉於初禪，那你就不必去懷疑說：「這個人會不會是在騙我的供養？」你就不必懷疑，他一定不會騙你的錢，因爲他已經離欲界愛了；因爲連欲界天中都不必用錢了，何況他已經到了色界天的境界，還需要用到錢嗎？色界天人是沒有需要使用錢的，人間才要用錢，鬼道才要用錢，所以他一定不會貪你的錢，你不必提防。他如果來邀約你：「**我們來作一件什麼功德。**」一定不會藉這個善行的名義來詐欺你的錢。這就是說，你要有那個智慧來判斷，因爲他已是三果人，斷了貪欲，他的心境是色界天人的心境。

那麼，接著從理上再來講一下，說這個實相法界到底是什麼？諸位以前學佛還沒有進入正覺以前，常常聽到人家說：「**我們以今天護持正法的功德迴向法界。**」有沒有？聽過呵？聽起來這個好像很高尚的樣子。迴向法界，你爲什麼覺得說這個迴向是很高尚？是因爲你不懂，不懂就覺得高。只有大菩薩是把所有功德迴向法界，也就是全部三界世間一體迴向；但是在三賢位中，或者還在凡夫位中，這樣的迴向能生起什麼作用呢？一點作用也使不上。可是，你進了正覺以後說什麼叫法界？法界就是諸法種子。什麼叫作諸法種子？就是諸法的功能差別，所以法界就是諸法的功能差別。突然間，一念想起以前迴向法界，懵懂無知地迴向，那麼到底是在迴向個什麼？其實就是迴向諸法的功能差別。那我們到底是要迴向什麼法？迴向哪一些法的功能差別？「**唉呀！原來我都亂迴向一場。**」喔！終於懂了。但是，法界中有現象法界，也有實相法界，這兩個可不能含混不清，否則實相般若智慧是生不起來的。所以，今後迴向時，如果說：「**我以今天所行一切功德，迴向法界一切有情。**」那就是迴向六道法界的眾生，這樣迴向就正確了。

那麼，現象法界是指什麼？先從自己最切身的來說，五陰、十八界、十二處、六入，這是自身最重要的現象法界，因爲這個就是我——世間人所說的自我。自我是最重要的，不是嗎？世間人有一句話講得冠冕堂皇：「**人不爲己，天誅地滅。**」你看，他自己發起了私心，還講得這麼冠冕堂皇說：「**我作事時如果不爲我自己，那簡直要天誅地滅了。**」好像他很有理欸！竟然是惡人比善人有理。好啦！那可見自我是最重要的，都爲自己啊！自己是什麼？就是五陰、十八界、十二處、六入，總而言之就是自己，可是這一些自我都是現象法界裡的法。自己不能單獨存在於虛空中，總要有山河大地作爲依存；那山河大地總要有水、火、風吧？這些總是也要的吧！這些也是現象法界。可是，這些現象法界從哪裡來的？都是從共業有情的如來藏中生出來的。

很多科學家、物理學家們，他們想要探究有情生命是從哪裡來的，想要證實生命的本源，所以他們一直在物質或宇宙時空上面研究，可憐的是他們根本不知道物質從來不可能是生命的根源，他們不懂**物不能生心**的道理，所以一直在物理學裡面繞來繞去；什麼電子、中子、質子、J粒子、夸克，但他們未來終究會繼續發現更微細的物質，無窮無盡。假使一百萬年後，科學家們已經證明所找到的物質是最微細的，不可能再細分了，當他找到這樣的鄰虛塵，其實就是四大極微——鄰虛塵；當他們找到四大極微的時候，他們就能弄清楚生命是從哪裡來的嗎？還是弄不清楚欸！依舊只能觀察到生命的生住異滅等現象，至於爲何會如此？可就完全無知了，那就叫作始終都在外圍轉。你如果跟著他們在外圍轉，有一天突然想通了：我不要跟著轉，我要直接切進去——直接找到出生五蘊的本源，不就解決了？

所以，學佛法的目的就是要探究實相法界，才能夠證知宇宙萬有及一切生命的本源，繼續進修以後才會有一切種智，才能成佛。修學二乘菩提的人，從凡夫到四果聖者、辟支佛等，都只在現象界裡面去觀察蘊處界的緣起性空，苦、空、無我、無常，始終探究不到實相法界，只有學佛才能探究到實相法界。那麼，實相法界到底是什麼？實相法界就是：一切諸法的功能差別，都由這個實相心的功能差別產生出來的。其實就是《楞嚴經》中說的**蘊處界本如來藏妙眞如性**，說蘊處界都從如來藏中出生而附屬於如來藏。那麼實相法界到底是什麼？當然，諸位都知道是第八識如來藏，因爲咱蕭平實三句不離本行。如今我們就來看看這個本源清淨心，宗門裡面是怎麼樣開示，怎麼樣把那個理說給大家聽，《景德傳燈錄》卷九：

【黃蘗禪師云：「自達磨大師到中國，唯說一性、唯傳一法；以佛傳佛，不說餘佛；以法傳法，不說餘法。法即不可說之法，佛即不可取之佛，乃是本源清淨心也；唯此一事實，餘二則非眞。般若爲慧，此慧即無相之本也。」】

本源清淨心，意思是指諸法的本源，而這個諸法本源之心是本來就清淨的。也就是說，一切眾生在父母還未出生他以前的本源——禪宗說的父母未生前的本來面目，這個本源就是一個清淨心。所以黃蘗禪師的意思是說：「**自從達磨大師來到中國，他只說一性，只傳一法。**」「**只說一性**」說的就是這個本源清淨心的清淨自性，「**只傳一法**」就是傳授這個如來藏妙法。前佛傳給後佛都是同樣的成佛之法，因此是「**以佛傳佛**」；不會是某佛傳下來給後佛時竟然變成外道，也不會是外道傳下來的可以變成佛法，都是「**以佛傳佛**」。但是「**不說餘佛**」，因爲外道傳說中的成佛者都是假的，世尊示現在人間以前的外道傳說中的如來，或是宣稱是阿羅漢實證者，全都是猜想的或是錯證的，因爲他們的先人都還沒有成佛，他們自己也都沒有眞的成爲阿羅漢。那麼達磨大師來到中土，所傳的就是這個本源自性佛，「**以法傳法，不說餘法**」。也就是說，用這個如來藏法來傳如來法，從來不是以覺知心作爲主體來傳如來法，這才是眞正宗門妙法。如果用覺知心作爲主體來傳法，教導人家所要尋覓的心也是覺知心——離念靈知，那是落入識陰境界中，就是以覺知心傳法，所傳的法當然是覺知心相應的法，不能超越識陰六識的範圍。因此，達磨大師自始至終「**不說餘法**」，就只是單傳這個本源自性清淨心。

「**法即不可說之法，佛即不可取之佛。**」這個法不能說，因爲 佛陀早就制定了禁戒：不許明講。否則就是違犯了法戒——違犯了法毘奈耶。而且縱使明講出來，讓你去意會到是哪一個本源清淨心；但所講的那個法、那些語言文字，終究不是那個本源清淨心。佛也是不可取之佛，有人說：「**我去正覺學法，就是要證得我的自性佛。**」可是，自性佛找到了以後，有沒有人給他呢？沒有，他是本來就自己有的，沒有誰給他，所以證得這個自性佛時，其實還是無取。來到正覺，只是有老師教導他如何把自己的這個寶貝找出來的方法，而那個寶貝終究還是自己本來就有的，所以仍是不可取。而這個「**不可說之法、不可取之佛**」，其實就是本源清淨心。「**唯此一事實，餘二則非眞**」，只有這一個是事實，假使說有其他的第二個、第三個眞實心，那就不是眞的。

你看，這就是宗門裡面的說話：一竹篙打翻一船人。十幾年來，佛教界對我不滿的原因，就是因爲我一竹篙打翻一船人，因爲我說：「**只有悟得如來藏的人才是眞的開悟般若，其他都是假的。**」爲什麼我要這樣講呢？因爲自從正覺這個名牌掛出去以後（現在眞的是名牌了，不是雜牌了），就有一些道場開始講：「**我們跟正覺的法是一樣的，我們悟得的內容跟正覺也是一樣的。**」等到人家去那邊學了以後就問：「**那我們要求悟，是要悟個什麼？**」「**離念靈知啊！**」然後自稱是跟我們一樣，我們當然得要跟他們劃清界限：這是楚河漢界，很分明在這裡呵！不可以亂混淆呵！我就說：「**我們這邊是證如**

來藏，你們那邊是離念靈知，咱們可以井水不犯河水，但是楚河漢界得要劃分明。」所以他們就很不滿了：「我要利用你一下都不行啊？」這意思就是說，宗門之法自古以來一向如此，不容許別人來打混，誰要來含糊籠統把你沆瀣一氣的話，那正法就完了。所以禪師們看見錯悟之師誤人無數，一定會出來拈提那些錯悟的老宿們。因此說，正法必須要把一根很長的竹竿立起來，掛上了大幡「如來藏」。你掛了如來藏，他們那邊掛著離念靈知，這就不一樣了，這樣一來楚河漢界就能界定分明，正法就不會被混淆。所以你看，黃蘗禪師一樣說：「唯此一事實。」只有這個本來面目才是「事實」之法，其他的人提出來的第二種、第三種的悟境，全都是想像的。

所以般若說穿了就是實相的智慧，這個慧就是無相法本源的實證智慧。所以你們看，在我們正覺出來弘傳正法以前，有誰說過般若的親證就是要證第八識如來藏？有誰說過般若的親證是證眞如？都沒有！我們正覺開始弘法以後才開始講。可是我們剛開始不這麼講，我們只是一心教導人家證如來藏，教大家怎樣可以明心；那時我們從來不說別人悟錯了，別人倒是硬要說我們悟錯了，還指責我們是如來藏外道、阿賴耶識外道，說他們是離念靈知內道。這個說法還講得通欸？那當然不行啊！

我不說他們，他們也不說我，不就雙方共存全都沒事了？我正覺弘我的法，你們大山頭只說你們的法；學佛人願意選擇哪一邊就選擇哪一邊，全都隨緣。不管哪一種貨品都會有買家，他們根本不必阻止人家來買我的貨。然而他們偏要毀謗我正覺的勝妙產品，那我就要阻止他們了，所以我們開始詳細說明：**想要親證般若，只有一個方法，就是去參禪；而參禪證悟之標的只有一個，就是第八識如來藏，無二亦無三。凡是所證非如來藏妙心，那就不是親證般若，就不是禪宗的明心，就不是開悟般若禪的人。**我被逼得要這樣子公開寫了出去，那就跟黃蘗禪師一樣，一竹篙打翻一船人，因為那一船人全都是落在離念靈知識陰之中。我這個竹篙是如來藏，一捅就把他們離念靈知大船全給捅翻了。禪宗祖師們自古以來都是這樣，因為般若就是智慧，第八識智慧就是無相法的根本；然而實相無相，但是實相又能夠生諸法相而無不相，這樣才是般若，這就是禪宗的說理。好，那麼再來看看宗門怎麼說。

（詳續第四輯演述。）

佛菩提二主要道次第概要表——二道並修，以外無別佛法

佛菩提道——大菩提道

十信位修集信心——一劫乃至一萬劫

資糧位

初住位修集布施功德（以財施爲主）。

二住位修集持戒功德。

三住位修集忍辱功德。

四住位修集精進功德。

五住位修集禪定功德。

六住位修集般若功德（熏習般若中觀及斷我見，加行位也）。

外門廣修六度萬行

遠波羅蜜多

見道位

七住位明心般若正觀現前，親證本來自性清淨涅槃。

八住位起於一切法現觀般若中道。漸除性障。

十住位眼見佛性，世界如幻觀成就。

一至十行位，於廣行六度萬行中，依般若中道慧，現觀陰處界猶如陽焰，至第十行滿心位，陽焰觀成就。

一至十迴向位熏習一切種智；修除性障，唯留最後一分思惑不斷。第十迴向滿心位成就菩薩道如夢觀。

內門廣修六度萬行

初地：第十迴向位滿心時，成就道種智一分（八識心王一一親證後，領受五法、三自性、七種第一義、七種性自性、二種無我法）復由勇發十無盡願，成通達位菩薩。復又永伏性障而不具斷，能證慧解脫而不取證，由大願故留惑潤生。此地主修法施波羅蜜多及百法明門。證「猶如鏡像」現觀，故滿初地心。

二地：初地功德滿足以後，再成就道種智一分而入二地；主修戒波羅蜜多及一切種智。滿心位成就「猶如光影」現觀，戒行自然清淨。

解脫道：二乘菩提

→ 斷三縛結，成初果解脫

→ 薄貪瞋癡，成二果解脫

→ 斷五下分結，成三果解脫

入地前的四加行令煩惱障現行悉斷，成四果解脫，留惑潤生。分段生死已斷，煩惱障習氣種子開始斷除，兼斷無始無明上煩惱。

近波羅蜜多

大波羅蜜多

圓滿波羅蜜多

修道位

三地：二地滿心再證道種智一分，故入三地。此地主修忍波羅蜜多及四禪八定、四無量心、五神通。能成就俱解脫果而不取證，留惑潤生。滿心位成就「猶如谷響」現觀及無漏妙定意生身。

四地：由三地再證道種智一分故入四地。主修精進波羅蜜多，於此土及他方世界廣度有緣，無有疲倦。進修一切種智，滿心位成就「如水中月」現觀。

五地：由四地再證道種智一分故入五地。主修禪定波羅蜜多及一切種智，斷除下乘涅槃貪。滿心位成就「變化所成」現觀。

六地：由五地再證道種智一分故入六地。此地主修般若波羅蜜多——依道種智現觀十二因緣一一有支及意生身化身，皆自心眞如變化所現，「非有似有」，成就細相觀，不由加行而自然證得滅盡定，成俱解脫大乘無學。

七地：由六地「非有似有」現觀，再證道種智一分故入七地。此地主修一切種智及方便波羅蜜多，由重觀十二有支一一支中之流轉門及還滅門一切細相，成就方便善巧，念念隨入滅盡定。滿心位證得「如犍闥婆城」現觀。

七地滿心斷除故意保留之最後一分思惑時，煩惱障所攝色、受、想三陰有漏習氣種子全部斷盡。

八地：由七地極細相觀成就故再證道種智一分而入八地。此地主修一切種智及願波羅蜜多。至滿心位純無相觀任運恆起，故於相土自在，滿心位復證「如實覺知諸法相意生身」故。

九地：由八地再證道種智一分故入九地。主修力波羅蜜多及一切種智，成就四無礙，滿心位證得「種類俱生無行作意生身」。

十地：由九地再證道種智一分故入此地。此地主修一切種智——智波羅蜜多。滿心位起大法智雲，及現起大法智雲所含藏種種功德，成受職菩薩。

等覺：由十地道種智成就故入此地。此地應修一切種智，圓滿等覺地無生法忍；於百劫中修集極廣大福德，以之圓滿三十二大人相及無量隨形好。

煩惱障所攝行、識二陰無漏習氣種子任運漸斷，所知障所攝上煩惱任運漸斷。

究竟位

妙覺：示現受生人間已斷盡煩惱障一切習氣種子，並斷盡所知障一切隨眠，永斷變易生死無明，成就大般涅槃，四智圓明。人間捨壽後，報身常住色究竟天利樂十方地上菩薩；以諸化身利樂有情，永無盡期，成就究竟佛道。

斷盡變易生死成就大般涅槃

圓滿成就究竟佛果

佛子蕭平實 謹製

（二〇〇九、〇二 修訂）

（二〇一二、〇二 增補）

佛教正覺同修會〈修學佛道次第表〉

第一階段

＊以憶佛及拜佛方式修習動中定力。
＊學第一義佛法及禪法知見。
＊無相拜佛功夫成就。
＊具備一念相續功夫─動靜中皆能看話頭。
＊努力培植福德資糧，勤修三福淨業。

第二階段

＊參話頭，參公案。
＊開悟明心，一片悟境。
＊鍛鍊功夫求見佛性。
＊眼見佛性〈餘五根亦如是〉親見世界如幻，成就如幻觀。
＊學習禪門差別智。
＊深入第一義經典。
＊修除性障及隨分修學禪定。
＊修證十行位陽焰觀。

第三階段

＊學一切種智真實正理─楞伽經、解深密經、成唯識論…。
＊參究末後句。
＊解悟末後句。
＊透牢關─親自體驗所悟末後句境界，親見實相，無得無失。
＊救護一切眾生迴向正道。護持了義正法，修證十迴向位如夢觀。
＊發十無盡願，修習百法明門，親證猶如鏡像現觀。
＊修除五蓋，發起禪定。持一切善法戒。親證猶如光影現觀。
＊進修四禪八定、四無量心、五神通。進修大乘種智，求證猶如谷響現觀。

佛教正覺同修會 共修現況 及 招生公告 2016/1/16

一、共修現況：（請在共修時間來電，以免無人接聽。）

台北正覺講堂 103 台北市承德路三段 277 號九樓 捷運淡水線圓山站旁
Tel..**總機** 02-25957295（晚上）（**分機：九樓**辦公室 10、11；知客櫃檯 12、13。 **十樓**知客櫃檯 15、16；書局櫃檯 14。 **五樓**辦公室 18；知客櫃檯 19。**二樓**辦公室 20；知客櫃檯 21。）
Fax..25954493

第一講堂 台北市承德路三段 277 號九樓

禪淨班：週一晚上班、週三晚上班、週四晚上班、週五晚上班、週六下午班、週六上午班（皆須報名建立學籍後始可參加共修，欲報名者詳見本公告末頁）

增上班：瑜伽師地論詳解：每月第一、三、五週之週末 17.50～20.50 平實導師講解（僅限已明心之會員參加）

禪門差別智：每月第一週日全天 平實導師主講（事冗暫停）。

佛藏經詳解 平實導師主講。已於 2013/12/17 開講，歡迎已發成佛大願的菩薩種性學人，攜眷共同參與此殊勝法會聽講。詳解 釋迦世尊於《佛藏經》中所開示的眞實義理，更爲今時後世佛子四眾，闡述佛陀演說此經的本懷。眞實尋求佛菩提道的有緣佛子，親承聽聞如是勝妙開示，當能如實理解經中義理，亦能了知於大乘法中：如何是諸法實相？善知識、惡知識要如何簡擇？如何才是清淨持戒？如何才能清淨說法？於此末法之世，眾生五濁益重，不知佛、不解法、不識僧，唯見表相，不信眞實，貪著五欲，諸方大師不淨說法，各各將導大量徒眾趣入三塗，如是師徒俱堪憐憫。是故，平實導師以大慈悲心，用淺白易懂之語句，佐以實例、譬喻而爲演說，普令聞者易解佛意，皆得契入佛法正道，如實了知佛法大藏。

此經中，對於實相念佛多所著墨，亦指出念佛要點：以實相爲依，念佛者應依止淨戒、依止清淨僧寶，捨離違犯重戒之師僧，應受學清淨之法，遠離邪見。本經是現代佛門大法師所厭惡之經典：一者由於大法師們已全都落入意識境界而無法親證實相，故於此經中所說實相全無所知，都不樂有人聞此經名，以免讀後提出問疑時無法回答；二者現代大乘佛法地區，已經普被藏密喇嘛教滲透，許多有名之大法師們大多已曾或繼續在修練雙身法，都已失去聲聞戒體及菩薩戒體，成爲地獄種姓人，已非眞正出家之人，本質只是身著僧衣而住在寺院中的世俗人。這些人對於此經都是讀不懂的，也是極爲厭惡的；他們尚不樂見此經之印行，何況流通與講解？今爲救護廣大學佛人，兼欲護持佛教血脈永續常傳，特選此經宣講之。每逢週二 18.50~20.50 開示，不限制聽講資格。會外人士需憑身分證件換證入內聽講（此是大樓管理處之安全規定，敬請見諒）。桃園、台中、台南、高雄等地講堂，亦於每週二晚上播放平實導師所講本經之 DVD，不必出示身分證件即可入內聽講，歡迎各地善信同霑法益。

第二講堂 台北市承德路三段 267 號十樓。

禪淨班：週一晚上班、週六下午班。

進階班：週三晚上班、週四晚上班、週五晚上班（禪淨班結業後轉入共修）。

佛藏經詳解：平實導師講解。每週二 18.50~20.50（影像音聲即時傳輸）。本會學員憑上課證進入聽講，會外學人請以身分證件換證進入聽講（此爲大樓管理處安全管理規定之要求，敬請諒解）。

第三講堂 台北市承德路三段 277 號五樓。

進階班：週一晚上班、週三晚上班、週四晚上班、週五晚上班。

佛藏經詳解：平實導師講解。每週二 18.50~20.50（影像音聲即時傳輸）。本會學員憑上課證進入聽講，會外學人請以身分證件換證進入聽講（此爲大樓管理處安全管理規定之要求，敬請諒解）。

第四講堂 台北市承德路三段 267 號二樓。

進階班：週一晚上班、週三晚上班、週四晚上班、週五晚上班（禪淨班結業後轉入共修）。

佛藏經詳解：平實導師講解。每週二 18.50~20.50（影像音聲即時傳輸）。本會學員憑上課證進入聽講，會外學人請以身分證件換證進入聽講（此爲大樓管理處安全管理規定之要求，敬請諒解）。

第五、第六講堂 爲**開放式講堂**，不需以身分證件換證即可進入聽講，台北市承德路三段 267 號地下一樓、地下二樓。已規劃整修完成，每逢週二晚上講經時段開放給會外人士自由聽經，請由大樓側面梯階逕行進入聽講。**聽講者請尊重講者的著作權及肖像權，請勿錄音錄影，以免違法；若有錄音錄影被查獲者，將依法處理。**

正覺祖師堂 大溪鎮美華里信義路 650 巷坑底 5 之 6 號（台 3 號省道 34 公里處 妙法寺對面斜坡道進入）電話 03-3886110 傳眞 03-3881692 本堂供奉 克勤圓悟大師，專供會員每年四月、十月各二次精進禪三共修，兼作本會出家菩薩掛單常住之用。除禪三時間以外，每逢單月第一週之週日 9:00~17:00 開放會內、外人士參訪，當天並提供午齋結緣。教內共修團體或道場，得另申請其餘時間作團體參訪，務請事先與常住確定日期，以便安排常住菩薩接引導覽，亦免妨礙常住菩薩之日常作息及修行。

桃園正覺講堂（第一、第二講堂）：桃園市介壽路 286、288 號 10 樓（陽明運動公園對面）電話：03-3749363（請於共修時聯繫，或與台北聯繫）

禪淨班：週一晚上班、週三晚上班、週四晚上班、週五晚上班。

進階班：週六上午班、週五晚上班。

佛藏經詳解：平實導師講解。每週二晚上，以台北正覺講堂所錄 DVD 放映；歡迎會外學人共同聽講，不需出示身分證件。

新竹正覺講堂 新竹市東光路 55 號二樓之一　電話 03-5724297（晚上）

第一講堂：

禪淨班：週一晚上班、週五晚上班、週六上午班。

進階班：週三晚上班、週四晚上班（由禪淨班結業後轉入共修）。

佛藏經詳解：平實導師講解。每週二晚上，以台北正覺講堂所錄 DVD 放映。歡迎會外學人共同聽講，不需出示身分證件。

第二講堂：

禪淨班：週三晚上班、週四晚上班。

佛藏經詳解：每週二晚上與第一講堂同時播放佛藏經詳解 DVD。

台中正覺講堂 04-23816090（晚上）

第一講堂 台中市南屯區五權西路二段 666 號 13 樓之四（國泰世華銀行樓上。鄰近縣市經第一高速公路前來者，由五權西路交流道可以快速到達，大樓旁有停車場，對面有素食館）。

禪淨班：週三晚上班、週四晚上班。

進階班：週一晚上班、週六上午班（由禪淨班結業後轉入共修）。

增上班：單週週末以台北增上班課程錄成 DVD 放映之，限已明心之會員參加。

佛藏經詳解：平實導師講解。每週二晚上，以台北正覺講堂所錄 DVD 放映。歡迎會外學人共同聽講，不需出示身分證件。

第二講堂 台中市南屯區五權西路二段 666 號 4 樓

禪淨班：週一晚上班、週三晚上班、週六上午班。

進階班：週五晚上班（由禪淨班結業後轉入共修）。

佛藏經詳解：每週二晚上與第一講堂同時播放佛藏經詳解 DVD。

第三講堂、第四講堂：台中市南屯區五權西路二段 666 號 4 樓。

嘉義正覺講堂 嘉義市友愛路 288 號八樓之一　電話：05-2318228

第一講堂：

禪淨班：週一晚上班、週四晚上班、週五晚上班。

進階班：週三晚上班（由禪淨班結業後轉入共修）。

佛藏經詳解：平實導師講解。每週二晚上，以台北正覺講堂所錄 DVD 放映。歡迎會外學人共同聽講，不需出示身分證件。

第二講堂 嘉義市友愛路 288 號八樓之二。

台南正覺講堂

第一講堂 台南市西門路四段 15 號 4 樓。06-2820541（晚上）

禪淨班：週一晚上班、週三晚上班、週四晚上班、週五晚上班、週六下午班。

增上班：單週週末下午，以台北增上班課程錄成 DVD 放映之，限已明心之會員參加。

佛藏經詳解：平實導師講解。每週二晚上，以台北正覺講堂所錄 DVD 放映。歡迎會外學人共同聽講，不需出示身分證件。

第二講堂　台南市西門路四段 15 號 3 樓。

佛藏經詳解：每週二晚上與第一講堂同時播放佛藏經詳解 DVD。

第三講堂　台南市西門路四段 15 號 3 樓。

進階班：週三晚上班、週四晚上班、週六上午班（由禪淨班結業後轉入共修）。

佛藏經詳解：每週二晚上與第一講堂同時播放佛藏經詳解 DVD。

高雄正覺講堂　高雄市新興區中正三路 45 號五樓 07-2234248（晚上）

第一講堂（五樓）：

禪淨班：週一晚上班、週三晚上班、週四晚上班、週五晚上班、週六上午班。

增上班：單週週末下午，以台北增上班課程錄成 DVD 放映之，限已明心之會員參加。

佛藏經詳解：平實導師講解。每週二晚上，以台北正覺講堂所錄 DVD 放映。歡迎會外學人共同聽講，不需出示身分證件。

第二講堂（四樓）：

進階班：週三晚上班、週四晚上班、週六上午班（由禪淨班結業後轉入共修）。

佛藏經詳解：每週二晚上與第一講堂同時播放佛藏經詳解 DVD。

第三講堂（三樓）：

進階班：週四晚上班（由禪淨班結業後轉入共修）。

香港正覺講堂　☆**已遷移新址**☆

九龍觀塘，成業街 10 號，電訊一代廣場 27 樓 E 室。

（觀塘地鐵站 B1 出口，步行約 4 分鐘）。電話：(852) 23262231

英文地址：Unit E, 27th Floor, TG Place, 10 Shing Yip Street, Kwun Tong, Kowloon

禪淨班：雙週六下午班 14:30-17:30，已經額滿。
雙週日下午班 14:30-17:30，2016 年 4 月底前尚可報名。

進階班：雙週五晚上班（由禪淨班結業後轉入共修）。

增上班：單週週末上午，以台北增上班課程錄成 DVD 放映之，限已明心之會員參加。

妙法蓮華經詳解：平實導師講解。雙週六 19:00-21:00，以台北正覺講堂所錄 DVD 放映；歡迎會外學人共同聽講，不需出示身分證件。

美國洛杉磯正覺講堂　☆已遷移新址☆

825 S. Lemon Ave Diamond Bar, CA 91798 U.S.A.
Tel. (909) 595-5222（請於週六 9:00~18:00 之間聯繫）
Cell. (626) 454-0607

禪淨班：每逢週末 15：30~17：30 上課。

進階班：每逢週末上午 10：00~12：00 上課。

佛藏經詳解：平實導師講解。每週六下午 13：00~15：00，以台北正覺講堂所錄 DVD 放映。歡迎各界人士共享第一義諦無上法益，不需報名。

二、招生公告　**本會台北講堂及全省各講堂，每逢四月、十月下旬開新班，每週共修一次**（每次二小時。開課日起三個月內仍可插班）；**但美國洛杉磯共修處之禪淨班得隨時插班共修。各班共修期間皆為二年半，欲參加者請向本會函索報名表**（各共修處皆於共修時間方有人執事，非共修時間請勿電詢或前來洽詢、請書），**或直接從本會官方網站**(http://www.enlighten.org.tw/newsflash/class)**或成佛之道網站下載報名表**。共修期滿時，若經報名禪三審核通過者，可參加四天三夜之禪三精進共修，有機會明心、取證如來藏，發起般若實相智慧，成為實義菩薩，脫離凡夫菩薩位。

三、新春禮佛祈福　農曆年假期間停止共修：自農曆新年前七天起停止共修與弘法，正月 8 日起回復共修、弘法事務。新春期間正月初一～初七 9.00～17.00 開放台北講堂、正月初一～初三開放新竹講堂、台中講堂、台南講堂、高雄講堂，以及大溪禪三道場（正覺祖師堂），方便會員供佛、祈福及會外人士請書。美國洛杉磯共修處之休假時間，請逕詢該共修處。

密宗四大派修雙身法，是外道性力派的邪法；又以生滅的識陰作為常住法，是常見外道，是假的藏傳佛教。

西藏覺囊巴以他空見弘揚第八識如來藏勝法，才是真藏傳佛教

佛教正覺同修會　弘法行事表

2017/03/31

1、**禪淨班**　以無相念佛及拜佛方式修習動中定力，實證一心不亂功夫。傳授解脫道正理及第一義諦佛法，以及參禪知見。共修期間：二年六個月。每逢四月、十月開新班，詳見招生公告表。

2、**《佛藏經》**詳解　　平實導師主講。已於 2013/12/17 開講，歡迎已發成佛大願的菩薩種性學人，攜眷共同參與此殊勝法會聽講。詳解 釋迦世尊於《佛藏經》中所開示的眞實義理，更爲今時後世佛子四眾，闡述 佛陀演說此經的本懷。眞實尋求佛菩提道的有緣佛子，親承聽聞如是勝妙開示，當能如實理解經中義理，亦能了知於大乘法中：如何是諸法實相？善知識、惡知識要如何簡擇？如何才是清淨持戒？如何才能清淨說法？於此末法之世，眾生五濁益重，不知佛、不解法、不識僧，唯見表相，不信眞實，貪著五欲，諸方大師不淨說法，各各將導大量徒眾趣入三塗，如是師徒俱堪憐憫。是故，平實導師以大慈悲心，用淺白易懂之語句，佐以實例、譬喻而爲演說，普令聞者易解佛意，皆得契入佛法正道，如實了知佛法大藏。每逢週二 18.50~20.50 開示，不限制聽講資格。會外人士需憑身分證件換證入內聽講（此是大樓管理處之安全規定，敬請見諒）。桃園、新竹、台中、台南、高雄等地講堂，亦於每週二晚上播放平實導師講經之 DVD，不必出示身分證件即可入內聽講，歡迎各地善信同霑法益。

有某道場專弘淨土法門數十年，於教導信徒研讀《佛藏經》時，往往告誡信徒曰：「後半部不許閱讀。」由此緣故坐令信徒失去提升念佛層次之機緣，師徒只能低品位往生淨土，令人深覺愚癡無智。由有多人建議故，平實導師開始宣講《佛藏經》，藉以轉易如是邪見，並提升念佛人之知見與往生品位。此經中，對於實相念佛多所著墨，亦指出念佛要點：**以實相爲依，念佛者應依止淨戒、依止清淨僧寶，捨離違犯重戒之師僧，應受學清淨之法，遠離邪見。**本經是現代佛門大法師所厭惡之經典：**一者由於大法師們已全都落入意識境界而無法親證實相，故於此經中所說實相全無所知，都不樂有人聞此經名，以免讀後提出問疑時無法回答；二者現代大乘佛法地區，已經普被藏密喇嘛教滲透，許多有名之大法師們大多已曾或繼續在修練雙身法，都已失去聲聞戒體及菩薩戒體，成爲地獄種姓人，已非眞正出家之人，本質上只是身著僧衣而住在寺院中的世俗人。**這些人對於此經都是讀不懂的，也是極爲厭惡的；他們尚不樂見此經之印行，何況流通與講解？今爲救護廣大學佛人，兼欲護持佛教血脈永續常傳，特選此經宣講之，主講者平實導師。

3、**瑜伽師地論**詳解　詳解論中所言凡夫地至佛地等 17 師之修證境界與理論，從凡夫地、聲聞地……宣演到諸地所證一切種智之眞實正理。由平實導師開講，每逢一、三、五週之週末晚上開示，僅限已明心之會員參加。

4、**精進禪三**　主三和尚：平實導師。於四天三夜中，以克勤圓悟大師及大慧宗杲之禪風，施設機鋒與小參、公案密意之開示，幫助會員剋期取證，親證不生不滅之眞實心——人人本有之如來藏。每年四月、十月各舉辦二個梯次；平實導師主持。僅限本會會員參加禪淨班共修期滿，報名審核通過者，方可參加。並選擇會中定力、慧力、福德三條件皆已具足之已明心會員，給以指引，令得眼見自己無形無相之佛性遍佈山河大地，眞實而無障礙，得以肉眼現觀世界身心悉皆如幻，具足成就如幻觀，圓滿十住菩薩之證境。

5、**大法鼓經**詳解　詳解末法時代大乘佛法修行之道。佛教正法消毒妙藥塗於大鼓而以擊之，凡有眾生聞之者，一切邪見鉅毒悉皆消殞；此經即是大法鼓之正義，凡聞之者，所有邪見之毒悉皆滅除，見道不難；亦能發起菩薩無量功德，是故諸大菩薩遠從諸方佛土來此娑婆聞修此經。

本經破「有」而顯涅槃，以此名爲眞法；若墮在「有」中，皆名「非法」；若人如是宣揚佛法，名爲擊大法鼓；如是依「法」而捨「非法」，據以建立山門而爲眾說法，方可名爲法鼓山。此經中說，以「此經」爲菩薩道之本，以證得「此經」之正知見及法門作爲度人之「法」，方名眞實佛法，否則盡名「非法」。本經中對法與非法、有與涅槃，有深入之闡釋，歡迎教界一切善信（不論初機或久學菩薩），一同親沐 如來聖教，共沾法喜。由平實導師詳解。不限制聽講資格。

6、**不退轉法輪經**詳解　本經所說妙法極爲甚深難解，時至末法，已然無有知者；而其甚深絕妙之法，流傳至今依舊多人可證，顯示佛學眞是義學而非玄談，其中甚深極妙令人拍案稱絕之第一義諦妙義，平實導師將會加以解說。待《大法鼓經》宣講完畢時繼續宣講此經。

7、**阿含經**詳解　選擇重要之阿含部經典，依無餘涅槃之實際而加以詳解，令大眾得以現觀諸法緣起性空，亦復不墮斷滅見中，顯示經中所隱說之涅槃實際—如來藏—確實已於四阿含中隱說；令大眾得以聞後觀行，確實斷除我見乃至我執，證得**見到**眞現觀，乃至**身證**……等眞現觀；已得大乘或二乘見道者，亦可由此聞熏及聞後之觀行，除斷我所之貪著，成就慧解脫果。由平實導師詳解。不限制聽講資格。

8、**解深密經**詳解　重講本經之目的，在於令諸已悟之人明解大乘法道之成佛次第，以及悟後進修一切種智之內涵，確實證知三種自性性，並得據此證解七眞如、十眞如等正理。每逢週二 18.50~20.50 開示，由平實導師詳解。將於《大法鼓經》講畢後開講。不限制聽講資格。

9、**成唯識論**詳解　詳解一切種智眞實正理，詳細剖析一切種智之微細深妙廣大正理；並加以舉例說明，使已悟之會員深入體驗所證如來藏之微密行相；及證驗見分相分與所生一切法，皆由如來藏—阿賴耶識—直接或展轉而生，因此證知一切法無我，證知無餘涅槃之本際。將於增上班《瑜伽師地論》講畢後，由平實導師重講。僅限已明心之會員參加。

10、**精選如來藏系經典**詳解　精選如來藏系經典一部，詳細解說，以此完全印證會員所悟如來藏之眞實，得入不退轉住。另行擇期詳細解說之，由平實導師講解。僅限已明心之會員參加。

11、**禪門差別智**　藉禪宗公案之微細淆訛難知難解之處，加以宣說及剖析，以增進明心、見性之功德，啓發差別智，建立擇法眼。每月第一週日全天，由平實導師開示，僅限破參明心後，復又眼見佛性者參加（事冗暫停）。

12、**枯木禪**　先講智者大師的《小止觀》，後說《釋禪波羅蜜》，詳解四禪八定之修證理論與實修方法，細述一般學人修定之邪見與岔路，及對禪定證境之誤會，消除枉用功夫、浪費生命之現象。已悟般若者，可以藉此而實修初禪，進入大乘通教及聲聞教的三果心解脫境界，配合應有的大福德及後得無分別智、十無盡願，即可進入初地心中。親教師：平實導師。未來緣熟時將於大溪正覺寺開講。不限制聽講資格。

註：本會例行年假，自 2004 年起，改爲每年農曆新年前七天開始停息弘法事務及共修課程，農曆正月 8 日回復所有共修及弘法事務。新春期間（每日 9.00~17.00）開放台北講堂，方便會員禮佛祈福及會外人士請書。大溪區的正覺祖師堂，開放參訪時間，詳見〈正覺電子報〉或成佛之道網站。本表得因時節因緣需要而隨時修改之，不另作通知。

佛教正覺同修會　贈閱書籍 目錄　2015/09/29

1.**無相念佛**　平實導師著　回郵 10 元
2.**念佛三昧修學次第**　平實導師述著　回郵 25 元
3.**正法眼藏—護法集**　平實導師述著　回郵 35 元
4.**真假開悟簡易辨正法＆佛子之省思**　平實導師著　回郵 3.5 元
5.**生命實相之辨正**　平實導師著　回郵 10 元
6.**如何契入念佛法門**（**附**：印順法師否定極樂世界）平實導師著　回郵 3.5 元
7.**平實書箋**—答元覽居士書　平實導師著　回郵 35 元
8.**三乘唯識**—如來藏系經律彙編　平實導師編　回郵 80 元
（精裝本　長 27 cm　寬 21 cm　高 7.5 cm　重 2.8 公斤）
9.**三時繫念全集**—修正本　回郵掛號 40 元（長 26.5 cm×寬 19 cm）
10.**明心與初地**　平實導師述　回郵 3.5 元
11.**邪見與佛法**　平實導師述著　回郵 20 元
12.**菩薩正道**—回應義雲高、釋性圓…等外道之邪見　正燦居士著　回郵 20 元
13.**甘露法雨**　平實導師述　回郵 20 元
14.**我與無我**　平實導師述　回郵 20 元
15.**學佛之心態**—修正錯誤之學佛心態始能與正法相應　孫正德老師著　回郵35元
附錄：平實導師著**《略說八、九識並存…等之過失》**
16.**大乘無我觀**—《悟前與悟後》別說　平實導師述著　回郵 20 元
17.**佛教之危機**—中國台灣地區現代佛教之真相（附錄：公案拈提六則）
平實導師著　回郵 25 元
18.**燈　影**—燈下黑（覆「求教後學」來函等）　平實導師著　回郵 35 元
19.**護法與毀法**—覆上平居士與徐恒志居士網站毀法二文
張正圜老師著　回郵 35 元
20.**淨土聖道**—兼評**選擇本願念佛**　正德老師著　**由正覺同修會購贈**　回郵25 元
21.**辨唯識性相**—對「紫蓮心海《辯唯識性相》書中否定阿賴耶識」之回應
正覺同修會 台南共修處法義組 著　回郵 25 元
22.**假如來藏**—對法蓮法師《如來藏與阿賴耶識》書中否定阿賴耶識之回應
正覺同修會 台南共修處法義組 著　回郵 35 元
23.**入不二門**—公案拈提集錦 第一輯（於平實導師公案拈提諸書中選錄約二十則，
合輯爲一冊流通之）平實導師著　回郵 20 元
24.**真假邪說**—西藏密宗索達吉喇嘛《破除邪說論》真是邪說
釋正安法師著　回郵 35 元
25.**真假開悟**—真如、如來藏、阿賴耶識間之關係　平實導師述著　回郵 35 元
26.**真假禪和**—辨正釋傳聖之謗法謬說　孫正德老師著　回郵 30 元

27.**眼見佛性**—駁慧廣法師眼見佛性的含義文中謬說

游正光老師著　回郵25元

28.**普門自在**—公案拈提集錦 第二輯（於平實導師公案拈提諸書中選錄約二十則，合輯為一冊流通之）平實導師著　回郵25元

29.**印順法師的悲哀**—以現代禪的質疑為線索　恒毓博士著　回郵25元

30.**識蘊真義**—現觀識蘊內涵、取證初果、親斷三縛結之具體行門。

—依《成唯識論》及《唯識述記》正義，略顯安慧《大乘廣五蘊論》之邪謬

平實導師著　回郵35元

31.**正覺電子報** 各期紙版本　免附回郵　每次最多函索三期或三本。

（已無存書之較早各期，不另增印贈閱）

32.**現代人應有的宗教觀**　蔡正禮老師 著　回郵3.5元

33.**遠惑趣道**—正覺電子報般若信箱問答錄　第一輯　回郵20元

34.**遠惑趣道**—正覺電子報般若信箱問答錄　第二輯　回郵20元

35.**確保您的權益**—器官捐贈應注意自我保護　游正光老師 著　回郵10元

36.**正覺教團電視弘法三乘菩提 DVD 光碟（一）**

由正覺教團多位親教師共同講述錄製 DVD 8 片，MP3 一片，共 9 片。有二大講題：一為「三乘菩提之意涵」，二為「學佛的正知見」。內容精闢，深入淺出，精彩絕倫，幫助大眾快速建立三乘法道的正知見，免被外道邪見所誤導。有志修學三乘佛法之學人不可不看。（製作工本費 100 元，回郵 25 元）

37.**正覺教團電視弘法 DVD 專輯（二）**

總有二大講題：一為「三乘菩提之念佛法門」，一為「學佛正知見（第二篇）」，由正覺教團多位親教師輪番講述，內容詳細闡述如何修學念佛法門、實證念佛三昧，以及學佛應具有的正確知見，可以幫助發願往生西方極樂淨土之學人，得以把握往生，更可令學人快速建立三乘法道的正知見，免於被外道邪見所誤導。有志修學三乘佛法之學人不可不看。（一套 17 片，工本費 160 元。回郵 35 元）

38.**佛藏經** 燙金精裝本　每冊回郵 20 元。正修佛法之道場欲大量索取者，請正式發函並蓋用大印寄來索取（2008.04.30 起開始敬贈）

39.**喇嘛性世界**—揭開假藏傳佛教譚崔瑜伽的面紗　張善思 等人合著

由正覺同修會購贈　回郵20元

40.**假藏傳佛教的神話**—性、謊言、喇嘛教　張正玄教授編著　回郵20元

由正覺同修會購贈　回郵20元

41.**隨　緣**—理隨緣與事隨緣　平實導師述　回郵20元。

42.**學佛的覺醒**　正枝居士 著　回郵25元

43.**導師之真實義**　蔡正禮老師 著　回郵10元

44.**淺談達賴喇嘛之雙身法**—兼論解讀「密續」之達文西密碼

吳明芷居士 著　回郵10元

45.**魔界轉世**　張正玄居士 著　回郵10元

46.**一貫道與開悟**　蔡正禮老師 著　回郵10元

47.**博愛**—愛盡天下女人　正覺教育基金會 編印　回郵 10 元

48.**意識虛妄經教彙編**—實證解脫道的關鍵經文　正覺同修會編印　回郵 25 元

49.**邪箭囈語**—破斥藏密外道多識仁波切《破魔金剛箭雨論》之邪說
陸正元老師著　上、下冊回郵各 30 元

50.**真假沙門**—依 佛聖教闡釋佛教僧寶之定義
蔡正禮老師著　俟正覺電子報連載後結集出版

51.**真假禪宗**—藉評論釋性廣《印順導師對變質禪法之批判
及對禪宗之肯定》以顯示真假禪宗
附論一：凡夫知見 無助於佛法之信解行證
附論二：世間與出世間一切法皆從如來藏實際而生而顯
余正偉老師著　俟正覺電子報連載後結集出版　回郵未定

52.**假鋒虛焰金剛乘**—揭示顯密正理，兼破索達吉師徒《般若鋒兮金剛焰》。
釋正安 法師著　俟正覺電子報連載後結集出版

★ 上列贈書之郵資，係台灣本島地區郵資，大陸、港、澳地區及外國地區，請另計酌增（大陸、港、澳、國外地區之郵票不許通用）。尚未出版之書，請勿先寄來郵資，以免增加作業煩擾。

★ 本目錄若有變動，唯於後印之書籍及「成佛之道」網站上修正公佈之，不另行個別通知。

函索書籍請寄：佛教正覺同修會　103 台北市承德路 3 段 277 號 9 樓
台灣地區函索書籍者請附寄郵票，無時間購買郵票者可以等值現金抵用，但不接受郵政劃撥、支票、匯票。大陸地區得以人民幣計算，國外地區請以美元計算（請勿寄來當地郵票，在台灣地區不能使用）。欲以掛號寄遞者，請另附掛號郵資。

親自索閱：正覺同修會各共修處。　★請於共修時間前往取書，餘時無人在道場，請勿前往索取；共修時間與地點，詳見書末正覺同修會共修現況表（以近期之共修現況表為準）。

註：正智出版社發售之局版書，請向各大書局購閱。若書局之書架上已經售出而無陳列者，請向書局櫃台指定洽購；若書局不便代購者，請於正覺同修會共修時間前往各共修處請購，正智出版社已派人於共修時間送書前往各共修處流通。 郵政劃撥購書及 大陸地區 購書，請詳別頁正智出版社發售書籍目錄最後頁之說明。

成佛之道　網站：http://www.a202.idv.tw　　正覺同修會已出版之結緣書籍，多已登載於 成佛之道 網站，若住外國、或住處遙遠，不便取得正覺同修會贈閱書籍者，可以從本網站閱讀及下載。　　書局版之《宗通與說通》亦已上網，台灣讀者可向書局洽購，售價 300 元。《狂密與眞密》第一輯~第四輯，亦於 2003.5.1.全部於本網站登載完畢；台灣地區讀者請向書局洽購，每輯約 400 頁，售價 300 元（網站下載紙張費用較貴，容易散失，難以保存，亦較不精美）。

＊＊假藏傳佛教修雙身法，非佛教＊＊

正智出版社 籌募弘法基金發售書籍目錄　2017/04/22

1.**宗門正眼**—公案拈提 第一輯 重拈　平實導師著　500 元
因重寫內容大幅度增加故，字體必須改小，並增為 576 頁 主文 546 頁。比初版更精彩、更有內容。初版《禪門摩尼寶聚》之讀者，可寄回本公司免費調換新版書。免附回郵，亦無截止期限。（2007 年起，每冊附贈本公司精製公案拈提〈超意境〉CD 一片。市售價格 280 元，多購多贈。）

2.**禪淨圓融**　平實導師著　200 元（第一版舊書可換新版書。）

3.**真實如來藏**　平實導師著　400 元

4.**禪—悟前與悟後**　平實導師著　上、下冊，每冊 250 元

5.**宗門法眼**—公案拈提 第二輯　平實導師著　500 元
（2007 年起，每冊附贈本公司精製公案拈提〈超意境〉CD 一片）

6.**楞伽經詳解**　平實導師著　全套共 10 輯　每輯 250 元

7.**宗門道眼**—公案拈提 第三輯　平實導師著　500 元
（2007 年起，每冊附贈本公司精製公案拈提〈超意境〉CD 一片）

8.**宗門血脈**—公案拈提 第四輯　平實導師著　500 元
（2007 年起，每冊附贈本公司精製公案拈提〈超意境〉CD 一片）

9.**宗通與說通**—成佛之道 平實導師著 主文 381 頁 全書 400 頁售價 300 元

10.**宗門正道**—公案拈提 第五輯　平實導師著　500 元
（2007 年起，每冊附贈本公司精製公案拈提〈超意境〉CD 一片）

11.**狂密與真密 一～四輯**　平實導師著　西藏密宗是人間最邪淫的宗教，本質不是佛教，只是披著佛教外衣的印度教性力派流毒的喇嘛教。此書中將西藏密宗密傳之男女雙身合修樂空雙運所有祕密與修法，毫無保留完全公開，並將全部喇嘛們所不知道的部分也一併公開。內容比大辣出版社喧騰一時的《西藏慾經》更詳細。並且函蓋藏密的所有祕密及其錯誤的中觀見、如來藏見……等，藏密的所有法義都在書中詳述、分析、辨正。每輯主文三百餘頁　每輯全書約 400 頁　售價每輯 300 元

12.**宗門正義**—公案拈提 第六輯　平實導師著　500 元
（2007 年起，每冊附贈本公司精製公案拈提〈超意境〉CD 一片）

13.**心經密意**—心經與解脫道、佛菩提道、祖師公案之關係與密意　平實導師述　300 元

14.**宗門密意**—公案拈提 第七輯　平實導師著　500 元
（2007 年起，每冊附贈本公司精製公案拈提〈超意境〉CD 一片）

15.**淨土聖道**—兼評「選擇本願念佛」　正德老師著　200 元

16.**起信論講記**　平實導師述著　共六輯　每輯三百餘頁　售價各 250 元

17.**優婆塞戒經講記**　平實導師述著 共八輯 每輯三百餘頁 售價各 250 元

18.**真假活佛**—略論附佛外道盧勝彥之邪說（對前岳靈犀網站主張「盧勝彥是證悟者」之修正）　正犀居士（岳靈犀）著　流通價 140 元

19.**阿含正義**—唯識學探源　平實導師著　共七輯　每輯 300 元

20.**超意境 CD** 以平實導師公案拈提書中超越意境之頌詞，加上曲風優美的旋律，錄成令人嚮往的超意境歌曲，其中包括正覺發願文及平實導師親自譜成的黃梅調歌曲一首。詞曲雋永，殊堪翫味，可供學禪者吟詠，有助於見道。內附設計精美的彩色小冊，解說每一首詞的背景本事。每片 280 元。【每購買公案拈提書籍一冊，即贈送一片。】

21.**菩薩底憂鬱 CD** 將菩薩情懷及禪宗公案寫成新詞，並製作成超越意境的優美歌曲。 1.主題曲〈菩薩底憂鬱〉，描述地後菩薩能離三界生死而迴向繼續生在人間，但因尚未斷盡習氣種子而有極深沈之憂鬱，非三賢位菩薩及二乘聖者所知，此憂鬱在七地滿心位方才斷盡；本曲之詞中所說義理極深，昔來所未曾見；此曲係以優美的情歌風格寫詞及作曲，聞者得以激發嚮往諸地菩薩境界之大心，詞、曲都非常優美，難得一見；其中勝妙義理之解說，已印在附贈之彩色小冊中。 2.以各輯公案拈提中直示禪門入處之頌文，作成各種不同曲風之超意境歌曲，值得玩味、參究；聆聽公案拈提之優美歌曲時，請同時閱讀內附之印刷精美說明小冊，可以領會超越三界的證悟境界；未悟者可以因此引發求悟之意向及疑情，眞發菩提心而邁向求悟之途，乃至因此眞實悟入般若，成眞菩薩。 3.正覺總持咒新曲，總持佛法大意；總持咒之義理，已加以解說並印在隨附之小冊中。本 CD 共有十首歌曲，長達 63 分鐘。每盒各附贈二張購書優惠券。每片 280 元。

22.**禪意無限 CD** 平實導師以公案拈提書中偈頌寫成不同風格曲子，與他人所寫不同風格曲子共同錄製出版，幫助參禪人進入禪門超越意識之境界。盒中附贈彩色印製的精美解說小冊，以供聆聽時閱讀，令參禪人得以發起參禪之疑情，即有機會證悟本來面目而發起實相智慧，實證大乘菩提般若，能如實證知般若經中的眞實意。本 CD 共有十首歌曲，長達 69 分鐘，每盒各附贈二張購書優惠券。每片 280 元。

23.**我的菩提路**第一輯　釋悟圓、釋善藏等人合著　售價 300 元

24.**我的菩提路**第二輯　郭正益、張志成等人合著　售價 300 元

25.**我的菩提路**第三輯　王美伶等人合著　預定 2017/6/30 發行　售價 300 元

26.**鈍鳥與靈龜**—考證後代凡夫對大慧宗杲禪師的無根誹謗。

平實導師著 共 458 頁 售價 350 元

27.**維摩詰經講記** 平實導師述 共六輯 每輯三百餘頁 售價各 250 元

28.**真假外道**—破劉東亮、杜大威、釋證嚴常見外道見　正光老師著　200 元

29.**勝鬘經講記**—兼論印順《勝鬘經講記》對於《勝鬘經》之誤解。

平實導師述　共六輯　每輯三百餘頁　售價 250 元

30.**楞嚴經講記** 平實導師述 共 **15** 輯，每輯三百餘頁 售價 300 元

31.**明心與眼見佛性**—駁慧廣〈蕭氏「眼見佛性」與「明心」之非〉文中謬說

正光老師著　共 448 頁　售價 300 元

32.**見性與看話頭** 黃正倖老師 著，本書是禪宗參禪的方法論。

內文 375 頁，全書 416 頁，售價 300 元。

33.**達賴真面目**—玩盡天下女人 白正偉老師 等著 中英對照彩色精裝大本 800 元
34.**喇嘛性世界**—揭開假藏傳佛教譚崔瑜伽的面紗　張善思 等人著　200 元
35.**假藏傳佛教的神話**—性、謊言、喇嘛教　正玄教授編著　200 元
36.**金剛經宗通**　平實導師述　共九輯　每輯售價 250 元。
37.**空行母**—性別、身分定位，以及藏傳佛教。
珍妮・坎貝爾著 呂艾倫 中譯 售價 250 元
38.**末代達賴**—性交教主的悲歌　張善思、呂艾倫、辛燕編著 售價 250 元
39.**霧峰無霧**—給哥哥的信　辨正釋印順對佛法的無量誤解
游宗明 老師著　售價 250 元
40.**第七意識與第八意識？**—穿越時空「超意識」
平實導師述　每冊 300 元
41.**黯淡的達賴**—失去光彩的諾貝爾和平獎
正覺教育基金會編著　每冊 250 元
42.**童女迦葉考**—論呂凱文〈佛教輪迴思想的論述分析〉之謬。
平實導師 著 定價 180 元
43.**人間佛教**—實證者必定不悖三乘菩提
平實導師 述，定價 400 元
44.**實相經宗通**　平實導師述　共八輯　每輯 250 元
45.**真心告訴您(一)**—達賴喇嘛在幹什麼？
正覺教育基金會編著　售價 250 元
46.**中觀金鑑**—詳述應成派中觀的起源與其破法本質
孫正德老師著　分爲上、中、下三冊，每冊 250 元
47.**佛法入門**—迅速進入三乘佛法大門，消除久學佛法漫無方向之窘境。
○○居士著　將於正覺電子報連載後出版。售價 250 元
48.**藏傳佛教要義**—《狂密與真密》之簡體字版　平實導師 著 上、下冊
僅在大陸流通　每冊 300 元
49.**法華經講義**　平實導師述　共二十五輯　每輯 300 元
已於 2015/05/31 起開始出版，每二個月出版一輯
50.**西藏「活佛轉世」制度**—附佛、造神、世俗法
許正豐、張正玄老師合著　定價 150 元
51.**廣論三部曲**　郭正益老師著　定價 150 元
52.**真心告訴您(二)**—達賴喇嘛是佛教僧侶嗎？
—補祝達賴喇嘛八十大壽
正覺教育基金會編著　售價 300 元
53.**廣論之平議**—宗喀巴《菩提道次第廣論》之平議　正雄居士著
約二或三輯　俟正覺電子報連載後結集出版　書價未定
54.**末法導護**—對印順法師中心思想之綜合判攝　正慶老師著　書價未定
55.**菩薩學處**—菩薩四攝六度之要義　陸正元老師著　出版日期未定。
56.**八識規矩頌**詳解　○○居士 註解　出版日期另訂　書價未定。

57.**印度佛教史**—法義與考證。依法義史實評論印順《印度佛教思想史、佛教史地考論》之謬說　正偉老師著　出版日期未定　書價未定

58.**中國佛教史**—依中國佛教正法史實而論。○○老師 著　書價未定。

59.**中論正義**—釋龍樹菩薩《中論》頌正理。

孫正德老師著　出版日期未定　書價未定

60.**中觀正義**—註解平實導師《中論正義頌》。

○○法師（居士）著　出版日期未定　書價未定

61.**佛藏經講記**　平實導師述　出版日期未定　書價未定

62.**阿含經講記**—將選錄四阿含中數部重要經典全經講解之，講後整理出版。

平實導師述　約二輯　每輯 300 元　出版日期未定

63.**寶積經講記**　平實導師述　每輯三百餘頁 優惠價 300 元 出版日期未定

64.**解深密經講記**　平實導師述 約四輯　將於重講後整理出版

65.**成唯識論略解**　平實導師著　五～六輯　每輯300 元　出版日期未定

66.**修習止觀坐禪法要講記**　平實導師述　每輯三百餘頁

將於正覺寺建成後重講、以講記逐輯出版　出版日期未定

67.**無門關**—《無門關》公案拈提　平實導師著　出版日期未定

68.**中觀再論**—兼述印順《中觀今論》謬誤之平議。正光老師著 出版日期未定

69.**輪迴與超度**—佛教超度法會之真義。

○○法師（居士）著　出版日期未定　書價未定

70.《**釋摩訶衍論**》**平議**—對偽稱龍樹所造《釋摩訶衍論》之平議

○○法師（居士）著　出版日期未定　書價未定

71.**正覺發願文**註解—以真實大願為因 得證菩提

正德老師著　出版日期未定　書價未定

72.**正覺總持咒**—佛法之總持　正圜老師著　出版日期未定　書價未定

73.**涅槃**—論四種涅槃　平實導師著　出版日期未定　書價未定

74.**三自性**—依四食、五蘊、十二因緣、十八界法，說三性三無性。

作者未定　出版日期未定

75.**道品**—從三自性說大小乘三十七道品　作者未定　出版日期未定

76.**大乘緣起觀**—依四聖諦七真如現觀十二緣起 作者未定　出版日期未定

77.**三德**—論解脫德、法身德、般若德。　作者未定　出版日期未定

78.**真假如來藏**—對印順《如來藏之研究》謬說之平議　作者未定 出版日期未定

79.**大乘道次第**　作者未定　出版日期未定　書價未定

80.**四緣**—依如來藏故有四緣。　作者未定　出版日期未定

81.**空之探究**—印順《空之探究》謬誤之平議　作者未定 出版日期未定

82.**十法義**—論阿含經中十法之正義　作者未定　出版日期未定

83.**外道見**—論述外道六十二見　作者未定　出版日期未定

正智出版社有限公司 書籍介紹

禪淨圓融：言淨土諸祖所未曾言，示諸宗祖師所未曾示；禪淨圓融，另闢成佛捷徑，兼顧自力他力，闡釋淨土門之速行易行道，亦同時揭櫫聖教門之速行易行道；令廣大淨土行者得免緩行難證之苦，亦令聖道門行者得以藉著淨土速行道而加快成佛之時劫。乃前無古人之超勝見地，非一般弘揚禪淨法門典籍也，先讀為快。平實導師著200元。

宗門正眼—**公案拈提**第一輯：繼承克勤圜悟大師碧巖錄宗旨之禪門鉅作。先則舉示當代大法師之邪說，消弭當代禪門大師鄉愿之心態，摧破當今禪門「世俗禪」之妄談；次則旁通教法，表顯宗門正理；繼以道之次第，消弭古今狂禪；後藉言語及文字機鋒，直示宗門入處。悲智雙運，禪味十足，數百年來難得一睹之禪門鉅著也。平實導師著 500元（原初版書《禪門摩尼寶聚》，改版後補充為五百餘頁新書，總計多達二十四萬字，內容更精彩，並改名為《宗門正眼》，讀者原購初版《禪門摩尼寶聚》皆可寄回本公司免費換新，免附回郵，亦無截止期限）（2007年起，凡購買公案拈提第一輯至第七輯，每購一輯皆贈送本公司精製公案拈提〈超意境〉CD一片，市售價格280元，多購多贈）。

禪—悟前與悟後：本書能建立學人悟道之信心與正確知見，圓滿具足而有次第地詳述禪悟之功夫與禪悟之內容，指陳參禪中細微淆訛之處，能使學人明自眞心、見自本性。若未能悟入，亦能以正確知見辨別古今中外一切大師究係眞悟？或屬錯悟？便有能力揀擇，捨名師而選明師，後時必有悟道之緣。一旦悟道，遲者七次人天往返，便出三界，速者一生取辦。學人欲求開悟者，不可不讀。　平實導師著。上、下冊共500元，單冊250元。

眞實如來藏：如來藏眞實存在，乃宇宙萬有之本體，並非印順法師、達賴喇嘛等人所說之「唯有名相、無此心體」。如來藏是涅槃之本際，是一切有智之人竭盡心智、不斷探索而不能得之生命實相；是古今中外許多大師自以爲悟而當面錯過之生命實相。如來藏即是阿賴耶識，乃是一切有情本自具足、不生不滅之眞實心。當代中外大師於此書出版之前所未能言者，作者於本書中盡情流露、詳細闡釋。眞悟者讀之，必能增益悟境、智慧增上；錯悟者讀之，必能檢討自己之錯誤，免犯大妄語業；未悟者讀之，能知參禪之理路，亦能以之檢查一切名師是否眞悟。此書是一切哲學家、宗教家、學佛者及欲昇華心智之人必讀之鉅著。　平實導師著　售價400元。

宗門法眼—**公案拈提**第二輯：列舉實例，闡釋土城廣欽老和尚之悟處；並直示這位不識字的老和尚妙智橫生之根由，繼而剖析禪宗歷代大德之開悟公案，解析當代密宗高僧卡盧仁波切之錯悟證據，並例舉當代顯宗高僧、大居士之錯悟證據（凡健在者，爲免影響其名聞利養，皆隱其名）。藉辨正當代名師之邪見，向廣大佛子指陳禪悟之正道，彰顯宗門法眼。悲勇兼出，強捋虎鬚；慈智雙運，巧探驪龍；摩尼寶珠在手，直示宗門入處，禪味十足；若非大悟徹底，不能爲之。禪門精奇人物，允宜人手一冊，供作參究及悟後印證之圭臬。本書於2008年4月改版，增寫為大約500頁篇幅，以利學人研讀參究時更易悟入宗門正法，以前所購初版首刷及初版二刷舊書，皆可免費換取新書。平實導師著 500元（2007年起，凡購買公案拈提第一輯至第七輯，每購一輯皆贈送本公司精製公案拈提〈超意境〉CD一片，市售價格280元，多購多贈）。

宗門道眼—**公案拈提**第三輯：繼宗門法眼之後，再以金剛之作略、慈悲之胸懷、犀利之筆觸，舉示寒山、拾得、布袋三大士之悟處，消弭當代錯悟者對於寒山大士……等之誤會及誹謗。　亦舉出民初以來與虛雲和尚齊名之蜀郡鹽亭袁煥仙夫子——南懷瑾老師之師，其「悟處」何在？並蒐羅許多眞悟祖師之證悟公案，顯示禪宗歷代祖師之睿智，指陳部分祖師、奧修及當代顯密大師之謬悟，作爲殷鑑，幫助禪子建立及修正參禪之方向及知見。假使讀者閱此書已，一時尚未能悟，亦可一面加功用行，一面以此宗門道眼辨別眞假善知識，避開錯誤之印證及歧路，可免大妄語業之長劫慘痛果報。欲修禪宗之禪者，務請細讀。平實導師著 售價500元（2007年起，凡購買公案拈提第一輯至第七輯，每購一輯皆贈送本公司精製公案拈提〈超意境〉CD一片，市售價格280元，多購多贈）。

楞伽經詳解：本經是禪宗見道者印證所悟眞僞之根本經典，亦是禪宗見道者悟後起修之依據經典；故達摩祖師於印證二祖慧可大師之後，將此經典連同佛缽祖衣一併交付二祖，令其依此經典佛示金言、進入修道位，修學一切種智。由此可知此經對於眞悟之人修學佛道，是非常重要之一部經典。此經能破外道邪說，亦破佛門中錯悟名師之謬說，亦破禪宗部分祖師之狂禪：不讀經典、一向主張「一悟即成究竟佛」之謬執。並開示愚夫所行禪、觀察義禪、攀緣如禪、如來禪等差別，令行者對於三乘禪法差異有所分辨；亦糾正禪宗祖師古來對於如來禪之誤解，嗣後可免以訛傳訛之弊。此經亦是法相唯識宗之根本經典，禪者悟後欲修一切種智而入初地者，必須詳讀。平實導師著，全套共十輯，已全部出版完畢，每輯主文約320頁，每冊約352頁，定價250元。

宗門血脈—**公案拈提**第四輯：末法怪象—許多修行人自以爲悟，每將無念靈知認作眞實；崇尙二乘法諸師及其徒眾，則將外於如來藏之緣起性空—無因論之無常空、斷滅空、一切法空—錯認爲 佛所說之般若空性。這兩種現象已於當今海峽兩岸及美加地區顯密大師之中普遍存在；人人自以爲悟，心高氣壯，便敢寫書解釋祖師證悟之公案，大多出於意識思惟所得，言不及義，錯誤百出，因此誤導廣大佛子同陷大妄語之地獄業中而不能自知。彼等書中所說之悟處，其實處處違背第一義經典之聖言量。彼等諸人不論是否身披袈裟，都非佛法宗門血脈，或雖有禪宗法脈之傳承，亦只徒具形式；猶如螟蛉，非眞血脈，未悟得根本眞實故。禪子欲知佛、祖之眞血脈者，請讀此書，便知分曉。平實導師著，主文452頁，全書464頁，定價500元（2007年起，凡購買公案拈提第一輯至第七輯，每購一輯皆贈送本公司精製公案拈提〈超意境〉CD一片，市售價格280元，多購多贈）。

宗通與說通：古今中外，錯誤之人如麻似粟，每以常見外道所說之靈知心，認作眞心；或妄想虛空之勝性能量爲眞如，或錯認物質四大元素藉冥性（靈知心本體）能成就吾人色身及知覺，或認初禪至四禪中之了知心爲不生不滅之涅槃心。此等皆非通宗者之見地。復有錯悟之人一向主張「宗門與教門不相干」，此即尚未通達宗門之人也。其實宗門與教門互通不二，宗門所證者乃是眞如與佛性，教門所說者乃說宗門證悟之眞如佛性，故教門與宗門不二。本書作者以宗教二門互通之見地，細說「宗通與說通」，從初見道至悟後起修之道、細說分明；並將諸宗諸派在整體佛教中之地位與次第，加以明確之教判，學人讀之即可了知佛法之梗概也。欲擇明師學法之前，允宜先讀。平實導師著，主文共381頁，全書392頁，只售成本價300元。

宗門正道—公案拈提第五輯：修學大乘佛法有二果須證解脫果及大菩提果。二乘人不證大菩提果，唯證解脫果；此果之智慧，名爲聲聞菩提、緣覺菩提。大乘佛子所證二果之菩提果爲佛菩提，故名大菩提果，其慧名爲一切種智函蓋二乘解脫果。然此大乘二果修證，須經由禪宗之宗門證悟方能相應。而宗門證悟極難，自古已然；其所以難者，咎在古今佛教界普遍存在三種邪見：1.以修定認作佛法，2.以無因論之緣起性空—否定涅槃本際如來藏以後之一切法空作爲佛法，3.以常見外道邪見（離語言妄念之靈知性）作爲佛法。如是邪見，或因自身正見未立所致，或因邪師之邪教導所致，或因無始劫來虛妄熏習所致。若不破除此三種邪見，永劫不悟宗門眞義、不入大乘正道，唯能外門廣修菩薩行。平實導師於此書中，有極爲詳細之說明，有志佛子欲摧邪見、入於內門修菩薩行者，當閱此書。主文共496頁，全書512頁。售價500元（2007年起，凡購買公案拈提第一輯至第七輯，每購一輯皆贈送本公司精製公案拈提〈超意境〉CD一片，市售價格280元，多購多贈）。

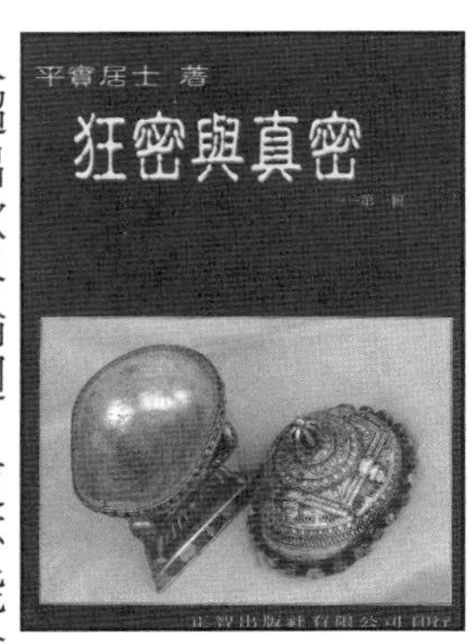

狂密與真密：密教之修學，皆由有相之觀行法門而入，其最終目標仍不離顯教經典所說第一義諦之修證；若離顯教第一義經典、或違背顯教第一義經典，即非佛教。西藏密教之觀行法，如灌頂、觀想、遷識法、寶瓶氣、大聖歡喜雙身修法、喜金剛、無上瑜伽、大樂光明、樂空雙運等，皆是印度教**兩性生生不息思想之轉化，自始至終皆以如何能運用交合淫樂之法達到全身受樂**爲其中心思想，純屬欲界五欲的貪愛，不能令人超出欲界輪迴，更不能令人斷除我見；何況大乘之明心與見性，更無論矣！故密宗之法絕非佛法也。而其明光大手印、大圓滿法教，又皆同以常見外道所說**離語言妄念之無念靈知心**錯認爲佛地之眞如，不能直指不生不滅之眞如。西藏密宗所有法王與徒眾，都尚未開頂門眼，不能辨別眞僞，以**依人不依法、依密續不依經典**故，不肯將其上師喇嘛所說對照第一義經典，純依密續之藏密祖師所說爲準，因此而誇大其證德與證量，動輒謂彼祖師上師爲究竟佛、爲地上菩薩；如今台海兩岸亦有自謂其師證量高於 釋迦文佛者，然觀其師所述，猶未見道，仍在觀行即佛階段，尚未到禪宗相似即佛、分證即佛階位，竟敢標榜爲究竟佛及地上法王，誑惑初機學人。凡此怪象皆是狂密，不同於眞密之修行者。近年狂密盛行，密宗行者被誤導者極眾，動輒自謂已證佛地眞如，自視爲究竟佛，陷於大妄語業中而不知自省，反謗顯宗眞修實證者之證量粗淺；或如義雲高與釋性圓…等人，於報紙上公然誹謗眞實證道者爲「騙子、無道人、人妖、癩蛤蟆…」等，造下誹謗大乘勝義僧之大惡業；或以外道法中有爲有作之甘露、魔術……等法，誑騙初機學人，狂言彼外道法爲眞佛法。如是怪象，在西藏密宗及附藏密之外道中，不一而足，舉之不盡，學人宜應愼思明辨，以免上當後又犯毀破菩薩戒之重罪。密宗學人若欲遠離邪知邪見者，請閱此書，即能了知密宗之邪謬，從此遠離邪見與邪修，轉入眞正之佛道。

平實導師著 共四輯 每輯約400頁（主文約340頁）每輯售價300元。

宗門正義—公案拈提第六輯：佛教有六大危機，乃是藏密化、世俗化、膚淺化、學術化、宗門密意失傳、悟後進修諸地之次第混淆；其中尤以宗門密意之失傳，爲當代佛教最大之危機。由宗門密意失傳故，易令世尊本懷普被錯解，易令世尊正法被轉易爲外道法，以及加以淺化、世俗化，是故宗門密意之廣泛弘傳與具緣佛弟子，極爲重要。然而欲令宗門密意之廣泛弘傳予具緣之佛弟子者，必須同時配合錯誤知見之解析、普令佛弟子知之，然後輔以公案解析之直示入處，方能令具緣之佛弟子悟入。而此二者，皆須以公案拈提之方式爲之，方易成其功、竟其業，是故平實導師續作宗門正義一書，以利學人。　全書500餘頁，售價500元（2007年起，凡購買公案拈提第一輯至第七輯，每購一輯皆贈送本公司精製公案拈提〈超意境〉CD一片，市售價格280元，多購多贈）。

心經密意—心經與解脫道、佛菩提道、祖師公案之關係與密意。二乘菩提所證之解脫道，實依第八識心之斷除煩惱障現行而立解脫之名；大乘菩提所證之佛菩提道，實依親證第八識如來藏之涅槃性、清淨自性、及其中道性而立般若之名；禪宗祖師公案所證之眞心，即是此第八識如來藏；是故三乘佛法所修所證之三乘菩提，皆依此如來藏心而立名也。此第八識心，即是《心經》所說之心也。證得此如來藏已，即能漸入大乘佛菩提道，亦可因證知此心而了知二乘無學所不能知之無餘涅槃本際，是故《心經》之密意，與三乘佛菩提之關係極爲密切、不可分割，三乘佛法皆依此心而立名故。今者平實導師以其所證解脫道之無生智及佛菩提之般若種智，將《心經》與解脫道、佛菩提道、祖師公案之關係與密意，以演講之方式，用淺顯之語句和盤托出，發前人所未言，呈三乘菩提之眞義，令人藉此《心經密意》一舉而窺三乘菩提之堂奧，迥異諸方言不及義之說；欲求眞實佛智者、不可不讀！主文317頁，連同跋文及序文…等共384頁，售價300元。

宗門密意——**公案拈提**第七輯：佛教之世俗化，將導致學人以信仰作爲學佛，則將以感應及世間法之庇祐，作爲學佛之主要目標，不能了知學佛之主要目標爲親證三乘菩提。大乘菩提則以般若實相智慧爲主要修習目標，以二乘菩提解脫道爲附帶修習之標的；是故學習大乘法者，應以禪宗之證悟爲要務，能親入大乘菩提之實相般若智慧中故，般若實相智慧非二乘聖人所能知故。此書則以台灣世俗化佛教之三大法師，說法似是而非之實例，配合眞悟祖師之公案解析，提示證悟般若之關節，令學人易得悟入。平實導師著，全書五百餘頁，售價500元（2007年起，凡購買公案拈提第一輯至第七輯，每購一輯皆贈送本公司精製公案拈提〈超意境〉CD一片，市售價格280元，多購多贈）。

淨土聖道——兼評日本本願念佛：佛法甚深極廣，般若玄微，非諸二乘聖僧所能知之，一切凡夫更無論矣！所謂一切證量皆歸淨土是也！是故大乘法中「聖道之淨土、淨土之聖道」，其義甚深，難可了知；乃至眞悟之人，初心亦難知也。今有正德老師眞實證悟後，復能深探淨土與聖道之緊密關係，憐憫眾生之誤會淨土實義，亦欲利益廣大淨土行人同入聖道，同獲淨土中之聖道門要義，乃振奮心神、書以成文，今得刊行天下。主文279頁，連同序文等共301頁，總有十一萬六千餘字，正德老師著，成本價200元。

起信論講記：詳解大乘起信論**心生滅門**與**心眞如門**之眞實意旨，消除以往大師與學人對起信論所說**心生滅門**之誤解，由是而得了知眞心如來藏之非常非斷中道正理；亦因此一講解，令此論以往隱晦而被誤解之眞實義，得以如實顯示，令大乘佛菩提道之正理得以顯揚光大；初機學者亦可藉此正論所顯示之法義，對大乘法理生起正信，從此得以眞發菩提心，眞入大乘法中修學，世世常修菩薩正行。平實導師演述，共六輯，都已出版，每輯三百餘頁，售價各250元。

優婆塞戒經講記：本經詳述在家菩薩修學大乘佛法，應如何受持菩薩戒？對人間善行應如何看待？對三寶應如何護持？應如何正確地修集此世後世證法之福德？應如何修集後世「行菩薩道之資糧」？並詳述第一義諦之正義：五蘊非我非異我、自作自受、異作異受、不作不受……等深妙法義，乃是修學大乘佛法、行菩薩行之在家菩薩所應當了知者。出家菩薩今世或未來世登地已，捨報之後多數將如華嚴經中諸大菩薩，以在家菩薩身而修行菩薩行，故亦應以此經所述正理而修之，配合《楞伽經、解深密經、楞嚴經、華嚴經》等道次第正理，方得漸次成就佛道；故此經是一切大乘行者皆應證知之正法。平實導師講述，每輯三百餘頁，售價各250元；共八輯，已全部出版。

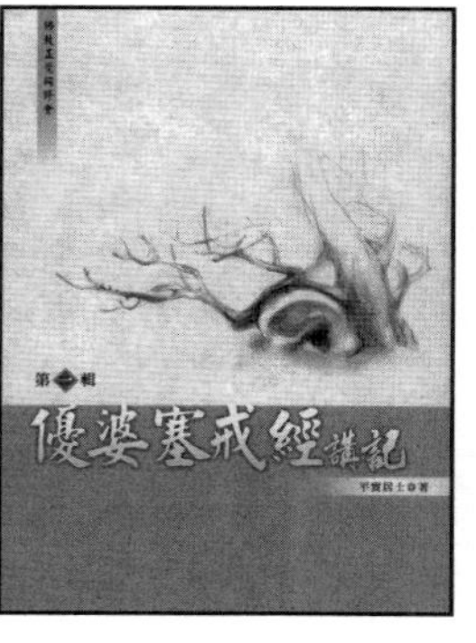

真假活佛——略論附佛外道盧勝彥之邪說：人人身中都有眞活佛，永生不滅而有大神用，但眾生都不了知，所以常被身外的西藏密宗假活佛籠罩欺瞞。本來就眞實存在的眞活佛，才是眞正的密宗無上密！諾那活佛因此而說禪宗是大密宗，但藏密的所有活佛都不知道、也不曾實證自身中的眞活佛。本書詳實宣示眞活佛的道理，舉證盧勝彥的「佛法」不是眞佛法，也顯示盧勝彥是假活佛，直接的闡釋第一義佛法見道的眞實正理。眞佛宗的所有上師與學人們，都應該詳細閱讀，包括盧勝彥個人在內。正犀居士著，優惠價140元。

阿含正義——唯識學探源：廣說四大部《阿含經》諸經中隱說之眞正義理，一一舉示佛陀本懷，令阿含時期初轉法輪根本經典之眞義，如實顯現於佛子眼前。並提示末法大師對於阿含眞義誤解之實例，一一比對之，證實唯識增上慧學確於原始佛法之阿含諸經中已隱覆密意而略說之，證實 世尊確於原始佛法中已曾密意而說第八識如來藏之總相；亦證實 世尊在四阿含中已說此藏識是名色十八界之因、之本——證明如來藏是能生萬法之根本心。佛子可據此修正以往受諸大師（譬如西藏密宗應成派中觀師：印順、昭慧、性廣、大願、達賴、宗喀巴、寂天、月稱、……等人）誤導之邪見，建立正見，轉入正道乃至親證初果而無困難；書中並詳說三果所證的**心解脫**，以及四果**慧解脫**的親證，都是如實可行的具體知見與行門。全書共七輯，已出版完畢。平實導師著，每輯三百餘頁，售價300元。

超意境CD：以平實導師公案拈提書中超越意境之頌詞，加上曲風優美的旋律，錄成令人嚮往的超意境歌曲，其中包括正覺發願文及平實導師親自譜成的黃梅調歌曲一首。詞曲雋永，殊堪翫味，可供學禪者吟詠，有助於見道。內附設計精美的彩色小冊，解說每一首詞的背景本事。每片280元。【每購買公案拈提書籍一冊，即贈送一片。】

鈍鳥與靈龜：鈍鳥及靈龜二物，被宗門證悟者說爲二種人：前者是精修禪定而無智慧者，也是以定爲禪的愚癡禪人；後者是或有禪定、或無禪定的宗門證悟者，凡已證悟者皆是靈龜。但後來被人虛造事實，用以嘲笑大慧宗杲禪師，說他雖是靈龜，卻不免被天童禪師預記「患背」痛苦而亡：「**鈍鳥離巢易，靈龜脫殼難。**」藉以貶低大慧宗杲的證量。同時將天童禪師實證如來藏的證量，曲解爲意識境界的離念靈知。自從大慧禪師入滅以後，錯悟凡夫對他的不實毀謗就一直存在著，不曾止息，並且捏造的假事實也隨著年月的增加而越來越多，終至編成「鈍鳥與靈龜」的假公案、假故事。本書是考證大慧與天童之間的不朽情誼，顯現這件假公案的虛妄不實；更見大慧宗杲面對惡勢力時的正直不阿，亦顯示大慧對天童禪師的至情深義，將使後人對大慧宗杲的誣謗至此而止，不再有人誤犯毀謗賢聖的惡業。書中亦舉證宗門的所悟確以第八識如來藏爲標的，詳讀之後必可改正以前被錯悟大師誤導的參禪知見，日後必定有助於實證禪宗的開悟境界，得階大乘眞見道位中，即是實證般若之賢聖。全書459頁，售價350元。

我的菩提路第一輯：凡夫及二乘聖人不能實證的佛菩提證悟，末法時代的今天仍然有人能得實證，由正覺同修會釋悟圓、釋善藏法師等二十餘位實證如來藏者所寫的見道報告，已爲當代學人見證宗門正法之絲縷不絕，證明大乘義學的法脈仍然存在，爲末法時代求悟般若之學人照耀出光明的坦途。由二十餘位大乘見道者所繕，敘述各種不同的學法、見道因緣與過程，參禪求悟者必讀。全書三百餘頁，售價300元。

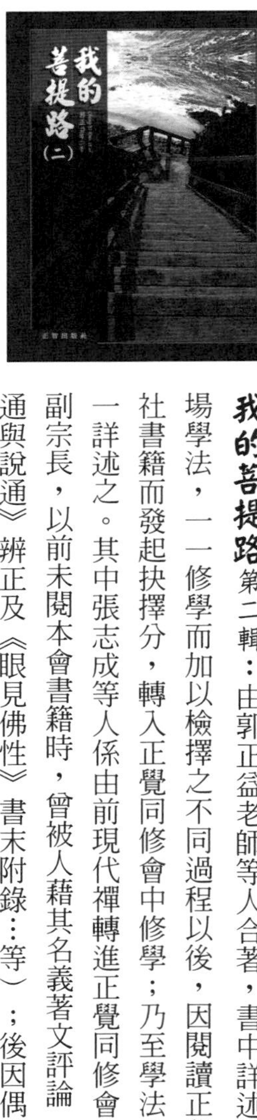

我的菩提路第二輯：由郭正益老師等人合著，書中詳述彼等諸人歷經各處道場學法，一一修學而加以檢擇之不同過程以後，因閱讀正覺同修會、正智出版社書籍而發起抉擇分，轉入正覺同修會中修學；乃至學法及見道之過程，都一一詳述之。其中張志成等人係由前現代禪轉進正覺同修會，張志成原爲現代禪副宗長，以前未閱本會書籍時，曾被人藉其名義著文評論 平實導師（詳見《宗通與說通》辨正及《眼見佛性》書末附錄…等）；後因偶然接觸正覺同修會書籍，深覺以前聽人評論平實導師之語不實，於是投入極多時間閱讀本會書籍、深入思辨，詳細探索中觀與唯識之關聯與異同，認爲正覺之法義方是正法，深覺相應；亦解開多年來對佛法的迷雲，確定應依八識論正理修學方是正法。乃不顧面子，毅然前往正覺同修會面見平實導師懺悔，並正式學法求悟。今已與其同修王美伶（亦爲前現代禪傳法老師），同樣證悟如來藏而證得法界實相，生起實相般若眞智。此書中尙有七年來本會第一位眼見佛性者之見性報告一篇，一同供養大乘佛弟子。全書四百頁，售價300元。

我的菩提路第三輯：由王美伶老師等人合著。自從正覺同修會成立以來，每年夏初、冬初都舉辦精進禪三共修，藉以助益會中同修們得以證悟明心發起般若實相智慧；凡已實證而被平實導師印證者，皆書具見道報告用以證明佛法之眞實可證而非玄學，證明佛法並非純屬思想、理論而無實質，是故每年都能有人證明正覺同修會的「實證佛教」主張並非虛語。特別是眼見佛性一法，自古以來中國禪宗祖師實證者極寡，較之明心開悟的證境更難令人信受；至2017年初，正覺同修會中的證悟明心者已近五百人，然而其中眼見佛性者至今唯十餘人爾，可謂難能可貴，是故明心後欲冀眼見佛性者實屬不易。黃正倖老師是懸絕七年無人見性後的第一人，她於2009年的見性報告刊於本書的第二輯中，爲大眾證明佛性確實可以眼見；其後七年之中求見性者都屬解悟佛性而無人眼見，幸而又經七年後的2016冬初，以及2017夏初的禪三，復有三人眼見佛性，希冀鼓舞四眾佛子求見佛性之大心，今則具載一則於書末，顯示求見佛性之事實經歷，供養現代佛教界欲得見性之四眾弟子。全書四百頁，售價300元，預定2017年6月30日發行。

維摩詰經講記：本經係 世尊在世時，由等覺菩薩維摩詰居士藉疾病而演說之大乘菩提無上妙義，所說函蓋甚廣，然極簡略，是故今時諸方大師與學人讀之悉皆錯解，何況能知其中隱含之深妙正義，是故普遍無法爲人解說；若強爲人說，則成依文解義而有諸多過失。今由平實導師公開宣講之後，詳實解釋其中密意，令維摩詰菩薩所說大乘不可思議解脫之深妙正法得以正確宣流於人間，利益當代學人及與諸方大師。書中詳實演述大乘佛法深妙不共二乘之智慧境界，顯示諸法之中絕待之實相境界，建立大乘菩薩妙道於永遠不敗不壞之地，以此成就護法偉功，欲冀永利娑婆人天。已經宣講圓滿整理成書流通，以利諸方大師及諸學人。全書共六輯，每輯三百餘頁，售價各250元。

菩薩底憂鬱CD將菩薩情懷及禪宗公案寫成新詞，並製作成超越意境的優美歌曲。1.主題曲〈菩薩底憂鬱〉，描述地後菩薩能離三界生死而迴向繼續生在人間，但因尚未斷盡習氣種子而有極深沈之憂鬱，非三賢位菩薩及二乘聖者所知，此憂鬱在七地滿心位方才斷盡；本曲之詞中所說義理極深，昔來所未曾見；此曲係以優美的情歌風格寫詞及作曲，聞者得以激發嚮往諸地菩薩境界之大心，詞、曲都非常優美，難得一見；其中勝妙義理之解說，已印在附贈之彩色小冊中。2.以各輯公案拈提中直示禪門入處之頌文，作成各種不同曲風之超意境歌曲，值得玩味、參究；聆聽公案拈提之優美歌曲時，請同時閱讀內附之印刷精美說明小冊，可以領會超越三界的證悟境界；未悟者可以因此引發求悟之意向及疑情，眞發菩提心而邁向求悟之途，乃至因此眞實悟入般若，成眞菩薩。3.正覺總持咒新曲，總持佛法大意；總持咒之義理，已加以解說並印在隨附之小冊中。本CD共有十首歌曲，長達63分鐘，附贈二張購書優惠券。每片280元。

勝鬘經講記：如來藏爲三乘菩提之所依，若離如來藏心體及其含藏之一切種子，即無三界有情及一切世間法，亦無二乘菩提緣起性空之出世間法；本經詳說無始無明、一念無明皆依如來藏而有之正理，藉著詳解煩惱障與所知障間之關係，令學人深入了知二乘菩提與佛菩提相異之妙理；聞後即可了知佛菩提之特勝處及三乘修道之方向與原理，邁向攝受正法而速成佛道的境界中。平實導師講述，共六輯，每輯三百餘頁，售價各250元。

楞嚴經講記：楞嚴經係密教部之重要經典，亦是顯教中普受重視之經典；經中宣說明心與見性之內涵極為詳細，將一切法都會歸如來藏及佛性—妙眞如性；亦闡釋佛菩提道修學過程中之種種魔境，以及外道誤會涅槃之狀況，旁及三界世間之起源。然因言句深澀難解，法義亦復深妙寬廣，學人讀之普難通達，是故讀者大多誤會，不能如實理解佛所說之明心與見性內涵，亦因是故多有悟錯之人引為開悟之證言，成就大妄語罪。今由平實導師詳細講解之後，整理成文，以易讀易懂之語體文刊行天下，以利學人。全書十五輯，全部出版完畢。每輯三百餘頁，售價每輯300元。

明心與眼見佛性：本書細述明心與眼見佛性之異同，同時顯示了中國禪宗破初參明心與重關眼見佛性二關之間的關聯；書中又藉法義辨正而旁述其他許多勝妙法義，讀後必能遠離佛門長久以來積非成是的錯誤知見，令讀者在佛法的實證上有極大助益。也藉慧廣法師的謬論來教導佛門學人回歸正知正見，遠離古今禪門錯悟者所墮的意識境界，非唯有助於斷我見，也對未來的開悟明心實證第八識如來藏有所助益，是故學禪者都應細讀之。游正光老師著　共448頁　售價300元。

見性與看話頭：黃正倖老師的《見性與看話頭》於《正覺電子報》連載完畢，今結集出版。書中詳說禪宗看話頭的詳細方法，並細說看話頭與眼見佛性的關係，以及眼見佛性者求見佛性前必須具備的條件。本書是禪宗實修者追求明心開悟時參禪的方法書，也是求見佛性者作功夫時必讀的方法書，內容兼顧眼見佛性的理論與實修之方法，是依實修之體驗配合理論而詳述，條理分明而且極為詳實、周全、深入。本書內文375頁，全書416頁，售價300元。

禪意無限ＣＤ平實導師以公案拈提書中偈頌寫成不同風格曲子，與他人所寫不同風格曲子共同錄製出版，幫助參禪人進入禪門超越意識之境界。盒中附贈彩色印製的精美解說小冊，以供聆聽時閱讀，令參禪人得以發起參禪之疑情，即有機會證悟本來面目，實證大乘菩提般若。本CD共有十首歌曲，長達69分鐘，每盒各附贈二張購書優惠券。每片280元。

金剛經宗通：三界唯心，萬法唯識，是成佛之修證內容，是諸地菩薩之所修；般若則是成佛之道（實證三界唯心、萬法唯識）的入門，若未證悟實相般若，即無成佛之可能，必將永在外門廣行菩薩六度，永在凡夫位中。然而實相般若的發起，全賴實證萬法的實相；若欲證知萬法的眞相，則必須探究萬法之所從來，則須實證自心如來—金剛心如來藏，然後現觀這個金剛心的金剛性、眞實性、如如性、清淨性、涅槃性、能生萬法的自性性、本住性，名爲證眞如；進而現觀三界六道唯是此金剛心所成，人間萬法須藉八識心王和合運作方能現起。如是實證《華嚴經》的「三界唯心、萬法唯識」以後，由此等現觀而發起實相般若智慧，繼續進修第十住位的如幻觀、第十行位的陽焰觀、第十迴向位的如夢觀，再生起增上意樂而勇發十無盡願，方能滿足三賢位的實證，轉入初地；自知成佛之道而無偏倚，從此按部就班、次第進修乃至成佛。第八識自心如來是般若智慧之所依，般若智慧的修證則要從實證金剛心自心如來開始；《金剛經》則是解說自心如來之經典，是一切三賢位菩薩所應進修之實相般若經典。這一套書，是將平實導師宣講的《金剛經宗通》內容，整理成文字而流通之；書中所說義理，迥異古今諸家依文解義之說，指出大乘見道方向與理路，有益於禪宗學人求開悟見道，及轉入內門廣修六度萬行。講述完畢後結集出版，總共9輯，每輯約三百餘頁，售價各250元。

真假外道：本書具體舉證佛門中的常見外道知見實例，並加以教證及理證上的辨正，幫助讀者輕鬆而快速的了知常見外道的錯誤知見，進而遠離佛門內外的常見外道知見，因此即能改正修學方向而快速實證佛法。游正光老師著。成本價200元。

空行母—性別、身分定位，以及藏傳佛教：本書作者爲蘇格蘭哲學家，因爲嚮往佛教深妙的哲學內涵，於是進入當年盛行於歐美的假藏傳佛教密宗，擔任卡盧仁波切的翻譯工作多年以後，被邀請成爲卡盧的空行母（又名佛母、明妃），開始了她在密宗裡的實修過程；後來發覺在密宗雙身法中的修行，其實無法使自己成佛，也發覺密宗對女性岐視而處處貶抑，並剝奪女性在雙身法中擔任一半角色時應有的身分定位。當她發覺自己只是雙身法中被喇嘛利用的工具，沒有獲得絲毫應有的尊重與基本定位時，發現了密宗的父權社會控制女性的本質；於是作者傷心地離開了卡盧仁波切與密宗，但是卻被恐嚇不許講出她在密宗裡的經歷，也不許她說出自己對密宗的教義與教制下對女性剝削的本質，否則將被咒殺死亡。後來她去加拿大定居，十餘年後方才擺脫這個恐嚇陰影，下定決心將親身經歷的實情及觀察到的事實寫下來並且出版，公諸於世。出版之後，她被流亡的達賴集團人士大力攻訐，誣指她爲精神狀態失常、說謊……等。但有智之士並未被達賴集團的政治操作及各國政府政治運作吹捧達賴的表相所欺，使她的書銷售無阻而又再版。正智出版社鑑於作者此書是親身經歷的事實，所說具有針對「藏傳佛教」而作學術研究的價值，也有使人認清假藏傳佛教剝削佛母、明妃的男性本位實質，因此洽請作者同意中譯而出版於華人地區。珍妮·坎貝爾女士著，呂艾倫 中譯，每冊250元。

霧峰無霧—給哥哥的信：本書作者藉兄弟之間信件往來論義，略述佛法大義；並以多篇短文辨義，舉出釋印順對佛法的無量誤解證據，並一一給予簡單而清晰的辨正，令人一讀即知。久讀、多讀之後即能認清楚釋印順的六識論見解，與眞實佛法之牴觸是多麼嚴重；於是在久讀、多讀之後，於不知不覺之間提升了對佛法的極深入理解，正知正見就在不知不覺間建立起來了。當三乘佛法的正知見建立起來之後，對於三乘菩提的見道條件便將隨之具足，於是聲聞解脫道的見道也就水到渠成；接著大乘見道的因緣也將次第成熟，未來自然也會有親見大乘菩提之道的因緣，悟入大乘實相般若也將自然成功，自能通達般若系列諸經而成實義菩薩。作者居住於南投縣霧峰鄉，自喻見道之後不復再見霧峰之霧，故鄉原野美景一一明見，於是立此書名爲《霧峰無霧》；讀者若欲撥霧見月，可以此書爲緣。游宗明 老師著 售價250元。

假藏傳佛教的神話—性、謊言、喇嘛教：本書編著者是由一首名叫「阿姊鼓」的歌曲爲緣起，展開了序幕，揭開假藏傳佛教—喇嘛教—的神秘面紗。其重點是蒐集、摘錄網路上質疑「喇嘛教」的帖子，以揭穿「假藏傳佛教的神話」爲主題，串聯成書，並附加彩色插圖以及說明，讓讀者們瞭解西藏密宗及相關人事如何被操作爲「神話」的過程，以及神話背後的眞相。作者：張正玄教授。售價200元。

達賴真面目—**玩盡天下女人**：假使您不想戴綠帽子，請記得詳細閱讀此書；假使您不想讓好朋友戴綠帽子，請您將此書介紹給您的好朋友。假使您想保護家中的女性，也想要保護好朋友的女眷，請記得將此書送給家中的女性和好友的女眷都來閱讀。本書爲印刷精美的大本彩色中英對照精裝本，爲您揭開達賴喇嘛的眞面目，內容精彩不容錯過，爲利益社會大眾，特別以優惠價格嘉惠所有讀者。編著者：白志偉等。大開版雪銅紙彩色精裝本。售價800元。

喇嘛性世界—**揭開假藏傳佛教譚崔瑜伽的面紗**：這個世界中的喇嘛，號稱來自世外桃源的香格里拉，穿著或紅或黃的喇嘛長袍，散布於我們的身邊傳教灌頂，吸引了無數的人嚮往學習；這些喇嘛虔誠地爲大眾祈福，手中拿著寶杵（金剛）與寶鈴（蓮花），口中唸著咒語：「唵．嘛呢．叭咪．吽……」，咒語的意思是說：「我至誠歸命金剛杵上的寶珠伸向蓮花寶穴之中」！「喇嘛性世界」是什麼樣的「世界」呢？本書將爲您呈現喇嘛世界的面貌。當您發現眞相以後，您將會唸：「噢！喇嘛．性．世界，譚崔性交嘛！」作者：張善思、呂艾倫。售價200元。

末代達賴——性交教主的悲歌：簡介從藏傳僞佛教（喇嘛教）的修行核心—性力派男女雙修，探討達賴喇嘛及藏傳僞佛教的修行內涵。書中引用外國知名學者著作、世界各地新聞報導，包含：歷代達賴喇嘛的祕史、達賴六世修雙身法的事蹟，以及《時輪續》中的性交灌頂儀式……等；達賴喇嘛書中開示的雙修法、達賴喇嘛的黑暗政治手段；達賴喇嘛所領導的寺院爆發喇嘛性侵兒童；新聞報導《西藏生死書》作者索甲仁波切性侵女信徒、澳洲喇嘛秋達公開道歉、美國最大假藏傳佛教組織領導人邱陽創巴仁波切的性氾濫，等等事件背後眞相的揭露。作者：張善思、呂艾倫、辛燕。售價250元。

第七意識與第八意識？——穿越時空「超意識」　「三界唯心，萬法唯識」是佛教中應該實證的聖教，也是《華嚴經》中明載而可以實證的法界實相。唯心者，三界一切境界、一切諸法唯是一心所成就，即是每一個有情的第八識如來藏，不是意識心。唯識者，即是人類各各都具足的八識心王——眼識、耳鼻舌身意識、意根、阿賴耶識，第八阿賴耶識又名如來藏，人類五陰相應的萬法，莫不由八識心王共同運作而成就，故說萬法唯識。依聖教量及現量、比量，都可以證明意識是二法因緣生，是由第八識藉意根與法塵二法爲因緣而出生，又是夜夜斷滅不存之生滅心，即無可能反過來出生第七識意根、第八識如來藏，當知不可能從生滅性的意識心中，細分出恆審思量的第七識意根，更無可能細分出恆而不審的第八識如來藏。本書是將演講內容整理成文字，細說如是內容，並已在《正覺電子報》連載完畢，今彙集成書以廣流通，欲幫助佛門有緣人斷除意識我見，跳脫於識陰之外而取證聲聞初果；嗣後修學禪宗時即得不墮外道神我之中，得以求證第八識金剛心而發起般若實智。平實導師　述，每冊300元。

黯淡的達賴—失去光彩的諾貝爾和平獎：本書舉出很多證據與論述，詳述達賴喇嘛不爲世人所知的一面，顯示達賴喇嘛並不是眞正的和平使者，而是假借諾貝爾和平獎的光環來欺騙世人；透過本書的說明與舉證，讀者可以更清楚的瞭解，達賴喇嘛是結合暴力、黑暗、淫欲於喇嘛教裡的集團首領，其政治行爲與宗教主張，早已讓諾貝爾和平獎的光環染污了。本書由財團法人正覺教育基金會寫作、編輯，由正覺出版社印行，每冊250元。

人間佛教—實證者必定不悖三乘菩提　「大乘非佛說」的講法似乎流傳已久，卻只是日本人企圖擺脫中國正統佛教的影響，而在明治維新時期才開始提出來的說法；台灣佛教、大陸佛教的淺學無智之人，由於未曾實證佛法而迷信日本人錯誤的學術考證，錯認爲這些別有用心的日本佛學考證的講法爲天竺佛教的眞實歷史；甚至還有更激進的反對佛教者提出「釋迦牟尼佛並非眞實存在，只是後人捏造的假歷史人物」，竟然也有少數人願意跟著「學術」的假光環而信受不疑，於是開始有一些佛教界人士造作了反對中國佛教而推崇南洋小乘佛教的行爲，使佛教的信仰者難以檢擇，導致一般大陸人士開始轉入基督教的盲目迷信中。在這些佛教及外教人士之中，也就有一分人根據此邪說而大聲主張「大乘非佛說」的謬論，這些人以「人間佛教」的名義來抵制中國正統佛教，公然宣稱中國的大乘佛教是由聲聞部派佛教的凡夫僧所創造出來的。這樣的說法流傳於台灣及大陸佛教界凡夫僧之中已久，卻非眞正的佛教歷史中曾經發生過的事，只是繼承六識論的聲聞法中凡夫僧依自己的意識境界立場，純憑臆想而編造出來的妄想說法，卻已經影響許多無智之凡夫僧俗信受不移。本書則是從佛教的經藏法義實質及實證的現量內涵本質立論，證明大乘佛法本是佛說，是從《阿含正義》尚未說過的不同面向來討論「人間佛教」的議題，證明「大乘眞佛說」。閱讀本書可以斷除六識論邪見，迴入三乘菩提正道發起實證的因緣；也能斷除禪宗學人學禪時普遍存在之錯誤知見，對於建立參禪時的正知見有很深的著墨。平實導師　述，內文488頁，全書528頁，定價400元。

童女迦葉考——論呂凱文〈佛教輪迴思想的論述分析〉之謬　童女迦葉是佛世率領五百大比丘遊行於人間的歷史事實，是以童貞行而依止菩薩戒弘化於人間的大菩薩，不依別解脫戒（聲聞戒）來弘化於人間。這是大乘佛教與聲聞佛教同時存在於佛世的歷史明證，證明大乘佛教不是從聲聞法中分裂出來的部派佛教的產物，卻是聲聞佛教分裂出來的部派佛教聲聞凡夫僧所不樂見的史實；於是古今聲聞法中的凡夫都欲加以扭曲而作詭說，更是末法時代高聲大呼「大乘非佛說」的六識論聲聞凡夫極力想要扭曲的佛教史實之一，於是想方設法扭曲迦葉菩薩爲聲聞僧，以及扭曲迦葉童女爲比丘僧等荒謬不實之論著便陸續出現，古時聲聞僧寫作的《分別功德論》是最具體之事例，現代之代表作則是呂凱文先生的〈佛教輪迴思想的論述分析〉論文。鑑於如是假藉學術考證以籠罩大眾之不實謬論，未來仍將繼續造作及流竄於佛教界，繼續扼殺大乘佛教學人法身慧命，必須舉證辨正之，遂成此書。平實導師　著，每冊180元。

中觀金鑑——詳述應成派中觀的起源與其破法本質　學佛人往往迷於中觀學派之不同學說，被應成派與自續派所迷惑；修學般若中觀二十年後自以爲實證般若中觀了，卻仍不曾入門，甫聞實證般若中觀者之所說，則茫無所知，迷惑不解；隨後信心盡失，不知如何實證佛法；凡此，皆因惑於這二派中觀學說所致。自續派中觀所說同於常見，以意識境界立爲第八識如來藏之境界，應成派所說則同於斷見，但又同立意識爲常住法，故亦具足斷常二見。今者孫正德老師有鑑於此，乃將起源於密宗的應成派中觀學說，追本溯源，詳考其來源之外，亦一一舉證其立論內容，詳加辨正，令密宗雙身法祖師以識陰境界而造之應成派中觀學說本質，詳細呈現於學人眼前，令其維護雙身法之目的無所遁形。若欲遠離密宗此二大派中觀謬說，欲於三乘菩提有所進道者，允宜具足閱讀並細加思惟，反覆讀之以後將可捨棄邪道返歸正道，則於般若之實證即有可能，證後自能現觀如來藏之中道境界而成就中觀。本書分上、中、下三冊，每冊250元，已全部出版完畢。

實相經宗通：學佛之目的在於實證一切法界背後之實相，禪宗稱之爲本來面目或本地風光，佛菩提道中稱之爲實相法界；此實相法界即是金剛藏，又名佛法之祕密藏，即是能生有情五陰、十八界及宇宙萬有（山河大地、諸天、三惡道世間）的第八識如來藏，又名阿賴耶識心，即是禪宗祖師所說的眞如心，此心即是三界萬有背後的實相。證得此第八識心時，自能瞭解般若諸經中隱說的種種密意，即得發起實相般若——實相智慧。每見學佛人修學佛法二十年後仍對實相般若茫然無知，亦不知如何入門，茫無所趣；更因不知三乘菩提的互異互同，是故越是久學者對佛法越覺茫然，都肇因於尚未瞭解佛法的全貌，亦未瞭解佛法的修證內容即是第八識心所致。本書對於修學佛法者所應實證的實相境界提出明確解析，並提示趣入佛菩提道的入手處，有心親證實相般若的佛法實修者，宜詳讀之，於佛菩提道之實證即有下手處。平實導師述著，共八輯，全部出版完畢，每輯成本價250元。

真心告訴您（一）——達賴喇嘛在幹什麼？這是一本報導篇章的選集，更是「破邪顯正」的暮鼓晨鐘。「破邪」是戳破假象，說明達賴喇嘛及其所率領的密宗四大派法王、喇嘛們，弘傳的佛法是仿冒的佛法；他們是假藏傳佛教，是坦特羅(譚崔性交)外道法和藏地崇奉鬼神的苯教混合成的「喇嘛教」，推廣的是以所謂「無上瑜伽」的男女雙身法冒充佛法的假佛教，詐財騙色誤導眾生，常常造成信徒家庭破碎、家中兒少失怙的嚴重後果。「顯正」是揭櫫眞相，指出眞正的藏傳佛教只有一個，就是覺囊巴，傳的是　釋迦牟尼佛演繹的第八識如來藏妙法，稱爲他空見大中觀。正覺教育基金會即以此古今輝映的如來藏正法正知見，在眞心新聞網中逐次報導出來，將箇中原委「眞心告訴您」，如今結集成書，與想要知道密宗眞相的您分享。售價250元。

眞心告訴您（二）——達賴喇嘛是佛教僧侶嗎？補祝達賴喇嘛八十大壽：這是一本針對當今達賴喇嘛所領導的喇嘛教，冒用佛教名相、於師徒間或師兄姊間，實修男女邪淫，而從佛法三乘菩提的現量與聖教量，揭發其謊言與邪術，證明達賴及其喇嘛教是仿冒佛教的外道，是「假藏傳佛教」。藏密四大派教義雖有「八識論」與「六識論」的表面差異，然其實修之內容，皆共許「無上瑜伽」四部灌頂爲究竟「成佛」之法門，也就是共以男女雙修之邪淫法爲「即身成佛」之密要，雖美其名曰「欲貪爲道」之「金剛乘」，並誇稱其成就超越於（應身佛）釋迦牟尼佛所傳之顯教般若乘之上；然詳考其理論，則或以意識離念時之粗細心爲第八識如來藏，或以中脈裡的明點爲第八識如來藏，或如宗喀巴與達賴堅決主張第六意識爲常恆不變之眞心者，分別墮於外道之常見與斷見中；全然違背　佛說能生五蘊之如來藏的實質。售價300元。

西藏「活佛轉世」制度——附佛、造神、世俗法：歷來關於喇嘛教活佛轉世的研究，多針對歷史及文化兩部分，於其所以成立的理論基礎，較少系統化的探討。尤其是此制度是否依據「佛法」而施設？是否合乎佛法眞實義？現有的文獻大多含糊其詞，或人云亦云，不曾有明確的闡釋與如實的見解。因此本文先從活佛轉世的由來，探索此制度的起源、背景與功能，並進而從活佛的尋訪與認證之過程，發掘活佛轉世的特徵，以確認「活佛轉世」在佛法中應具足何種果德。定價150元。

法華經講義：此書爲平實導師始從2009/7/21演述至2014/1/14之講經錄音整理所成。世尊一代時教，總分五時三教，即是華嚴時、聲聞緣覺教、般若教、種智唯識教、法華時；依此五時三教區分爲藏、通、別、圓四教。本經是最後一時的圓教經典，圓滿收攝一切法教於本經中，是故最後的圓教聖訓中，特地指出無有三乘菩提，其實唯有一佛乘；皆因眾生愚迷故，方便區分爲三乘菩提以助眾生證道。世尊於此經中特地說明如來示現於人間的唯一大事因緣，便是爲有緣眾生「開、示、悟、入」諸佛的所知所見——第八識如來藏妙眞如心，並於諸品中隱說「妙法蓮花」如來藏心的密意。然因此經所說甚深難解，眞義隱晦，古來難得有人能窺堂奧；平實導師以知如是密意故，特爲末法佛門四眾演述《妙法蓮華經》中各品蘊含之密意，使古來未曾被古德註解出來的「此經」密意，如實顯示於當代學人眼前。乃至〈藥王菩薩本事品〉、〈妙音菩薩品〉、〈觀世音菩薩普門品〉、〈普賢菩薩勸發品〉中的微細密意，亦皆一併詳述之，開前人所未曾言之密意，示前人所未見之妙法。最後乃至以〈法華大意〉而總其成，全經妙旨貫通始終，而依佛旨圓攝於一心如來藏妙心，厥爲曠古未有之大說也。平實導師述　已於2015/05/31起開始出版，每二個月出版一輯，共有25輯。每輯300元。

解深密經講記：本經係　世尊晚年第三轉法輪，宣說地上菩薩所應熏修之唯識正義經典，經中所說義理乃是大乘一切種智增上慧學，以阿陀那識—如來藏—阿賴耶識爲主體。禪宗之證悟者，若欲修證初地無生法忍乃至八地無生法忍者，必須修學《楞伽經、解深密經》所說之八識心王一切種智；此二經所說正法，方是眞正成佛之道；印順法師否定第八識如來藏之後所說萬法緣起性空之法，是以誤會後之二乘解脫道取代大乘眞正成佛之道，尚且不符二乘解脫道正理，亦已墮於斷滅見中，不可謂爲成佛之道也。平實導師曾於本會郭故理事長往生時，於喪宅中從首七開始宣講，於每一七各宣講三小時，至第十七而快速略講圓滿，作爲郭老之往生佛事功德，迴向郭老早證八地、速返娑婆住持正法。茲爲今時後世學人故，將擇期重講《解深密經》，以淺顯之語句講畢後，將會整理成文，用供證悟者進道；亦令諸方未悟者，據此經中佛語正義，修正邪見，依之速能入道。平實導師述著，全書輯數未定，每輯三百餘頁，將於未來重講完畢後逐輯出版。

佛法入門：學佛人往往修學二十年後仍不知如何入門，茫無所入漫無方向，不知如何實證佛法；更因不知三乘菩提的互異互同之處，導致越是久學者越覺茫然，都是肇因於尚未瞭解佛法的全貌所致。本書對於佛法的全貌提出明確的輪廓，並說明三乘菩提的異同處，讀後即可輕易瞭解佛法全貌，數日內即可明瞭三乘菩提入門方向與下手處。○○菩薩著　出版日期未定。

阿含經講記——**小乘解脫道之修證**：數百年來，南傳佛法所說證果之不實，所說解脫道之虛妄，所弘解脫道法義之世俗化，皆已少人知之；從南洋傳入台灣與大陸之後，所說法義虛謬之事，亦復少人知之；今時台灣全島印順系統之法師居士，多不知南傳佛法數百年來所說解脫道之義理已然偏斜、已然世俗化、已非眞正之二乘解脫正道，猶極力推崇與弘揚。彼等南傳佛法近代所謂之證果者多非眞實證果者，譬如阿迦曼、葛印卡、帕奧禪師、一行禪師……等人，悉皆未斷我見故。近年更有台灣南部大願法師，高抬南傳佛法之二乘修證行門爲「捷徑究竟解脫之道」者，然而南傳佛法縱使眞修實證，得成阿羅漢，至高唯是二乘菩提解脫之道，絕非究竟解脫，無餘涅槃中之實際尚未得證故，法界之實相尚未了知故，習氣種子待除故，一切種智未實證故，焉得謂爲「究竟解脫」？即使南傳佛法近代眞有實證之阿羅漢，尚且不及三賢位中之七住明心菩薩本來自性清淨涅槃智慧境界，則不能知此賢位菩薩所證之無餘涅槃實際，仍非大乘佛法中之見道者，何況普未實證聲聞果乃至未斷我見之人？謬充證果已屬逾越，更何況是誤會二乘菩提之後，以未斷我見之凡夫知見所說之二乘菩提解脫偏斜法道，焉可高抬爲「究竟解脫」？而且自稱「捷徑之道」？又妄言解脫之道即是成佛之道，完全否定般若實智、否定三乘菩提所依之如來藏心體，此理大大不通也！平實導師爲令修學二乘菩提欲證解脫果者，普得迴入二乘菩提正見、正道中，是故選錄四阿含諸經中，對於二乘解脫道法義有具足圓滿說明之經典，預定未來十年內將會加以詳細講解，令學佛人得以了知二乘解脫道之修證理路與行門，庶免被人誤導之後，未證言證，干犯道禁，成大妄語，欲升反墮。本書首重斷除我見，以助行者斷除我見而實證初果爲著眼之目標，若能根據此書內容，配合平實導師所著《識蘊眞義》《阿含正義》內涵而作實地觀行，實證初果非爲難事，行者可以藉此三書自行確認聲聞初果爲實際可得現觀成就之事。此書中除依二乘經典所說加以宣示外，亦依斷除我見等之證量，及大乘法中道種智之證量，對於意識心之體性加以細述，令諸二乘學人必定得斷我見、常見，免除三縛結之繫縛。次則宣示斷除我執之理，欲令升進而得薄貪瞋痴，乃至斷五下分結…等。平實導師述，共二冊，每冊三百餘頁。每輯300元。

修習止觀坐禪法要講記：修學四禪八定之人，往往錯會禪定之修學知見，欲以無止盡之坐禪而證禪定境界，卻不知修除性障之行門才是修證四禪八定不可或缺之要素，故智者大師云「性障初禪」；性障不除，初禪永不現前，云何修證二禪等？又：行者學定，若唯知數息，而不解六妙門之方便善巧者，欲求一心入定，未到地定極難可得，智者大師名之爲「事障未來」：障礙未到地定之修證。又禪定之修證，不可違背二乘菩提及第一義法，否則縱使具足四禪八定，亦不能實證涅槃而出三界。此諸知見，智者大師於《修習止觀坐禪法要》中皆有闡釋。作者平實導師以其第一義之見地及禪定之實證證量，曾加以詳細解析。將俟正覺寺竣工啓用後重講，不限制聽講者資格；講後將以語體文整理出版。欲修習世間定及增上定之學者，宜細讀之。平實導師述著。

★聲明★

本社於2015/01/01開始調整本目錄中部分書籍之售價，以因應各項成本的持續增加。

＊喇嘛教修外道雙身法，墮識陰境界，非佛教＊

＊弘揚如來藏他空見的覺囊派才是真正藏傳佛教＊

總經銷： 飛鴻 國際行銷股份有限公司

231 新北市新店區中正路 501 之 9 號 2 樓

Tel.02－82186688（五線代表號） Fax.02-82186458、82186459

零售：1.**全台連鎖經銷書局：**

三民書局、誠品書局、何嘉仁書店

敦煌書店、紀伊國屋、金石堂書局、建宏書局

2.**台北市：**佛化人生 羅斯福路 3 段 325 號 6 樓之 4 台電大樓對面

3.**新北市：**春大地書店 **蘆洲**中正路 117 號

4.**桃園市縣：**誠品書局 **桃園市**中正路 20 號遠東百貨地下室一樓

金石堂 **桃園市**大同路 24 號 金石堂 **桃園**八德市介壽路 1 段 987 號

諾貝爾圖書城 **桃園市**中正路 56 號地下室 御書堂 **龍潭**中正路 123 號

墊腳石文化書店 **中壢市**中正路 89 號

5.**新竹市縣：**大學書局 **新竹**建功路 10 號 誠品書局 **新竹**東區信義街 68 號

誠品書局 **新竹**東區中央路 229 號 5 樓 誠品書局 **新竹**東區力行二路 3 號

墊腳石文化書店 **新竹**中正路 38 號

6.**台中市：** **瑞成**書局、各大連鎖書店。

詠春書局 **台中市**永春東路 884 號 文春書局 **霧峰**中正路 1087 號

7.**彰化市縣：**心泉佛教流通處 **彰化市**南瑤路 286 號

員林鎮：墊腳石圖書文化廣場 中山路 2 段 49 號（04-8338485）

8.**台南市：**博大書局 **新營**三民路 128 號

藝美書局 **善化**中山路 436 號 宏欣書局 **佳里**光復路 214 號

9.**高雄市：**各大連鎖書店、**瑞成**書局

政大書城 **三民區**明仁路 161 號 政大書城 **苓雅區**光華路 148-83 號

明儀書局 **三民區**明福街 2 號 明儀書局 三多四路 63 號

青年書局 青年一路 141 號

10.**宜蘭縣市：**金隆書局 宜蘭市中山路 3 段 43 號

宋太太梅鋪 羅東鎮中正北路 101 號（039-534909）

11.**台東市：**東普佛教文物流通處 台東市博愛路 282 號

12.**其餘鄉鎮市經銷書局：**請電詢總經銷**飛鴻**公司。

13.**大陸地區請洽：**

香港：樂文書店

旺角店 :香港九龍旺角西洋菜街 62 號 3 樓

電話 : (852) 2390 3723 email: luckwinbooks@gmail.com

銅鑼灣店 :香港銅鑼灣駱克道 506 號 2 樓

電話 : (852) 2881 1150 email: luckwinbs@gmail.com

廈門： 廈門外圖臺灣書店有限公司
地址：廈門市思明區湖濱南路809號 廈門外圖書城3樓 郵編：361004
電話：0592-5061658（臺灣地區請撥打 86-592-5061658）
E-mail：JKB118＠188.COM

14.**美國：世界日報圖書部：** 紐約圖書部　電話 7187468889#6262
洛杉磯圖書部　電話 3232616972#202

15.**國內外地區網路購書：**

正智出版社 書香園地　http://books.enlighten.org.tw/
（書籍簡介、直接聯結下列網路書局購書）

三民 網路書局　http://www.Sanmin.com.tw

誠品 網路書局　http://www.eslitebooks.com

博客來 網路書局　http://www.books.com.tw

金石堂 網路書局　http://www.kingstone.com.tw

飛鴻 網路書局　http://fh6688.com.tw

附註：1.請儘量向各經銷書局購買：郵政劃撥需要十天才能寄到（本公司在您劃撥後第四天才能接到劃撥單，次日寄出後第四天您才能收到書籍，此八天中一定會遇到週休二日，是故共需十天才能收到書籍）若想要早日收到書籍者，請劃撥完畢後，將劃撥收據貼在紙上，旁邊寫上您的姓名、住址、郵區、電話、買書詳細內容，直接傳眞到本公司 02-28344822，並來電 02-28316727、28327495 確認是否已收到您的傳眞，即可提前收到書籍。 **2**.因台灣每月皆有五十餘種宗教類書籍上架，書局書架空間有限，故唯有新書方有機會上架，通常每次只能有一本新書上架；本公司出版新書，大多上架不久便已售出，若書局未再叫貨補充者，書架上即無新書陳列，則請直接向書局櫃台訂購。 **3**.若書局不便代購時，可於晚上共修時間向正覺同修會各共修處請購（共修時間及地點，詳閱**共修現況表**。每年例行年假期間請勿前往請書，年假期間請見共修現況表）。 **4**.郵購：郵政劃撥帳號 19068241。 **5**.正覺同修會會員購書都以八折計價（戶籍台北市者爲一般會員，外縣市爲護持會員）都可獲得優待，欲一次購買全部書籍者，可以考慮入會，節省書費。入會費一千元（第一年初加入時才需要繳），年費二千元。 **6.尚未出版之書籍，請勿預先郵寄書款與本公司，謝謝您！** **7**.若欲一次購齊本公司書籍，或同時取得正覺同修會贈閱之全部書籍者，請於正覺同修會共修時間，親到各共修處請購及索取；**台北市讀者**請洽：103 台北市承德路三段 267 號 10 樓（捷運淡水線 圓山站旁）請書時間：週一至週五爲 18.00~21.00，第一、三、五週週六爲 10.00~21.00，雙週之週六爲 10.00~18.00 請購處專線電話：25957295-分機 14（於請書時間方有人接聽）。

敬告大陸讀者：

大陸讀者購書、索書捷徑（尚未在大陸出版的書籍，以下二個途徑都可以購得，電子書另包括結緣書籍）：

1.**廈門外國圖書公司**：廈門市思明區湖濱南路 809 號 廈門外圖書城 3F
　郵編：361004　電話：0592-5061658　網址：**JKB118＠188.COM**

2.**電子書**：正智出版社有限公司及正覺同修會在台灣印行的各種局版書、結緣書，已有『**正覺電子書**』陸續上線中，提供讀者於手機、平板電腦上購書、下載、閱讀正智出版社、正覺同修會及正覺教育基金會所出版之電子書，詳細訊息敬請參閱『正覺電子書』專頁：

http://books.enlighten.org.tw/ebook

關於平實導師的書訊，請上網查閱：

　成佛之道　http://www.a202.idv.tw
　正智出版社 書香園地　http://books.enlighten.org.tw/

中國網採訪佛教正覺同修會、正覺教育基金會訊息：

http://big5.china.com.cn/gate/big5/fangtan.china.com.cn/2014-06/19/content_32714638.htm

http://pinpai.china.com.cn/

★ 正智出版社有限公司售書之稅後盈餘，全部捐助財團法人正覺寺籌備處、佛教正覺同修會、正覺教育基金會，供作弘法及購建道場之用；懇請諸方大德支持，功德無量。

★ 聲　明 ★

本社於 2015/01/01 開始調整本目錄中部分書籍之售價，以因應各項成本的持續增加。

＊ 喇嘛教修外道雙身法、墮識陰境界，非佛教 ＊

＊ 弘揚如來藏他空見的覺囊派才是真正藏傳佛教 ＊

售後服務—換書啓事（免附回郵） 2012/09/24

《楞嚴經講記》第 14 輯初版首刷本免費調換新書啓事：本講記第 14 輯出版前因 平實導師諸事繁忙，未將之重新閱讀而只改正校對時發現的錯別字，故未能發覺十年前所說法義有部分錯誤，於第 15 輯付印前重閱時才發覺第 14 輯中有部分錯誤尚未改正。今已重新審閱修改並已重印完成，煩請所有讀者將以前所購第 14 輯初版首刷本，寄回本社免費換新（初版二刷本無錯誤），本社將於寄回新書時同時附上您寄書回來換新時所付的郵資，並在此向所有讀者致上最誠懇的歉意。

《心經密意》初版書免費調換二版新書啓事：本書係演講錄音整理成書，講時因時間所限，省略部分段落未講。後於再版時補寫增加 13 頁，維持原價流通之。茲爲顧及初版讀者權益，自 2003/9/30 開始免費調換新書，原有初版一刷、二刷書籍，皆可寄來本來公司換書。

《宗門法眼》已經增寫改版爲 464 頁新書，2008 年 6 月中旬出版。讀者原有初版之第一刷、第二刷書本，都可以寄回本社免費調換改版新書。改版後之公案及錯悟事例維持不變，但將內容加以增說，較改版前更具有廣度與深度，將更能助益讀者參究實相。

換書者**免附回郵**，亦無截止期限；舊書請寄：111 台北郵政 73-151 號信箱 或 103 台北市承德路三段 267 號 10 樓 正智出版社有限公司。舊書若有塗鴨、殘缺、破損者，仍可換取新書；但缺頁之舊書至少應仍有五分之三頁數，方可換書。所有讀者不必顧念本公司是否有盈餘之問題，都請踴躍寄來換書；本公司成立之目的不是營利，只要能眞實利益學人，即已達到成立及運作之目的。若以郵寄方式換書者，免附回郵；並於寄回新書時，由本社附上您寄來書籍時耗用的郵資。造成您不便之處，再次致上萬分的歉意。

正智出版社有限公司 啓

國家圖書館出版品預行編目資料

實相經宗通／平實導師述. -- 初版. -- 臺北市：
正智, 2014.01 -
冊； 公分

ISBN 978-986-6431-68-5（第1輯：平裝）
ISBN 978-986-6431-78-4（第2輯：平裝）
ISBN 978-986-6431-79-1（第3輯：平裝）
ISBN 978-986-6431-90-6（第4輯：平裝）
ISBN 978-986-5655-00-6（第5輯：平裝）
ISBN 978-986-5655-06-8（第6輯：平裝）
ISBN 978-986-5655-16-7（第7輯：平裝）
ISBN 978-986-5655-31-0（第8輯：平裝）

1.般若部

221.44 102027143

實相經宗通——第三輯

著　述　者：平實導師
音文轉換：劉惠莉
校　　對：章乃鈞 陳介源 孫淑貞 傅素嫻 王美伶
出　版　者：正智出版社有限公司
電話：○二 28327495 28316727（白天）
傳眞：○二 28344822
111台北郵政73-151號信箱
郵政劃撥帳號：一九○六八二四一
正覺講堂：總機○二 25957295（夜間）
總　經　銷：聯合發行股份有限公司
231 新北市新店區寶橋路 235 巷 6 弄 6 號 4 樓
電話：○二 29178022（代表號）
傳眞：○二 29156275
初版首刷：二○一四年五月三十一日 二千冊
初版四刷：二○一七年四月 二千冊
定　　價：二五○元